O SERVIÇO SOCIAL E O POPULAR

resgate teórico-metodológico do Projeto Profissional de Ruptura

Dados Internacionais de Catalogação na Publicação (CIP)
(Câmara Brasileira do Livro, SP, Brasil)

O Serviço social e o popular : resgate teórico-metodológico do projeto profissional de ruptura / Maria Ozanira da Silva e Silva, coordenadora. — 7. ed. — São Paulo : Cortez, 2011.

Vários autores.
Bibliografia.
ISBN 978-85-249-1852-0

1. Serviço social - Brasil 2. Serviço social como profissão 3. Serviço social - História I. Silva, Maria Ozanira da Silva e.

11-13146 CDD-361.30981

Índices para catálogo sistemático:

1. Brasil : Serviço social 361.30981

Maria Ozanira da Silva e Silva
Coordenadora

O SERVIÇO SOCIAL E O POPULAR

resgate teórico-metodológico do Projeto Profissional de Ruptura

7ª edição
2ª reimpressão

CORTEZ EDITORA

O SERVIÇO SOCIAL E O POPULAR:
resgate teórico-metodológico do Projeto Profissional de Ruptura
Maria Ozanira da Silva e Silva (Coord.)

Capa: aeroestúdio
Revisão: Jaci Dantas
Composição: Linea Editora Ltda.
Coordenação editorial: Danilo A. Q. Morales

Direitos para esta edição
CORTEZ EDITORA
Rua Monte Alegre, 1074 – Perdizes
05014-001 – São Paulo – SP
Tel.: (11) 3864-0111 Fax: (11) 3864-4290
e-mail: cortez@cortezeditora.com.br
www.cortezeditora.com.br

Impresso na Índia – janeiro de 2015

Sumário

Apresentação à 7ª edição

O livro *O Serviço Social e o popular: resgate teórico-metodológico do projeto profissional de ruptura*, lançado em 1995, chega à sua 7ª edição.

A demanda recorrente, representada pelo número de edições, significa que a obra aborda um tema emergente no Serviço Social brasileiro no final dos anos 1970, com aprofundamento nos anos 1980, e que continua atual. Isso demonstra a relevância do tema para a formação, a organização e a intervenção profissional dos assistentes sociais no Brasil.

A presente obra tem como objeto de reflexão e problematização o "Projeto Profissional de Ruptura do Serviço Social", na busca de superação da tradição conservadora que marcou historicamente a construção teórico-metodológica do Serviço Social brasileiro até os anos 1970, mediante ação coletiva no campo acadêmico, interventivo e político da profissão. Trata-se de um movimento amplo de deslocamento dos fundamentos teórico-metodológicos de base positivista-funcionalista para aproximação com a tradição marxista, cujas marcas são representadas pela desmistificação da pretensa neutralidade da ação profissional; busca de estabelecimento de vínculo orgânico dos profissionais com as classes populares que representam os segmentos subalternizados e explorados de nossa sociedade, os usuários do Serviço Social, e pela referência orientada na perspectiva de transformação da sociedade na busca da igualdade e dignidade humana.

O encaminhamento metodológico para a construção do livro foi representado pela análise do discurso profissional contido em documentos e na literatura do Serviço Social brasileiro, tomando como referência o Movimento de Reconceituação. O foco foi situar o Serviço Social no processo histórico da sociedade, numa dinâmica dialética, representada pelo conservadorismo e pela renovação. Movimento esse que propiciou a passagem de uma prática que se redirecionou de uma orientação pró-participação controlada, de socialização, direcionada para mera reprodução da força de trabalho mediante serviços assistenciais repassados para o público usuário como favor, para o emergir de uma prática profissional educativa e de organização, articulada a prestações de serviços. Trata-se de mudança nas ações de sujeitos profissionais orientados por uma intencionalidade que repassa os serviços como direito, contribuindo para a mobilização e organização na perspectiva da mudança. Assim, no livro, a ação dos profissionais do Serviço Social é concebida na sua inserção no âmbito das relações de classe de poder, intencionalmente apoiando as demandas dos segmentos subalternizados da sociedade e buscando a legitimidade profissional junto aos sujeitos sociais usuários dos serviços.

Uma re-leitura do livro permitiu contato com os temas centrais trabalhados: processo de Reconceituação do Serviço Social no Brasil; bases teóricas de fundamentação do Projeto Profissional de Ruptura e construção da proposta metodológica do referido projeto. Temas atuais e relevantes para a prática profissional do Serviço Social na contemporaneidade, com resgate de concepções de modo contextualizado, considerando a subjetividade dos sujeitos autores e pesquisadores, o que representou um esforço de resgate de concepções sem neutralidade, com orientação de um quadro teórico de referência. Contudo, procurou-se desenvolver um intenso esforço de objetivação que orientou todo o estudo. Portanto, o livro contém uma versão do discurso e do ideário profissional construída pela análise e problematização, procurando ir além da reprodução do pensamento dos autores referenciados.

A re-leitura do livro possibilitou também considerar que, ao tratar de um conteúdo profissional, datado, contextualizado, não cabe atualização; o que pode ser indicada é a pertinência de realização de novo estudo sobre a literatura do Serviço Social brasileiro produzida nos últimos anos, cujos resultados seriam um novo livro.

Ainda na busca da pertinência ou não de atualização de conteúdos, me centrei na conclusão do livro, na qual são destacadas o que considerei questões problemáticas, omissas e desafios para o avanço da construção do Projeto Profissional de Ruptura, mais recentemente denominado Projeto Ético-Político e Profissional do Serviço Social[1], que representam tensões no processo de construção teórico-metodológica em direção à ruptura. Nesse espaço, retomei as reflexões sobre temas como: fronteiras entre a prática profissional; transformação social como horizonte da prática profissional de ruptura; aproximação do Serviço Social com a teoria e homogeneização do popular. A retomada desse conteúdo conclusivo do livro permitiu reafirmar toda a reflexão apresentada, a qual, quando o livro foi publicado, em 1995, despertava muita polêmica e divergências que me parecem ter avançado na direção das reflexões que desenvolvi; portanto, as mantenho por considerá-las atuais. Isso não significa admitir consensos, pois o consenso não existe e seria ingenuidade admiti-lo.

Cabe ainda, nesta apresentação à 7ª edição, acrescentar ao que considerei avanços registrados no livro[2] outros avanços representados nos anos recentes pela pós-graduação, com a

---

1. A propósito, veja-se o artigo: SILVA, Maria Ozanira da Silva e. Trinta Anos da Revista Serviço Social & Sociedade, *Serviço Social & Sociedade*, n. 100, set./dez. 2009.

2. Os avanços registrados no livro destacam: desmistificação da pretensa neutralidade da ação profissional; superação da tradição conservadora centrada no positivismo e funcionalismo; visão da realidade e da instituição enquanto espaço

implantação de inúmeros cursos de mestrado e de doutorado na área do Serviço Social na CAPES, distribuídos em vários Estados e em todas as regiões do país e, em consequência, devem ser registrados também o avanço e a maioridade da produção de conhecimento por profissionais do Serviço Social brasileiro, assim como a crescente influência internacional alcançada na América Latina, em países da Europa e da África.

Finalmente, quero destacar, como novos desafios para o Serviço Social brasileiro na atualidade, o grande avanço da privatização do ensino do Serviço Social em nível de graduação, acrescido do recente incremento que vem se registrando no ensino à distância, fragilizando a consolidação de um projeto de formação profissional em desenvolvimento no âmbito da ruptura do Serviço Social com o conservadorismo; aumentando a distância ainda registrada entre a elite intelectual e acadêmica do Serviço Social e os profissionais que desenvolvem a prática profissional interventiva, a qual, no âmbito institucional, é largamente marcada pela rotina e pela deficiência na qualificação dos profissionais; a necessidade de elevar o padrão científico na qualificação dos trabalhos de pesquisa e da produção intelectual dos assistentes sociais, mesmo considerando o já mencionado avanço.

Agradeço, sinceramente, aos leitores deste *O Serviço Social e o popular: resgate teórico-metodológico do projeto profissional de ruptura*, pela aceitação da obra e por inúmeras manifestações recebidas sobre a importância deste livro para o Serviço Social no Brasil.

São Luís, maio de 2011

Maria Ozanira da Silva e Silva

---

contraditório e de luta; dimensão educativa da prática profissional; produção do conhecimento enquanto atribuição própria também do Serviço Social.

Prefácio à 7ª edição

Ao (re)ler *O Serviço Social e o popular: resgate teórico-metodológico do projeto profissional de ruptura*, publicado em 1995 e, mais especificamente, o Prefácio, escrito em julho de 1995, sinto-me diante de um dilema: (re)pensar uma produção de um passado recente — dezesseis anos atrás — que trabalha o "presente" de um momento muito rico da vida brasileira no século XX. Impõe-se, então, uma diretriz metodológica que convém orientar releituras: considerar a obra no seu contexto e no seu propósito, deixando, no entanto, que ela nos interpele em relação ao tempo em curso, como provocação a novos ciclos investigativos... De fato, a realidade é sempre muito mais rica que as apropriações que dela fazemos no pensamento, na busca, sempre inconclusa, de circunscrevê-la como "concreto pensado"... E, assim, nesta (re)elaboração, no século XXI, do Prefácio do livro em pauta, parto de onde parti na década de 1990: considerações sobre o desafio de investigar o "presente", então enfrentado pela obra em 1995, tempos difíceis de emergência da chamada "globalização", de ajuste estrutural e de neoliberalismo, de proclamação do pensamento único a querer calar e/ou domesticar a crítica e a proposição de alternativas... tempos em que se sentia e vivia a interpelação de uma questão fundante: por que é tão difícil construir uma teoria crítica?[3]

---

3. "Por que é tão difícil construir uma teoria crítica?" é o título de uma instigante reflexão de Boaventura de Sousa Santos, publicada como introdução geral de

Em verdade, nesse cenário peculiar de meados da década de 1990, o livro encarna o desafio de adentrar no presente, tentando capturar, nas teias da reflexão, a "história se fazendo"... É esta uma das provocações analíticas mais difíceis e instigantes: resgatar os atores nas suas inquietações e buscas, tomando como objeto um processo vivo e em mutação; analisar a história viva na sua rebeldia e insubordinação, nas surpresas que configuram o processo de criação humana; desvendar processos, na sua produção e emergência, tecendo, com cuidado e prudência, determinações e mediações, na delicada articulação de tempos: presente e passado, presente e futuro...

O diferencial desta obra — em sua 7ª edição em 2011 — reside no assumir essa provocação de decifrar o enigma do presente no âmbito do Serviço Social, resgatando a sua história contemporânea, no Brasil, nas trilhas da produção acadêmica. A rigor, hoje — início da segunda década dos anos 2000 —, ao colocar-se em foco *O Serviço Social e o popular*, vê-se, com clareza, que a obra consubstancia a tradição do pensamento crítico brasileiro, a circunscrever percursos e circuitos de reflexão e de análise, ao longo de 25 anos do século XX: décadas de 1970 e 1980 e primeira metade dos anos 1990. É este um tempo histórico que nos interpela a decifrá-lo, qual esfinge de Édipo, ao encarnar contradições na confluência de dois processos distintos que se misturam nas tessituras sociopolíticas: democratização e ajuste estrutural brasileiro à nova ordem do capital.

De fato, ao adentrar-se nos circuitos de nossa história política contemporânea, impõe-se, como um marco decisivo, a construção, em meados dos anos 1970, dos processos de democratização, com a emergência de uma sociedade civil que se consolida na década de 1980, nas tessituras de conflitos e lutas, afirmando a força dos movimentos sociais que se ampliam e se

---

sua obra de 2000, *A crítica da razão indolente: contra o desperdício da experiência*, editada pela Cortez Editora.

diversificam. Foi-se, assim, construindo uma trama democrática por onde pôde transitar a reivindicação de direitos civis, políticos e sociais, (re)construindo identidades políticas e chegando a conquistas fundantes, a culminar com a Constituição de 1988. A rigor, a chamada "*Constituição Cidadã*" balizou o campo da luta social, sacramentando uma série de direitos socialmente criados, dando-lhe a forma e a letra da lei, o que reforça em muito a potência dos próprios movimentos sociais. Esse texto legal, urdido num processo constituinte de negociações e disputas, incorpora uma agenda universalista de direitos e proteção social, traduzindo a exigência da participação na gestão da coisa pública, acenando com as possibilidades de construção partilhada e negociada de uma legalidade, capaz de conciliar democracia e cidadania.

Em verdade, nos processos de democratização da vida brasileira, as lutas sociais na emergente sociedade civil viabilizaram duas conquistas básicas que constituem um legado dos anos 1980: a criação de um espaço público plural no qual difunde-se uma "*consciência do direito a ter direito*"; o desalojamento da cultura política dominante, em um processo de subversão de hierarquias simbólicas pelos atores coletivos na cena política da democratização, ao afirmarem uma política cultural de direitos, ressignificando noções, padrões e valores e instituindo conflitos como via democrática por excelência.

É neste cenário, pulsante de energias democráticas, que o Serviço Social consolida o Projeto Profissional de Ruptura, em um esforço de superação da tradição conservadora, colocando-se a favor dos interesses dos dominados, tendo como horizonte a transformação social.

Em verdade, esse projeto torna-se hegemônico no Serviço Social, expressando-se, de forma intensa e sistemática, nos distintos espaços constitutivos da profissão. A Associação Brasileira de Ensino de Serviço Social (ABESS), atualmente Associação Brasileira de Ensino e Pesquisa em Serviço Social (ABEPSS), constrói e difunde um novo projeto de Formação Profissional do Assistente Social. A categoria de assistentes sociais, em consonância com as lutas dos movimentos populares sindicais, mobiliza-se e organiza-se, criando associações e sindicatos em todo o país. O movimento estudantil de Serviço Social também emerge como força política no cenário da universidade, desenvolvendo um intenso processo organizativo.

Em outra frente de lutas, a categoria de assistentes sociais, na segunda metade da década de 1980, participa ativamente do processo constituinte, conquistando o reconhecimento legal da Assistência Social como política pública, no compósito da Seguridade Social. É uma conquista pioneira, consubstanciada, posteriormente, numa lei específica duramente conquistada pelo movimento dos assistentes sociais: a Lei Orgânica da Assistência Social (LOAS).

No limiar dos anos 1990, irrompe o processo de inserção do país à nova ordem do capital, constituindo a experiência brasileira de ajuste estrutural. No terreno movediço da mundialização do capital, é um ajuste dependente e subordinado que se efetiva tardia e intensivamente. É um tempo histórico de hegemonia neoliberal, com implementação da conhecida agenda do chamado "Consenso de Washington".

Nesses processos de ajustes neoliberais, o mercado se converte na "verdade da economia" e em seu único critério de realidade, impondo-se uma restrição da política, tentando-se, mesmo com diferentes estratégias, a sua destituição. Impõe-se a dominância do "pensamento único", forjando um falso consenso, obstaculizando o dissenso e tentando bloquear qualquer possibilidade ou alternativa de outro caminho.

Assim, na cena brasileira da primeira metade da década de 1990, instaura-se uma disputa de projetos políticos, na confluência da democratização e do ajuste. O Projeto Profissional de Ruptura do Serviço Social enfrenta, à época, os dilemas que se colocam para a construção democrática brasileira.

É nesse contexto de contradições, nos circuitos da dominância neoliberal, em meio às resistências e lutas democráticas, que transcorre o trabalho reflexivo-analítico que gestou esta obra. De fato, em um cenário que pretende inviabilizar a crítica, um grupo de pesquisadoras, de diferentes universidades brasileiras, sob a coordenação da Profª Drª Maria Ozanira da Silva e Silva, mergulha nos meandros do pensamento crítico do Serviço Social brasileiro, no resgate de sua melhor tradição. É um longo e exigente processo de investigação de construções teórico-metodológicas contemporâneas do Serviço Social no Brasil, (re)construindo o percurso de reflexões e debates nos processos de produção da ruptura com a tradição conservadora. A rigor, é um estudo sobre o processo de superação de uma identidade profissional instituída na vida brasileira e alicerçada num discurso tradicional que se pretendia único, neutro, universal. Inegavelmente, esta ruptura circunscreve um momento histórico singular do Serviço Social brasileiro, tecido nos confrontos e nas articulações, nos consensos e nas polêmicas que marcam a dialética destruição/construção.

Assim, o objeto da investigação está perpassado de paixão, de emoções, de vida a se entrelaçarem com categorias, conceitos e teorizações, no exercício do pensar crítico no Serviço Social. O desafio enfrentado na pesquisa foi, então, retomar produções e elaborações no interior desse rico e amplo processo de reconceituação do Serviço Social brasileiro, demarcando, com base em critérios específicos, os necessários recortes e delimitações. E, justamente a partir da constituição desse objeto, desenvolveu-se a investigação, enfocando, sistematicamente, a literatura brasileira, no âmbito da metodologia da análise de conteúdo, procurando desvendar discursos configurativos do processo de ruptura, a delimitar bases analíticas, teses centrais, eixos de debate, questões, polêmicas e tensões. Em verdade, trata-se de um trabalho epistemológico que, em meados dos anos 1990, deflagra um balanço da história da produção científica contemporânea no campo do Serviço Social. Consubstancia um dos primeiros esforços que, ancorado num criterioso processo de investigação, procura ser amplo e abrangente para configurar as diferentes dimensões e perspectivas da construção do Projeto Profissional de Ruptura do Serviço Social brasileiro. Assim, trabalha a diversidade da literatura, procurando contemplar os diferentes níveis de elaboração e as especificidades da produção em função dos diferentes espaços onde se foi construindo o então considerado "*novo pensamento do Serviço Social brasileiro*": livros, artigos de revistas, conferências, relatórios de pesquisas, teses e trabalhos apresentados em eventos da categoria. Nessa empreitada analítica, resgata autores e produções, procurando situá-los no seu tempo e nos diferentes momentos da produção do Serviço Social, tendo presente o seu ritmo peculiar e específico na dinâmica da contemporaneidade. E, em coerência com essa diversidade de tempo/espaço da produção, o trabalho busca exercer a crítica contextualizada, procurando fugir dos desvios e riscos das generalizações, das classificações a *priori* e rotulações.

Em meio a resgates de discursos configurativos da ruptura, *O Serviço Social e o Popular* encarna uma singularidade reflexiva: o pensar sobre a construção do Serviço Social na sua vinculação orgânica com os setores populares, conferindo visibilidade à revolução analítica que se ousou fazer, ancorada no marxismo, como elemento fundante na redefinição da identidade profissional. A rigor, o livro enfoca essa revolução nas diferentes dimensões constituitivas da profissão: intervenção, formação profissional e organização da categoria na sociedade civil.

A obra em pauta — enquanto materialização de percursos investigativos — consubstancia o processo de estudo e análise desenvolvido pelo grupo de pesquisadoras, ao longo de cinco anos, no esforço de adentrar nos interstícios da diversidade da produção acadêmica do Serviço Social, a partir de diferentes fontes e espaços. Em uma dinâmica expositiva do processo investigativo, os diferentes capítulos circunscrevem recortes específicos do objeto de estudo, na tentativa de recompor uma lógica analítica.

O primeiro capítulo é uma abordagem de contextualização dos percursos do Serviço Social no interior da sociedade brasileira desde meados do século XX. A partir da reconstituição de marcos históricos na cena política do país, desenvolve uma reflexão sistemática das expressões peculiares desses diferentes momentos no Serviço Social. Merece destaque o enfoque analítico do contexto vivido no adentrar da década de 1990, nos marcos da experiência de ajuste estrutural no Brasil, delineando configurações do Estado brasileiro e demarcando dilemas no enfrentamento da Questão Social, a interpelar o Serviço Social na sua perspectiva de contribuir na transformação social, encarnando compromissos com os setores populares.

O segundo capítulo trabalha a Reconceituação do Serviço Social no Brasil, sob a ótica dos diferentes níveis de tratamento analítico. Enfocando-a num sentido amplo, como processo permanente de construção de propostas profissionais em resposta às exigências sociais, delimita as teses configurativas do processo reconceituador no Brasil, na década de 1980 e primeira metade dos anos 1990.

O terceiro e quarto capítulos tratam diretamente do objeto específico da investigação: o Projeto Profissional de Ruptura no âmbito do Serviço Social brasileiro. No terceiro é desenvolvida uma configuração analítica desse projeto profissional, trabalhando os seus dois elementos constitutivos: bases teóricas e proposta metodológica. O resgate das bases teóricas — desenvolvido em termos de grupos categoriais que alicerçam o discurso do projeto profissional de ruptura — sistematiza a teorização contemporânea no campo específico do Serviço Social, constituindo uma das contribuições singulares do trabalho na área da reflexão epistemológica. A delimitação da proposta metodológica é feita em termos de eixos articuladores e exigências básicas, recuperando elementos centrais constitutivos do exercício profissional, vinculado aos setores populares em todo o processo de construção da ruptura. No quarto capítulo é, então, enfocada a crítica já sistematizada a esse projeto no interior do próprio Serviço Social contemporâneo. É a dimensão da autocrítica enquanto elemento fundante do processo reconceituador, na sua dinâmica de construção/reconstrução.

Na dialética da produção do conhecimento, o trabalho, na sua conclusão, circunscreve objetos de reflexão a delinear desafios analíticos, que se revelam atuais nas suas novas expressões. É o fechar/abrir do balanço da história contemporânea do Serviço Social brasileiro, instigando a novos processos investigativos.

No contexto desafiante do limiar dos anos 1990, participar de momentos específicos da pesquisa e discutir a produção resultante desse processo investigativo foi, para mim, uma oportunidade privilegiada de exercício da crítica e da autocrítica. Em verdade, permitiu-me, à época, viver/reviver momentos dessa difícil e rica produção coletiva de ruptura. É esta uma produção em que, de distintas formas e em diferentes espaços, toda uma geração de profissionais, com garra e paixão, se fez sujeito da história do Serviço Social brasileiro e na qual a participação de cada um só ganha sentido e expressão no coletivo. Com esperança na dialética da história, constata-se, hoje, que o processo reconceituador no campo do Serviço Social continua se fazendo, está em curso, articulando diferentes contribuições, inserindo novos sujeitos, agregando vontades, opções e paixões individuais em um processo irremediavelmente coletivo.

As provocações do presente, no limiar da segunda década do século XXI, impõe, como exigência histórica, a *(re)invenção da emancipação*, na tese-síntese de Boaventura de Sousa Santos. É o desafio de (re)pensar, (re)criar processos emancipatórios nesse contexto de liquidez, instabilidade, inseguranças, riscos, descartabilidade, a revelar dimensões da crise contemporânea na civilização do capital, que se constitui uma crise estrutural que nos interpela a pensar e delinear alternativas para além do capital e das múltiplas dimensões da colonialidade do poder. Em verdade, tem-se, em curso, processos de contra-hegemonia, encarnados em redes, organizações e movimentos que enfrentam as distintas formas de exclusão, a tencionar com o sistema do capital e com o neocolonialismo. Hoje, a América Latina é um espaço privilegiado que consubstancia, com maior visibilidade, essa contra-hegemonia, a exigir investigações e (re)elaborações acadêmico-políticas. A nossa aposta — aposta coletiva — é focar e fortalecer processos contra-hegemônicos na cena brasileira contemporânea.

Nessa perspectiva, o Serviço Social, na sua melhor tradição de ruptura, assume desafios analíticos no (re)pensar do trabalho profissional, em tempos de crise e de lutas emancipatórias. Com certeza, o livro *O Serviço Social e o popular: resgate teórico-metodológico do projeto profissional de ruptura*, nesta 7ª edição, interpela-nos a assumir *"o desafio e fardo do tempo histórico"*, como bem propugna István Mészáros. É uma conclamação ao exercício incessante da reflexão desvendadora, a gestar a Teoria Crítica no presente.

Fortaleza, 1º de junho de 2011.

Alba Maria Pinho de Carvalho

Prefácio

Estudar o presente, a história se fazendo — eis um desafio analítico dos mais instigantes e difíceis —, é resgatar os atores nas suas inquietações e buscas, tomando como objeto um processo vivo e em mutação; é analisar a história viva na sua rebeldia e insubordinação, nas surpresas que configuram o processo de criação humana.

O livro *O Serviço Social e o popular: resgate teórico-metodológico do projeto profissional de ruptura*, que ora vem a público, enfrenta esse instigante desafio no âmbito do Serviço Social, resgatando a história recente a partir da década de 1970. Resultante de um longo e exigente processo de investigação das construções teórico-metodológicas contemporâneas do Serviço Social no Brasil, o trabalho resgata o nosso percurso no esforço de construção da ruptura com a tradição conservadora que marca a emergência e institucionalização do Serviço Social, constituindo a base das representações da profissão no imaginário social. Este é um estudo sobre o processo de superação de uma identidade profissional instituída na vida brasileira e alicerçada num discurso tradicional que se pretendia único, neutro, universal. De fato, essa ruptura é um momento histórico específico e singular do Serviço Social brasileiro que se constitui nos confrontos, na articulação, na polêmica, nos consensos, nas alianças, nas lutas que marcam a dialética destruição/construção.

Assim, o objeto trabalhado na investigação está perpassado de paixão, de emoções, de vida, que se entrelaçam com categorias, conceitos, teoria na constituição do exercício do pensamento crítico no Serviço Social, em curso nos últimos quinze anos. O desafio enfrentado na pesquisa foi, então, retomar produções e elaborações no interior desse rico e amplo processo de reconceituação do Serviço Social brasileiro, demarcando, a partir de critérios específicos, os necessários recortes e delimitações que pudessem viabilizar um processo de investigação. E, justamente a partir do recorte desse objeto, desenvolveu-se a investigação, trabalhando sistematicamente a literatura brasileira em sua diversidade, dentro da metodologia da análise de conteúdo, procurando desvendar discursos configurativos do processo de ruptura, no sentido de delimitar bases analíticas, teses centrais, eixos de debate, questões, polêmicas e tensões que perpassem o processo de construção/reconstrução.

Em verdade, o trabalho inicia um balanço dessa nossa história recente. É um dos primeiros esforços que, ancorado num criterioso processo de investigação, procura ser amplo e abrangente para resgatar as diferentes dimensões e perspectivas da construção do Projeto Profissional de Ruptura no Serviço Social brasileiro. Assim, trabalha a diversidade da literatura, procurando contemplar os diferentes níveis de elaboração e as especificidades da produção em função dos diferentes espaços onde se foi construindo esse "novo pensamento" do Serviço Social brasileiro: livros, artigos de revistas, conferências, relatórios de pesquisas, teses e trabalhos apresentados em eventos da categoria. Nessa perspectiva, resgata autores e produções, procurando situá-los no seu tempo e nos diferentes momentos da produção recente do Serviço Social, tendo presente o seu ritmo peculiar e específico dentro da dinâmica da contemporaneidade. E, em coerência com essa diversidade de tempo/espaço da produção, o trabalho busca exercer a crítica contextualizada, procurando fugir dos desvios e riscos das generalizações, das categorizações e rotulações. De fato, a produção ora apresentada é uma aproximação desse instigante objeto e, como tal, é inconclusa, tem lacunas, tensões, sistematizando configurações básicas e apontando pistas fecundas para novas aproximações no complexo processo do desvendamento da realidade brasileira contemporânea do Serviço Social.

É um trabalho epistemológico de crítica da construção teórica contemporânea do Serviço Social brasileiro, e dois aspectos marcam sua singularidade reflexiva. Primeiro, o refletir sobre a construção do Serviço Social na sua vinculação orgânica com os setores populares, resgatando a revolução analítica que se ousou fazer, trabalhando o marxismo como elemento fundante na redefinição da identidade profissional. O trabalho enfoca essa revolução nas diferentes dimensões constituitivas da profissão: intervenção, formação profissional e organização da categoria na sociedade civil. Segundo, o pensar/repensar o Serviço Social nos tempos contemporâneos na ótica das relações de classe, apontando desafios e perspectivas emergentes na continuidade do processo de produção do conhecimento em resposta às novas exigências históricas.

O trabalho, enquanto materialização de um processo de investigação, constrói o percurso de análise desenvolvido ao longo de cinco anos, trabalhando a diversidade da produção a partir de diferentes fontes e espaços. Num esforço de exposição do processo investigativo, os diferentes capítulos consubstanciam recortes básicos do objeto de estudo, na tentativa de recompor uma lógica analítica.

O primeiro capítulo é uma abordagem básica em termos de síntese avaliativa do percurso do Serviço Social no contexto da sociedade brasileira. A partir da reconstituição de elementos centrais do cenário brasileiro, especificamente no campo da atuação no social, desenvolve uma reflexão dos rebatimentos no Serviço Social, destacando-se, como uma contribuição relevante, a abordagem contemporânea do Serviço Social neste momento de ajuste estrutural e dilema da questão social na perspectiva neoliberal do governo de Fernando Henrique Cardoso.

O segundo capítulo trabalha a Reconceituação do Serviço Social no Brasil sob a ótica dos diferentes níveis de tratamento analítico. Enfocando-a num sentido amplo como processo permanente de construção de propostas profissionais em resposta às exigências sociais, delimita as teses configurativas do processo reconceituador no Brasil nos últimos quinze anos.

O terceiro e quarto capítulos tratam diretamente do objeto específico da investigação: o Projeto Profissional de Ruptura no âmbito do Serviço Social brasileiro. No terceiro é desenvolvida uma configuração analítica desse projeto profissional trabalhando os seus dois elementos constitutivos: bases teóricas e proposta metodológica. O resgate das bases teóricas, desenvolvido em termos de grupos categoriais que alicerçam o discurso do projeto profissional, de ruptura, sistematiza a teorização contemporânea das Ciências Sociais no campo específico do Serviço Social, constituindo uma das contribuições singulares do trabalho na área da reflexão epistemológica. A delimitação da proposta metodológica é feita em termos de eixos articuladores e exigências básicas, recuperando elementos centrais constitutivos do exercício profissional vinculado aos setores populares em todo o processo de construção da ruptura. No quarto capítulo é, então, resgatada a crítica já sistematizada a esse projeto no interior do próprio Serviço Social contemporâneo. É a dimensão da autocrítica enquanto elemento fundante do processo reconceituador na sua dinâmica de construção/reconstrução.

Na dialética da produção do conhecimento, o trabalho, na sua conclusão, aponta novos objetos de reflexão a serem assumidos e analisados, fechando/abrindo o balanço da história recente do Serviço Social brasileiro.

Participar de momentos específicos da pesquisa e discutir a produção resultante desse processo investigativo foi, para mim, uma oportunidade privilegiada de exercício da crítica e da autocrítica, permitindo-me viver/reviver momentos dessa difícil e rica produção coletiva da ruptura em que, de distintas formas e em diferentes espaços, toda uma geração de profissionais, com garra e paixão, se fez sujeito da história do Serviço Social brasileiro e na qual a participação de cada um só ganha sentido e expressão no coletivo. Com esperança na dialética da história, constatamos, hoje, que o processo reconceituador continua se fazendo, está em curso, articulando diferentes contribuições, inserindo novos sujeitos, agregando vontades, opções e paixões individuais num processo, irremediavelmente, coletivo. Com certeza, o livro *O Serviço Social e o Popular: Resgate Teórico-Metodológico do Projeto Profissional de Ruptura* constitui uma fecunda contribuição, enquanto expressão da crítica, elemento essencial e decisivo na produção científica na perspectiva da transformação social.

Fortaleza, 1º de julho de 1995
Alba Maria Pinho de Carvalho

Introdução

1. A pesquisa: fundamentos e objeto

O presente texto constitui-se na síntese do relato de um vasto estudo documental[4] sobre o Projeto Profissional de Rup-

4. Trata-se de uma investigação desenvolvida por assistentes sociais pesquisadores de diversas universidades brasileiras, com a participação de bolsistas de Aperfeiçoamento e de Iniciação Científica, contando, ainda, com a assessoria de pesquisadores de outras áreas. A coordenação institucional foi do Centro de Documentação e Pesquisa em Política Social e Serviço Social (CEDEPSS); a coordenação técnica geral coube à profa. dra. Maria Ozanira da Silva e Silva e o financiamento deu-se através do Conselho Nacional de Desenvolvimento Científico e Tecnológico (CNPq) e Fundação de Amparo à Pesquisa do Estado do Maranhão (FAPEMA), com o apoio das universidades participantes.

Participaram da pesquisa: Universidade Federal do Maranhão, através da profa. dra. Maria Ozanira da Silva e Silva (coordenadora técnica nacional) e da profa. Josefa Batista Lopes; Pontifícia Universidade Católica de São Paulo, através da profa. Mercedes Cywinski, da profa. Olda Andreazza Marbim e do prof. dr. Luís Eduardo W. Wanderley (assessor); Universidade Federal do Espírito Santo, através da profa. Maria Madalena Nascimento Sartim; Universidade Federal do Ceará, através da profa. Alba Maria Pinho de Carvalho; Universidade Estadual do Ceará, através da profa. Maria da Conceição Pio. Foram bolsistas de Iniciação Científica e, posteriormente, de Aperfeiçoamento: Jisselda de Oliveira Gonçalves da Silva (Assistente Social — MA), Luciana de Amorim Parga Martins Araújo (Assistente Social — MA), Núbia Élbia Cutrim da Silva (Assistente Social — MA); foram bolsistas de Aperfeiçoamento: Cleonice Correia Araújo (Assistente Social — MA); Alzimar Mourão Moraes (Assistente Social — MA), Agnes Cristina Albert (Assistente Social — ES), Valquíria Gomes da Silva Almonfrey (Assistente Social — ES); foram bolsis-

tura do Serviço Social, aqui entendido como o esforço de superação da tradição conservadora que marcou profundamente as construções teórico-metodológicas do Serviço Social no Brasil, até os anos 1970.

A análise da literatura do Serviço Social evidencia que esse Projeto Profissional se qualifica como *ruptura* pelo deslocamento da base positivista-funcionalista e pela aproximação com a tradição marxista; pela desmistificação da pretensa neutralidade da ação profissional, com clarificação da possibilidade do estabelecimento de vínculo orgânico dos profissionais com os interesses e necessidades das classes populares, enquanto setores majoritários dos usuários dos serviços prestados pelos assistentes sociais; e pela perspectiva de orientar-se por um projeto político, tendo como horizonte a transformação social.

Reconhecemos a percepção de que talvez o termo *ruptura* não seja o mais adequado, mas optamos por utilizá-lo porque expressa a qualificação básica do Projeto Profissional eleito como objeto do estudo, ou seja, a sua intencionalidade qualificadora, além do que se trata de um termo utilizado em obras relevantes do Serviço Social.[5]

Para efeito do presente estudo, o esforço de construção do Projeto Profissional de Ruptura se situa no processo da reconceituação do Serviço Social no Brasil e é configurado através de dois eixos: bases teóricas de fundamentação e proposta metodológica, os quais constituíram a referência básica para a delimitação do esquema de análise do discurso expresso na literatura do Serviço Social.

---

tas de Iniciação Científica: Ana Lúcia Nunes (UFMA), Maria do Amparo Monteiro de Melo (UFMA), Maria Célia Pantaleão e Silva (PUC-SP), Andréa Lopes Vasconcelos (UECE), Elivânia da Silva Moraes (UECE), Albertina Proença Rodrigues Alves (PUC-SP), Alberto Antonio Camuana (PUC-SP); foi bolsista de Apoio Técnico: Anida Cláudia Dominici Soares.

5. Entre essas obras, nos inspiramos, principalmente, em Netto (1991a).

Os fundamentos desse Projeto Profissional são configurados, no caso brasileiro, pela análise do processo histórico do Serviço Social, expresso por um embate entre o conservadorismo e a renovação.

Sabe-se que o Serviço Social surge como uma atividade social, com bases mais doutrinárias que científicas, no âmbito de um movimento reformista conservador, orientando-se, inicialmente, pela posição da Igreja católica sobre a questão social, expressa nas encíclicas *Rerum Novarum* e *Quadragésimo Anno*.

A questão social, antes de ser uma questão econômico-política, apresenta-se como uma questão religiosa e moral no contexto de uma sociedade percebida como um todo unificado e harmônico, em que a desigualdade social aparece como natural, portanto inevitável, cabendo ao Estado promover o bem comum.

Segue-se um processo de secularização e ampliação do suporte técnico-científico da profissão, com a criação de escolas e faculdades, sob a influência do avanço das Ciências Sociais, nos marcos do pensamento conservador, destacando-se a vertente empiricista norte-americana, com reforço às tendências pragmatistas da profissão, e pautado por uma visão de sociedade como uma entidade funcionalmente articulada, tendo como modelos a família e a corporação. Nessa perspectiva, o Serviço Social passa da influência do pensamento conservador europeu (escola franco-belga) para a da sociologia conservadora norte-americana, tendo como utopia a comunidade e a solidariedade.

Seguindo esse processo, o rebatimento do Movimento de Reconceituação do Serviço Social, ocorrido na América Latina a partir da década de 1960, configura-se, no Brasil, até meados da década de 1970, por um esforço de atualização da herança conservadora da profissão, via modernização do aparato profissional, atendendo a demandas do capitalismo monopolista, com a manutenção dos compromissos sociopolíticos anteriores.

Somente a partir do final da década de 1970, identifica-se um efetivo esforço de setores da categoria profissional na perspectiva de ruptura com a herança conservadora.[6] Esse esforço parte das condições da sociedade e da própria prática profissional, propondo colocar a profissão a serviço dos interesses dos explorados e dominados, buscando novos fundamentos, novos conteúdos e objetivos e novas bases de legitimação da ação profissional.

No âmbito desse esforço, é desmistificada a pretensa neutralidade da ação profissional, permitindo a possibilidade de formularem-se projetos profissionais para fortalecer o capital ou o trabalho. Isso significa a possibilidade de segmentos profissionais posicionarem-se no horizonte dos interesses das classes subalternas, colocando novas perspectivas para o espaço profissional.

A profissão passa a ser entendida como resultante da história e como produto teórico-prático de seus agentes, sob duas perspectivas básicas: a ótica do poder, que demanda um profissional estimulador da participação controlada, da socialização, e responsável pela reprodução da força de trabalho, mediante a prestação de serviços assistenciais; e a ótica dos dominados que, além dos serviços, demandam um profissional educador, político e organizador.

O desafio que se coloca é a compreensão das implicações políticas da prática profissional para permitir uma opção teórico-prática na direção das alianças com forças propulsoras de um novo projeto de sociedade, capaz de identificar, na vivência cotidiana dos trabalhadores, a capacidade de inovação e de criação de alternativas concretas de resistência ao processo de dominação. Isso significa o passar do profissional da coerção,

---

6. São identificados sinais de ruptura no início da década de 1960, principalmente no período 1960-64. Veja o capítulo seguinte, que procura contextualizar o Serviço Social na conjuntura brasileira.

do consenso e da socialização para o profissional da mobilização e da organização, orientado pela perspectiva da transformação social.

A possibilidade de ruptura implica o desvelamento do significado social da profissão na sociedade capitalista, polarizada por interesses de classes que se expressam no jogo das forças sociais, desvelando as implicações políticas da prática profissional, ou seja, a relação da profissão com o poder de classe.

Nessa perspectiva, a prática profissional não pode ser reduzida ao mero repasse de benefícios sociais, os quais representam apenas sua aparência. A essência da prática profissional deve ser buscada na inserção dos profissionais no jogo das relações de classes sociais e de seus mecanismos de poder econômico, político e cultural. É nesse desvelamento que se coloca a possibilidade de ruptura, o que significa que, se a profissão se institucionaliza e se desenvolve, inicialmente, cooptada pelo poder dominante, com a conivência e anuência da maioria dos profissionais, identifica-se, a partir da década de 1960, uma tendência de ruptura com as origens e traços conservadores, procurando reorientar o potencial da prática profissional numa nova direção, cuja base de legitimação são os usuários dos serviços oferecidos pelos profissionais.

2. A orientação metodológica do estudo

O material utilizado na presente investigação é representado pela literatura brasileira sobre o Serviço Social que, devido à sua amplitude, foi dividida nos seguintes grupos bibliográficos: livros sobre o Serviço Social brasileiro, publicados no Brasil; publicações do CBCISS, representadas pela revista *Debates Sociais* e pela coleção *Temas Sociais*; artigos publicados pela revista *Serviço Social & Sociedade*; anais, relatórios e teses apresentadas nos congressos das entidades nacionais do Serviço Social: Associação Nacional de Assistentes Sociais (ANAS), Conselho Federal de Assistentes Sociais (CFAS), Associação Brasileira de Ensino de Serviço Social (ABESS) e Secretaria de Estudantes de Serviço Social ligada à União Nacional dos Estudantes (SESSUNE);[7] dissertações e teses apresentadas e defendidas junto aos Programas de Pós-Graduação em Serviço Social no Brasil.

A escolha desses conjuntos de bibliografia expressa um esforço de resgatar o objeto do estudo, considerando não apenas as construções teórico-metodológicas mais relevantes na literatura do Serviço Social brasileiro, mas também o pensamento das bases expresso, por exemplo, em teses apresentadas em Congressos e em artigos. Isso, naturalmente, exige que consideremos a diferenciação de níveis nas construções analisadas.

Além do estudo da bibliografia específica do Serviço Social, foi desenvolvida pesquisa bibliográfica sobre temas considerados de fundamentação para o estudo sobre a prática do Serviço Social, quais sejam: "As classes sociais, o popular e o projeto popular na realidade brasileira" e "Os intelectuais e o processo de transformação social e o Serviço Social: a questão das mediações e da militância política x ação profissional".[8]

---

7. Cada grupo bibliográfico deu origem aos seguintes textos parciais: Araújo & Silva e Silva (1992); Silva e Silva et al. (1994c); Silva e Silva et al. (1984b); Silva, Núbia & Silva e Silva (1994). Esses textos serviram de base para a elaboração do presente livro, e o grupo de bibliografia representado pelas dissertações e teses dos programas de pós-graduação em Serviço Social estão originando textos parciais que, dado à sua especificidade, servirão de base para a elaboração de um outro texto-síntese.

Além desses textos, foram elaboradas as seguintes monografias de conclusão de curso: Melo (1991); Gonçalves (1991); Nunes (1991); Martins (1992); Moraes (1993); Vasconcelos (1993).

8. A partir do estudo desses temas foram elaborados textos que serviram de fundamentação para o presente livro. Além dos textos mencionados, elaborei mais três textos: Um esforço de investigação sobre a prática do Serviço Social no Brasil, *Cadernos ABESS*, n. 6, 1993; O Serviço Social na conjuntura brasileira: demandas

A análise de conteúdo foi o procedimento metodológico utilizado para o desenvolvimento do estudo, orientado no sentido de trabalhar, sistematicamente, discursos para resgatar concepções de autores sobre os eixos indicados na configuração do objeto. O grande desafio foi pensar o discurso contextualizado e como o sujeito do discurso se apropriou do contexto, deparando-se, aí, com a questão da subjetividade dos sujeitos autores dos discursos e dos sujeitos que se propuseram a analisar os discursos (os pesquisadores).

Ao partir-se de uma prática discursiva para resgatar concepções, os discursos foram analisados com base numa fundamentação, com vistas a proceder-se uma interpretação, uma análise do conteúdo.

Esse esforço de resgate e sistematização de concepções de autores se constituiu, portanto, num processo que exigiu um esforço interpretativo que não foi neutro por ser orientado por uma intencionalidade e por um quadro teórico de referência que influenciaram desde a seleção dos textos estudados até o processo de análise de conteúdo, embora em todo esse processo tenha havido um grande empenho em interpretar objetivamente o pensamento dos autores.

A opção foi utilizar a análise de discurso, numa perspectiva estrutural, com vistas a proceder a uma análise de cunho qualitativo, trabalhando-se apenas com o dele, ou seja, não foi intenção da pesquisa captar conteúdos intencionais, não expressos pelos autores, mas tomar como unidade de análise o discurso contextualizado, entendendo que os sujeitos só respondem pelo seu discurso num dado contexto. O pressuposto é de que o discurso é uma dimensão da realidade, devendo ser situado no tempo e no espaço; daí os autores serem referencia-

---

e respostas, *Serviço Social & Sociedade*, n. 44, 1994a; A crise dos projetos de transformação social e a prática profissional do Serviço Social, *Serviço Social & Sociedade*, n. 40, 1992b.

dos, no decorrer de todo o texto, explicitando-se o ano de sua produção.

Tivemos presente que a realidade expressa e interpretada num texto se insere num cenário, ou seja, ela é ativa. Portanto, avaliar uma perspectiva, o sentido de uma formulação, implica considerar o clima político e intelectual do contexto onde foi produzida.

O critério básico utilizado para a seleção do material em cada grupo de bibliografia foi a identificação, no conteúdo dos discursos, de abordagens que se referissem ao esquema básico de análise, configurado por três temas:

- Processo da Reconceituação do Serviço Social no Brasil, na busca de compreender sua natureza e seus desdobramentos, enquanto esforço de construção de alternativas de prática profissional;
- Bases teóricas de fundamentação do Projeto Profissional de Ruptura;
- Esforço de construção de proposta metodológica do mesmo projeto.

Em termos operacionais, a investigação se desenvolveu em etapas, muitas vezes concomitantes e articuladas, que constituíram o percurso analítico.

Tivemos um momento preliminar de leitura exploratória de cada grupo de bibliografia, tendo em vista a seleção do material para a investigação, considerando-se, como critério básico utilizado para seleção do material a ser estudado, o explicitado acima.

Selecionado o material, partimos para um esforço de desconstrução/decodificação do conteúdo de cada texto selecionado, considerando o esquema básico de análise. Para isso, procedemos ao fichamento individualizado de cada texto, utilizando-nos de uma matriz em que se configuravam os três temas integrantes do esquema de análise.

Partimos, então, para um terceiro momento de resgate e reconstrução dos discursos em torno de cada tema, articulando-se o pensamento dos autores estudados para identificação de tendências, aproximações, convergências e divergências que permitissem proceder à sistematização dos conteúdos que constituem os Capítulos 2 e 3 do presente livro. Todo o esforço de análise do material estudado tentou superar a mera descrição, procurando problematizar os conteúdos e construir a análise crítica que permeia todo o texto.

É importante esclarecer que, no desenvolvimento do presente estudo, ficou evidenciado tratar-se de um tema não consensual, sujeito a variadas interpretações e, sobretudo, fundamentado em discursos de atores contemporâneos que poderão discordar das interpretações desenvolvidas. Todavia, vale ressaltar que a equipe de pesquisadores não se coloca, nessa investigação, como portadora nem se propõe a construir o Projeto Profissional, objeto do presente estudo, mas tão somente a desenvolver um esforço de resgate e sistematização das contribuições teórico-metodológicas dispersas na ampla literatura do Serviço Social no Brasil. Isso, naturalmente, não nos impediu de desenvolver um processo de problematização e de crítica do material trabalhado, como esforço de superar a mera constatação e justaposição de conteúdos, sem que tenhamos tido a pretensão de esgotar as contribuições, até porque se trata de um amplo campo de estudo, em termos da abrangência do conteúdo, exigindo estudos e pesquisas complementares.

Destacamos, ainda, a dificuldade de se trabalhar o volume de informações contidas nos textos parciais, quando da elaboração desse texto-síntese, exigindo uma rígida seletividade das citações ilustrativas. Soma-se a esse aspecto a dificuldade de coordenação nacional quanto à produção dos textos, em decorrência das distâncias geográficas, da falta de recursos para realizar encontros nacionais dos pesquisadores e da pouca disponibilidade de tempo para dedicação às atividades da investigação por parte da maioria dos pesquisadores. Esses limites levaram a uma concentração das produções no grupo de pesquisa do Maranhão, a quem coube, também, a coordenação técnica nacional.

Entendemos que a análise e problematização procedidas devem ser encaradas como um esforço provisório, sempre sujeito a revisão. Assim é que várias interpretações analíticas, procedidas nos textos parciais, são aqui revistas, sobretudo no que se refere aos grupos categoriais que compõem as bases teóricas do Projeto Profissional de Ruptura; às teses configurativas do Movimento de Reconceituação, bem como aos eixos articuladores e exigências básicas da Proposta Metodológica de Ruptura. Além das revisões, procedemos a desdobramentos e acréscimos.

Com essas considerações, estamos conscientes de que esta produção está sujeita a autocríticas e a críticas externas, dadas a temática controvertida do objeto do estudo, a amplitude do material trabalhado, a dimensão do conteúdo que não poderia ser de domínio de um único grupo de estudiosos, além dos outros limites e dificuldades realçados. Todavia, esperamos estar oferecendo uma contribuição relevante para a reflexão sobre um projeto profissional que se vem colocando como hegemônico no discurso teórico-metodológico de grande parte dos assistentes sociais no Brasil, mas cujas produções ainda se encontravam dispersas.

3. A estrutura do texto

Em termos de estrutura, o presente texto se inicia contextualizando o Serviço Social na conjuntura brasileira (Capítulo 1), realçando as demandas postas e a construção de projetos profissionais a partir dessas demandas; segue-se uma abordagem sobre o Processo de Reconceituação do Serviço Social no

Brasil (Capítulo 2), apresentando uma caracterização geral e as teses configurativas desse Processo. No Capítulo 3, é apresentado o Projeto Profissional de Ruptura, construído a partir do processo reconceituador, destacando-se suas bases teóricas e sua proposta metodológica. No Capítulo 4, é apresentado o esboço de uma crítica ao Projeto Profissional de Ruptura, em cujo contexto é resgatado o debate nacional sobre a questão metodológica no Serviço Social, em efervescência na segunda metade dos anos 1980, evidenciando, portanto, divergências teórico-conceituais no esforço de construção do Projeto Profissional de Ruptura. Ilustrativamente, são, também, apresentadas, nesse capítulo, o esboço de duas propostas de ação profissional divulgadas no âmbito do debate nacional sobre a questão metodológica do Serviço Social e que expressam um esforço de ruptura. As questões consideradas e omissas no Projeto Profissional de Ruptura são apresentadas como esforço de conclusão.

A construção do presente texto foi produto de uma elaboração coletiva da qual participaram, de uma forma ou de outra, todas as pessoas relacionadas na nota 1 do rodapé. Todavia, participaram mais diretamente na pesquisa e na redação preliminar dos Capítulos 2 e 3: Núbia Élbia Cutrim da Silva; Cleonice Correia Araújo; Luciana de Amorim Parga Martins Araújo; Jisselda de Oliveira Gonçalves da Silva e Alzimar Mourão Moraes. Destacamos, ainda, as ricas contribuições de Alba Maria Pinho de Carvalho para a redação final do texto.

Finalmente, é apresentada a bibliografia consultada.

CAPÍTULO 1

Contextualizando o Serviço Social no processo histórico brasileiro

1. Notas sobre a institucionalização e consolidação do Serviço Social

Uma análise do processo histórico de desenvolvimento do Serviço Social, em relação à dinâmica da conjuntura brasileira, revela uma clara articulação da prática profissional com os polos constitutivos da estrutura social, ou seja, uma articulação com a dinâmica das classes sociais nas diferentes conjunturas.

A busca de desvendar o significado social do Serviço Social situa essa profissão como participante da reprodução das classes sociais, diretamente permeada pelo relacionamento contraditório e antagônico entre elas. Isso confere à profissão, além da dimensão vivida e representada pela consciência de seus agentes profissionais, expressa pelo discurso teórico-metodológico sobre a prática profissional, uma dimensão que atribui à atuação profissional determinação histórica. Essa dimensão condiciona e ultrapassa a própria vontade e consciência de seus agentes individuais, situando a profissão no processo das relações sociais.

Percebida no âmbito do processo contraditório em que se inserem as relações sociais, identificamos uma contradição fundamental na base constitutiva da proposta profissional do Serviço Social, na medida em que os profissionais recebem um mandato das classes dominantes para atuarem junto à classe trabalhadora, isto é, as primeiras contratam e remuneram e a segunda recebe os serviços, reforçando a separação entre o polo contratante e o polo demandante dos serviços.

A compreensão dessa contradição pode ser buscada no próprio processo de institucionalização e legitimação da profissão do Serviço Social, que, no Brasil, vincula-se à criação e ao desenvolvimento das grandes instituições assistenciais, estatais, paraestatais e autárquicas, a partir da década de 1940[9]. A criação dessas instituições ocorre no bojo do aprofundamento do modelo corporativista do Estado e do desenvolvimento de uma política econômica favorecedora da industrialização, adotada a partir de 1930. Dá-se, nesse contexto, a supremacia da burguesia industrial, no poder do Estado, aliada aos grandes proprietários rurais, ocorrendo, também, o crescimento do proletariado urbano, em face do desenvolvimento do modelo urbano-industrial e da capitalização da agricultura, com a consequente liberação de fluxos populacionais.

O Estado Novo, então instituído, defronta-se com duas demandas: absorver e controlar os setores urbanos emergentes e buscar, nesses mesmos setores, legitimação política. Para isso, adota uma política de massa, incorporando parte das reivindicações populares, mas controlando a autonomia dos movimentos reivindicatórios do proletariado emergente, através de canais institucionais, absorvendo-os na estrutura corporativista do Estado.

Ao mesmo tempo que desenvolve o controle das demandas populares, institui ações normativas e assistenciais como mecanismos de esvaziamento e de controle do potencial de mobili-

---

9. Esse aspecto tem sido colocado por vários autores, entre os quais, Iamamoto e Carvalho (1982).

zação dos trabalhadores urbanos, servindo, igualmente, para rebaixamento dos níveis salariais. Surgem, para isso, as grandes instituições assistenciais e previdenciárias que, articuladas com os setores dominantes, procuram *responder* às pressões dos setores urbanos em desenvolvimento, passando, as iniciativas assistenciais, incorporadas pelo Estado, a constituir mecanismos de apoio à aceleração do processo de desenvolvimento capitalista no país.

Nesse momento da conjuntura nacional, o Serviço Social ainda é um projeto embrionário de intervenção profissional. Apresenta-se como estratégia de qualificação do laicato da Igreja católica que, no contexto do desenvolvimento urbano, vinha ampliando sua ação caritativa aos mais necessitados, para o desenvolvimento de uma prática ideológica junto aos trabalhadores urbanos e suas famílias. Procura-se, com isso, atender ao imperativo da justiça e da caridade, em cumprimento da missão política do apostolado social, em face do projeto de cristianização da sociedade, cuja fonte de justificação e fundamento é encontrada na Doutrina Social da Igreja.

Verifica-se que, nas suas origens, a base confessional, largamente presente na prática profissional, confere ao Serviço Social as bases para sua legitimação perante a sociedade. Com o surgimento das grandes instituições,[10] amplia-se o mercado de trabalho para a profissão, permitindo ao Serviço Social romper com suas origens confessionais e transformar-se numa atividade institucionalizada. Suas bases de legitimação são deslocadas para o Estado e para os setores empresariais da sociedade, ao mesmo tempo em que o assistente social se transforma numa típica categoria profissional assalariada, que passa a absorver, além de representantes das elites que constituem a predominân-

10. Entre outras, surgem, em 1938, o Conselho Nacional de Serviço Social; em 1940, a Legião Brasileira de Assistência; em 1942, o Serviço Nacional de Aprendizagem Industrial; em 1946, o Serviço Social da Indústria, o Serviço Social do Comércio e a Fundação Leão XIII.

cia da composição dos profissionais, setores médios e da pequena burguesia, que passam a se interessar por essa profissão remunerada. Por outro lado, amplia-se e diversifica-se a clientela atendida pelos profissionais: à parcela da população empobrecida, é acrescida a população alvo das políticas sociais do Estado, representada, principalmente, por setores dos trabalhadores urbanos. Dessa forma, o Serviço Social passa a integrar os mecanismos de execução das políticas sociais do Estado e dos setores empresariais, enquanto forma de enfrentamento da questão social emergente no contexto do desenvolvimento urbano-industrial.

Inequivocamente, a história mostra que a profissão se institucionaliza e se consolida, no Brasil, respondendo fundamentalmente aos interesses burgueses dessa sociedade. Todavia, refletindo-se as contradições da sociedade sobre a profissão, as respostas profissionais não têm sido unívocas e, nas últimas três décadas, vem ganhando expressão o esforço organizado de profissionais na busca de nova identidade e de novas bases de legitimação para o Serviço Social junto às classes subalternas.

Esse esforço vem sendo identificado no discurso e na prática de significativos setores da categoria profissional dos assistentes sociais brasileiros, sendo que sua emergência e algumas tentativas mais explícitas de sua configuração inicial podem ser identificadas na conjuntura do final da década de 1950 e início da década de 1960, quando se explicita a crise dos padrões de acumulação capitalista, sustentados pelo modelo desenvolvimentista do governo de Juscelino Kubitschek, marcado pela internacionalização da economia, com o fortalecimento do setor privado e do capital internacional.

O peso que a política econômica assume, nesse período, faz com que a política social no Brasil seja colocada em segundo plano, podendo ser apontada, como medida significativa, apenas a instituição e a regulamentação da Lei Orgânica da Previdência Social. Entretanto, o Serviço Social passa a ter uma presença significativa no projeto de desenvolvimento nacional quando, durante a década de 1950, a Organização das Nações Unidas (ONU) e outros organismos internacionais se empenham em sistematizar e divulgar o Desenvolvimento de Comunidade (DC) como estratégia de integrar os esforços da população aos planos nacionais e regionais de desenvolvimento. Pauta-se por uma visão acrítica e aclassista que se sustenta em pressupostos de uma sociedade harmônica e equilibrada, percebendo a comunidade como unidade consensual, cujo objetivo seria a união dos esforços do povo aos do governo, enquanto estratégia para chegar ao desenvolvimento, assumido como a modernização das estruturas, mediante uma mudança cultural controlada.

Nesse mesmo contexto, coloca-se a necessidade de combater o avanço do comunismo na América Latina, em face da efervescência dos movimentos revolucionários nesse continente, principalmente considerando-se a vitória da Revolução Cubana, em 1959, criando-se, para isso, programas de assistência internacional, dos quais merece destaque a Aliança para o Progresso, instituída em 1960.

2. Emergência de uma nova prática profissional no contexto de efervescência do populismo (1961-1964)

É nesse período que se inicia o desenvolvimento, no Brasil, de uma perspectiva crítica ao Serviço Social "tradicional", quando setores da categoria profissional dos assistentes sociais esboçam algumas tentativas de novas experiências de vinculação da ação profissional aos processos e lutas por mudanças.

Esses profissionais são impulsionados por uma profunda agitação política que ganha força no Brasil e em toda a América Latina, ante a crise do modelo desenvolvimentista, gerando frustrações em amplos setores sociais.

No Brasil, o governo de João Goulart, que assume a presidência após a renúncia de Jânio Quadros, tenta promover, mediante uma política populista de maior radicalização, o nacionalismo desenvolvimentista, contrapondo-se ao processo de internacionalização da economia brasileira e abrindo espaço para os processos de mobilização e lutas a favor das mudanças de base, no contexto de um processo de ampla luta política.

Goulart impõe uma série de restrições aos investimentos multinacionais, com severa política de controle de remessas de lucro, de pagamentos de *royalties* e de transferência de tecnologia; elaboração de legislação antitruste; negociação para nacionalização de grandes corporações estrangeiras; e adoção de uma política nacionalista de apoio e concessão de subsídios diretos ao capital privado nacional.

Verifica-se, nessa conjuntura, um período de gestação da consciência nacional-popular, com o engajamento de amplos setores sociais na luta pelas reformas estruturais e reformas de base, com especial atenção para uma política externa independente. Os processos de conscientização e politização atingem operários e camponeses, estudantes e intelectuais, com a presença das ligas camponesas, sindicatos rurais, Movimento de Educação de Base (MEB), Centros Populares de Cultura, Movimento de Cultura Popular, Ação Popular e outros.

A questão social, nesse período, é enfrentada por medidas de extensão da educação, ampliação da Previdência, extensão da legislação trabalhista ao trabalhador do campo com o Estatuto do Trabalhador Rural, barateamento de alimentos básicos, combate a doenças endêmicas e programas de habitação popular.

O processo político é marcado por posições de diferentes forças atuantes na sociedade, destacando-se a manifestação de segmentos importantes dos militares que se opõem desde a posse de Goulart.

A repercussão desse processo sobre o Serviço Social pode ser pensada a partir de duas vertentes mais gerais em luta nesse período: a conservadora e a mudancista.

De um lado, o Serviço Social é cada vez mais absorvido pelo Estado, a partir do seguinte quadro de referência: o objeto de intervenção profissional se configura pelas disfunções individuais e sociais; os objetivos se voltam para a integração social, não se verificando divergência entre os objetivos institucionais e os profissionais; no terreno do conhecimento, a Doutrina Social da Igreja cede lugar a correntes psicológicas, principalmente a psicanálise, e a correntes sociológicas, destacando-se o positivismo e o funcionalismo; os métodos tradicionais de Serviço Social de Casos e Serviço Social de Grupo sistematizam-se. A prática profissional começa a deslocar seu eixo de preocupação do indivíduo para a comunidade, dando margem à adoção de novas técnicas como reunião e nucleação de grupos. Os valores norteadores da profissão são ainda de caráter humanista e a formação profissional passa a se pautar pela busca do avanço técnico na perspectiva do ajustamento do indivíduo numa sociedade harmônica (Silva e Silva, 1984, p. 12-13).

Por outro lado, um reduzido setor da categoria profissional é influenciado pelo novo posicionamento dos cristãos de esquerda, que colocam a conscientização e a politização em função das mudanças estruturais. Essa nova postura permite que se registre, no período 1960-1964, uma prática desse reduzido grupo de assistentes sociais que parte de uma análise crítica da sociedade, percebendo as contradições e a necessidade de mudanças radicais (Aguiar, 1985, p. 104). Ao DC é conferido um caráter político, crítico e classista, inserindo-se no contexto do desenvolvimento nacional, numa dimensão macro-societária e em função de mudanças estruturais, fazendo com que as comunidades passem a ser vistas como uma realidade constituída de forças antagônicas regidas por relações sociais de dominação; a participação passa a ser percebida como luta pela hegemonia das classes subordinadas (Ammann, 1987a, p. 98-99). Nesse período, os assistentes sociais comprometidos com essa nova perspectiva, muitos assumindo o posicionamento dos cristãos de esquerda, engajam-se no MEB, organizado pela Conferência Nacional dos Bispos do Brasil, voltando-se, inicialmente, para um trabalho de alfabetização, passando depois para a animação popular e para um trabalho de sindicalização. Dá-se também a participação de alguns assistentes sociais nos trabalhos de cultura popular de Paulo Freire, despontando o emergir de uma prática profissional questionadora do *status quo*.

3. O Serviço Social no contexto da ditadura militar (1964-1985)

Qualquer análise da realidade brasileira no contexto da ditadura militar deve considerar que este período não foi homogêneo e deve ser pensado, portanto, como um processo com momentos bastante demarcados:

a) de 1964 a 1968, com a definição das bases do Estado de Segurança Nacional, a formulação de novos mecanismos de controle e a reforma constitucional; a institucionalização do novo Estado e sua grande crise em 1967-1968, quando o governo militar institui o Ato Institucional n. 5 (AI-5);

b) de 1969 a 1974, o mais rígido da ditadura militar;

c) de 1974 a 1985, da distensão à retirada dos militares da cena política, como atores de frente.

O Serviço Social brasileiro é bastante marcado por essa conjuntura. Contraditoriamente, enquanto tem freada, no início do novo regime, a sua vertente crítica emergente, é bastante reforçado, do ponto de vista profissional, na medida em que tem um grande impulso quantitativo, tendo em vista a expansão do mercado de trabalho, e qualitativo, considerando-se o amplo debate empreendido, no meio profissional, sobre questões de teoria e de método do Serviço Social, ainda que numa visão modernizadora, cientificista e tecnicista.

No primeiro momento da ditadura militar, o Serviço Social é bastante marcado em suas perspectivas e possibilidades de avanços críticos. Sobretudo, é importante considerar que, nesse momento, se articula e se gesta, na América Latina, a partir do Cone Sul, o Movimento de Reconceituação do Serviço Social latino-americano, que permite canalizar as insatisfações acumuladas pelos profissionais que se conscientizam, progressivamente, de suas limitações, tanto teórico-instrumentais como político-ideológicas. Verifica-se uma marcante polarização em torno da perspectiva de mudança social, que se expressa por uma consciência clara sobre a situação de subdesenvolvimento, dependência, dominação e consequente opressão e exploração das maiorias nacionais no continente latino-americano.

Os fundamentos do novo regime político em implantação no país são buscados na Doutrina de Segurança Nacional e Desenvolvimento, vinculada a teorias geopolíticas, ao antimarxismo e ao pensamento católico de tendência conservadora. A cisão do bloco histórico, que se verifica em nível superestrutural, afeta profundamente a vida do país, resultando na desmobilização, com mudanças de rumo dos movimentos políticos emergentes durante o período populista, dentre eles o MEB, o sindicalismo rural e experiências de DC, junto às quais atuam segmentos da categoria dos assistentes sociais, numa perspectiva norteada pela busca de construção de um compromisso explícito do Serviço Social com os interesses dos setores populares.

Esse trabalho é desativado com o golpe militar de 1964, restando, como espaço de atuação profissional dos assistentes sociais, a execução das políticas sociais em expansão e dos programas de DC, tendo como principal função eliminar a resistência cultural às inovações, enquanto obstáculos ao crescimento econômico, bem como integrar as populações aos programas de desenvolvimento.

É fundamental destacar que o padrão intervencionista do Estado brasileiro, gestado no pós-30, se intensifica durante o modelo de desenvolvimento assumido na ditadura militar. Além da intervenção na área social, com ampliação de programas e do aparato institucional, o Estado passa a controlar, profundamente, a relação capital-trabalho. Controla os sindicatos e institui políticas salariais, transformando-se, inclusive, num grande empresário, que passa a assumir e a dinamizar os setores estratégicos da economia que não propiciavam retornos lucrativos imediatos, não interessando, portanto, à iniciativa privada, mas sendo indispensáveis para que o país atinja um novo patamar de industrialização.

A ideologia da integração e do desenvolvimento, pautada pela repressão aberta da sociedade brasileira, com a instituição do AI-5, inaugura uma nova conjuntura, iniciando-se também um novo momento para o Serviço Social.

O período 1968-1974 é marcado profundamente pela repressão aos setores populares organizados e àqueles considerados inimigos do novo regime, com abertura de espaço para os conservadores, só sendo possível a sobrevivência das organizações de oposição na clandestinidade.

Nessa conjuntura, constitui-se um quadro legal para permitir profundas transformações estruturais e um amplo expurgo dos "inimigos internos" ao novo regime. Dá-se, então, a institucionalização da tortura como método de interrogatório e controle político, criando-se a "cultura do medo" com a imposição do silêncio.[11]

O modelo econômico e político adotado, pressupondo controle da sociedade, nesse período, faz com que o país viva uma fase de crescimento acelerado do Produto Interno Bruto (PIB), marcando um período de intermitência do crescimento, como uma das marcas características do capitalismo.

Através da manipulação política, é apresentado à sociedade brasileira o fenômeno conhecido como "milagre econômico" que, segundo Singer (1980, p. 61), decorre de uma decisão polí-

11. Sobre os fundamentos e agruras do Regime Militar, veja-se Alves (1984).

tica do governo ao liberar o crédito a partir de 1968, após vários anos de recessão, com baixa utilização da capacidade produtiva, taxas relativamente altas de desemprego, custo reduzido de mão de obra de pouca qualificação, acrescidos de uma grande propensão ao consumismo por parte das camadas mais elevadas. O autor ainda explica que a ocorrência do "milagre econômico" só é possível mediante a repressão das tensões sociais que permite o estabelecimento de medidas importantes na transformação das relações de trabalho. Nesse âmbito, destaca-se a nova política de arrocho salarial e a substituição do sistema de estabilidade no emprego pelo Fundo de Garantia por Tempo de Serviço — FGTS (id., p. 78), sendo abolido, na prática, o direito de greve. Em consequência, a política social se coloca como estratégia para atenuar sequelas do desenvolvimento do capitalismo monopolista no país, marcado pela superexploração da força de trabalho e pela forte concentração de renda.

Isso significa que a política social passa a se vincular, cada vez mais, ao sistema produtivo, objetivando corrigir as distorções entre produção e consumo, e torna-se medida de impacto para legitimação do novo regime (Silva e Silva, 1984, p. 13). Até o II Plano Nacional de Desenvolvimento (II PND), isto é, até 1974, era atribuída à política social a função de eliminação dos pontos de estrangulamento do crescimento econômico e de criação de condições para que esse atingisse maiores índices, sendo percebido o desenvolvimento social como consequência automática do crescimento econômico. Os obstáculos ao desenvolvimento econômico se expressam pela resistência cultural às inovações, e a prestação de serviços sociais (educação, saúde, habitação, assistência etc.) passa a contribuir para a reprodução e maior produtividade da força de trabalho. É atribuída ao sistema educacional a tarefa de preparar recursos humanos para atendimento dos projetos de investimento no campo econômico, destacando-se a política de profissionalização e privatização da educação. Nesse contexto, dá-se a instituição do Movimento Brasileiro de Alfabetização (MOBRAL), em 1969.

No I PND (1972-1974), a política social é definida em termos de integração social, significando articulação harmônica entre governo e setor privado; entre União e Estados; entre regiões desenvolvidas e regiões subdesenvolvidas, o que se procura efetivar através de programas como: Programa de Integração Social (PIS) e Programa de Formação do Patrimônio do Servidor Público (PASEP), objetivando assegurar a participação do trabalhador na expansão da renda nacional, com o incentivo ao aumento de poupança; BNH e MOBRAL, com vistas a expandir os programas de desenvolvimento social; Fundo de Assistência ao Trabalhador Rural (FUNRURAL), para apoiar as categorias de renda mínima; Programa de Colonização na Região Transamazônica (PROTERRA), programas nas áreas de educação, saúde, alimentação, habitação, além dos programas econômicos com vistas a recuperar as populações marginalizadas na zona rural e urbana; Programa de Integração Nacional (PIN), que prevê a construção da Transamazônica e da Rodovia Cuiabá-Santarém.

Essa política de integração social objetiva criar bases para o mercado de massa; associar a assistência aos estímulos para o trabalho e ao aumento da eficiência do trabalhador; e induzir a que o aumento de renda implique aumento de poupança, propondo uma harmonização entre a política de integração social e os índices de crescimento da época (SEPLAN — IPND, p. 40).

Ainda na perspectiva de integração social, são criados o Projeto Rondon e, em 1975, o Programa Nacional de Centros Sociais Urbanos (CSUs), privilegiando as áreas de lazer e cultura e fazendo face ao que oficialmente é conhecido como desagregação dos centros urbanos, mas que, numa outra ótica, pode ser visto como mecanismo para se contrapor à rearticulação organizada da sociedade civil.

Nessa conjuntura, os Programas de DC são assumidos como propulsores e aceleradores do desenvolvimento, isto é, como elo integrador entre as populações e os programas governamentais. Tendo em vista legitimar e implementar os programas oficiais, constituem-se em mecanismos capazes de ensejar rendimento aos recursos do governo, através da utilização gratuita da força de trabalho local, sob a justificativa da necessidade de participação popular. Situam-se, aí, os Centros Rurais Universitários de Treinamento em Ação Comunitária (CRUTACs), assumidos pelas universidades brasileiras.

Além dos programas de impacto já mencionados, na perspectiva de integração social, a política social do regime militar, a partir do período aqui considerado, também é relevante na área da assistência social, assumida pela Legião Brasileira de Assistência (LBA) e pela Fundação do Bem-Estar do Menor (FUNABEM), em nível nacional e, no nível dos Estados, pelas Secretarias de Bem-Estar Social que se proliferam em todo o país; e, na área da Previdência Social, ficando a cargo do Ministério da Previdência e Assistência Social.

A política social, assumida por esse conjunto de entidades e implementada nesses programas, passa a contar com o assistente social como uma categoria profissional diretamente responsável pela sua operacionalização, o que, inevitavelmente, faz com que a profissão seja influenciada pelas características marcantes da política social, nesse período, quais sejam: extrema centralização política e financeira em nível federal; acentuada fragmentação institucional para sua operacionalização; exclusão da participação social nos processos políticos de decisão; forte conteúdo corporativo das demandas, decisões e implementação das políticas e programas; uso clientelístico dos recursos e distribuição de benefícios; autofinanciamento do investimento social e privatização de setores rentáveis (educação, saúde, habitação). A partir dessa lógica, verifica-se, também, a institucionalização da assistência social, com subordinação da remanescente rede privada de assistência e de serviços sociais, passando o Estado a manter verdadeiro controle, através de convênios que disciplinam as ajudas financeiras e a prestação de assistência técnica, tudo condicionado à apresentação de planos e a fiscalizações periódicas (Silva e Silva, 1984, p. 14).

Além da ampliação do aparato público, as empresas privadas passam a assumir, também, medidas de política social para complementar a ação do governo e como estratégia de salário indireto, como mais uma forma de contenção dos salários, além da base ideológica que faz com que, através dos programas assistenciais instituídos no âmbito das empresas, se efetive uma dependência e uma subordinação maior do trabalhador. Esse vem se constituindo, principalmente nas sociedades mais industrializadas, como um vasto campo de inserção do Serviço Social.

O quadro conjuntural da sociedade brasileira, no regime militar, e a tendência assumida pela política social, no bojo dessa conjuntura, colocam para a prática do Serviço Social, no Brasil, num primeiro momento, uma tendência modernizadora que busca o avanço técnico da profissão com vistas a assumir, com eficiência, uma ação profissional moderna. Essa tendência é apontada por vários autores como o momento inicial do Movimento de Reconceituação do Serviço Social no Brasil, conforme sustenta Lima, M. H. (1982, p. 131):

Nessa perspectiva, a formação profissional do assistente social passa a ser pautada pela busca da eficiência e da modernização da profissão, sendo que o planejamento, a coordenação e a administração passam a desempenhar papel fundamental, aliado ao esforço de capacitação profissional para uma atuação em nível macro e para participação em equipes interprofissionais.

Nesse primeiro momento do Movimento de Reconceituação do Serviço Social no Brasil, o Encontro de Araxá, realizado em 1967, seguido posteriormente, em 1972, pelo Encontro de Teresópolis, marcam o esforço da categoria profissional em torno da sistematização teórico-prática do Serviço Social.

Os documentos produzidos, em ambos os encontros, explicitam e reafirmam a diretriz tradicional do Serviço Social em busca da integração social, assumindo a perspectiva de modernização colocada no contexto da sociedade brasileira como um todo.

É, também, a partir de 1970 que começa a ser colocada a perspectiva marxista no contexto do Serviço Social brasileiro, inicialmente representada pela vertente do estruturalismo, com influência principalmente de Althusser, manifestada através da concepção das instituições vistas como aparelhos ideológicos do Estado, seguindo a tendência do Movimento de Reconceituação, em nível continental, naquele momento, que negava a prática institucional e enfatizava a militância política. É conveniente destacar que essa concepção não se restringe ao âmbito do Serviço Social, mas influencia todas as profissões circunscritas ao social, bem como as práticas políticas em geral, encontrando campo fértil na realidade política do autoritarismo da ditadura militar em seu período mais rígido. Aqui merecem destaque os esforços de um grupo de profissionais que, em Minas Gerais, formula o método BH[12], que se constitui na mais significativa proposta crítica do Serviço Social elaborada nessa época no Brasil, influenciando o setor mais crítico da profissão, sobretudo aqueles que se encontravam nas universidades.

Fica posto que, mesmo no período de maior repressão do regime militar, setores profissionais, embora minoritários, começam a atuar na contra-resposta ao encaminhamento hegemônico que transforma a profissão num mero instrumento da aceleração do desenvolvimento, percebido como um crescimento econômico concentrador e excludente. Isso significa que, mesmo cometendo o "equívoco" de se propor a abandonar o espaço institucional, por percebê-lo como instrumento mecâni-

---

12. Sobre o método BH e sua crítica (que é, na verdade, uma autocrítica), ver Lima & Rodriguez (1980). Uma proposta para a formação profissional com base no BH foi apresentada na Convenção da ABESS, realizada em São Luís, em 1971, por Leila Lima.

co de dominação, alguns setores da categoria profissional colocam a perspectiva de o Serviço Social aprofundar uma prática que se pauta pela busca de apoio aos interesses dos segmentos explorados que constituem a base de sua clientela, recolocando, necessariamente, a perspectiva de transformação social. Esse enfoque é retomado e aprofundado no período de "distensão-abertura" da ditadura militar (1974-1985).

Esse período cobre os governos dos presidentes Ernesto Geisel (1974-1979) e João Batista Figueiredo (1979-1985), sendo marcado pelo reaparecimento da classe trabalhadora no cenário político nacional e pela desmistificação do "milagre econômico" brasileiro; pelo aprofundamento da crise econômica, principalmente a partir de 1977, no contexto da crise internacional do petróleo; pelo retorno de elevados índices inflacionários e pela elevação da dívida externa brasileira. Começa a se explicitar uma crise do Estado que se aprofunda e se estende mesmo com o fim da ditadura.

No âmbito da rearticulação da sociedade civil, o movimento popular pela moradia e o movimento sindical saem da clandestinidade para lutar por questões reivindicativas básicas em face da deterioração das condições de vida e para contestar a política econômica e o regime político instituído pelos militares, destacando-se o movimento por anistia política. Essa rearticulação das organizações populares e sindicais conta com importante apoio de entidades como a Ordem dos Advogados do Brasil, a Associação Brasileira de Imprensa e os setores progressistas da Igreja católica.

A ação econômica e social do governo Geisel é orientada pelo II PND (1975-1979) que, na sua estratégia de desenvolvimento social, diz não aceitar que o crescimento econômico, por si, resolva o problema de distribuição de renda, levantando a necessidade de, mantendo acelerado o crescimento, realizar políticas redistributivas "enquanto o bolo cresce" (SEPLAN — II PND, p. 69). Para isso, as bases da estratégia social são representadas pela conjugação da política de emprego com a política de salários; pela política de valorização de recursos humanos, através de programas nas áreas de educação, treinamento profissional, saúde e assistência médica, saneamento e nutrição; pela política de integração social, através do PIS-PASEP, enquanto mecanismos destinados a suplementar a renda, a poupança e o patrimônio do trabalhador; pela política de habitação; pela ampliação da Previdência Social para atendimento de novas categorias da população, principalmente os mais pobres; pela progressiva universalização da legislação do trabalho e pela política de defesa ao consumidor para assegurar preços mais baixos aos produtos de consumo básico.

O II PND (1975-1979) preconiza uma política social que se volte para *beneficiar* especialmente as populações que se situam no nível da "pobreza absoluta", preconizando a redistribuição de renda.

Inaugura-se, no governo Geisel, uma política denominada de "distensão", cuja meta global é concluir a institucionalização do Estado de Segurança Nacional e criar uma representação política mais flexível (Alves, 1984, p. 186), que permita manter sob controle o avanço organizativo que já se vislumbra no âmbito geral da sociedade civil, ao mesmo tempo em que busca novas bases de legitimidade para o governo dos militares.

No governo de João Batista Figueiredo (1979-1985) é preconizada uma ampliação da política de liberação, agora denominada "abertura", permanecendo, porém, obediente aos parâmetros da "democracia forte", estabelecidos pelo governo anterior, o que significa uma liberação planejada e controlada que praticamente distingue a oposição aceitável da intolerável.

Nessa conjuntura, o movimento por anistia é vitorioso, ainda em 1979, conquistando uma anistia política parcial, o que representa um passo significativo em direção ao alívio da pressão social acumulada, permitindo o retorno de todos os exilados políticos ao país e a recuperação dos direitos de todas as lideranças cassadas.

Para administração do aprofundamento da crise econômica a partir de 1979, acompanhada da elevação dos índices inflacionários, do crescimento da dívida externa e do agravamento das condições de vida da população, é instituído o III PND (1980-1985), que define, como objetivos nacionais prioritários, o acelerado crescimento da renda e do emprego; a melhoria da distribuição de renda, com redução dos níveis de pobreza absoluta e elevação dos padrões de bem-estar das classes de menor poder aquisitivo; a redução das disparidades regionais; a contenção da inflação; o equilíbrio do balanço de pagamento; o controle do endividamento do setor energético; e o aperfeiçoamento das instituições políticas.

No que tange aos setores sociais, o III PND preconiza ações que beneficiem diretamente a expansão e a melhoria da educação e cultura, saúde e saneamento, Previdência Social, habitação popular e desenvolvimento comunitário, que se devem conjugar com o objetivo básico de progressiva redefinição do perfil da distribuição de renda em benefício da população mais pobre (SEPLAN — III PND, p. 65). Como mecanismo para superação das tendências ditas assistencialistas, residuais e seletivas das políticas sociais, é sugerida a participação econômica e política da população (SEPLAN — III PND, p. 66), o que passa a significar a socialização dos custos dos programas sociais e o apoio das populações aos programas governamentais.

No regime militar, a questão social foi enfrentada pelo binômio repressão-assistência, ficando a assistência subordinada aos preceitos da Doutrina de Segurança Nacional, funcionando como mecanismo de legitimação política do regime. Os serviços sociais são, ainda, assumidos como campo de investimento, com subordinação da assistência pública à reprodução do capital, fazendo com que as questões sociais sejam transformadas em problemas de administração, com burocratização e esvaziamento do seu conteúdo político. Todavia, contraditoriamente, a assistência torna-se, no âmbito das lutas políticas dos setores populares, uma forte demanda da própria classe na luta pela conquista da cidadania, em face do agravamento da pauperização dos trabalhadores.

No contexto das contradições geradas no interior da sociedade, devido a uma insatisfação crescente com o regime militar, a rearticulação da sociedade civil continua avançando, propiciando a emergência de um amplo movimento popular, configurado na aliança entre as Comunidades Eclesiais de Base (CEBs), ligadas à Igreja católica e inspiradas na Teologia da Libertação, os grupos associativos seculares e o novo movimento sindical emergente, consubstanciando-se essa aliança tanto no campo como nas áreas urbanas. Destacam-se, ainda, o Movimento contra a Carestia, que mobiliza principalmente os maiores centros urbanos, e as greves operárias de 1978, 1979, 1980 e 1982, culminando com a grande movimentação pelas diretas-já, permitindo unificar os diferentes movimentos sociais populares, as entidades democráticas e os partidos políticos de oposição contra o inimigo comum, representado pela ditadura militar.

A organização dos trabalhadores avança, permitindo a construção do Partido dos Trabalhadores (PT) e o surgimento de centrais sindicais nacionais, constituindo-se em alternativas para o enfrentamento da progressiva deterioração das condições de vida da classe trabalhadora, que se estende também aos setores médios, os quais passam a compartilhar do processo de pauperização crescente, apesar da proliferação dos programas sociais voltados para complementação dos baixos salários, com a adoção crescente de programas de salários indiretos.

Diante do quadro que situa, de um lado, a ampliação das políticas sociais enquanto mecanismos destinados a atenuar a política econômica de concentração de renda e de arrocho dos salários dos trabalhadores e, de outro lado, a deterioração das condições de vida da população e o movimento crescente de rearticulação organizada da sociedade civil, coloca as pressões sobre o Serviço Social pelo Estado, que tem exigido a modernização técnica da profissão para assumir, eficazmente, a função de mediadora entre o amplo aparato assistencial e seus beneficiários e a função de conquistar o apoio das populações aos programas governamentais de desenvolvimento. A pressão dos movimentos sociais populares, nessa conjuntura, coloca, de forma cada vez mais explícita, novas demandas para a prática do Serviço Social na busca de apoio ao seu esforço de organização e no sentido de repassar os serviços e programas, considerando suas reais necessidades, inclusive de sobrevivência material, numa perspectiva crítica que possa contribuir para o avanço da luta organizativa desses movimentos.

É no âmbito dessas demandas (no período 1979-1985) que setores profissionais dos assistentes sociais aprofundam a proposta esboçada no período 1960-1964 e retomada no início da década de 1970, desenvolvendo amplo debate sobre o caráter político da prática profissional e consequente desmistificação de sua pretensa neutralidade, ao mesmo tempo que sugerem, contundentemente, a possibilidade de o Serviço Social pôr-se a serviço da clientela.

Se, num primeiro momento, esse esforço confunde a ação profissional com uma ação político-partidária, levantando, inclusive, a necessidade de abandonar os espaços institucionais, a partir de 1978, por influência de Gramsci, cuja obra começa a ser divulgada no Brasil, o Movimento de Reconceituação procura se orientar por uma perspectiva dialética, com base na concepção de Estado ampliado, que permite perceber a instituição como espaço contraditório e de luta de classes. A partir daí, começa a se desenvolver um esforço no sentido de fortalecer a prática institucional, vista na sua articulação com os movimentos sociais populares organizados, passando a se configurar a possibilidade de uma dissociação entre os objetivos institucionais e os da prática profissional. Nessa perspectiva, o Serviço

Social questiona a vinculação histórica da profissão com os interesses dos setores dominantes e aponta a necessidade de desvendar a dimensão política da prática profissional e a busca de novas bases de legitimação.

As transformações no interior do Serviço Social são identificadas exatamente quando a sociedade civil brasileira intensifica seu processo de rearticulação política, referenciado pelo movimento grevista sindical a partir de 1978, principalmente pelas greves do ABC paulista, que têm influência marcante em relação aos posicionamentos da categoria dos assistentes sociais.

Já se percebe visível tentativa de avanço na reorganização política dos assistentes sociais a partir de 1979, o que repercute no processo de preparação e realização do III Congresso Brasileiro de Assistentes Sociais, nesse mesmo ano, quando a direção conservadora é questionada e os convidados especiais, representados pelas autoridades do regime militar, são substituídos por dirigentes de organizações populares.

O "ano da virada", como ficou conhecido 1979, é marcado por um movimento de oposição à direção conservadora do Conselho Regional de Assistentes Sociais de São Paulo, dando-se a rearticulação da Associação Profissional de Assistentes Sociais, também de São Paulo, com vitória da chapa de oposição, na busca do fortalecimento do movimento sindical no interior da categoria. Essa iniciativa repercute em nível nacional, registrando-se esforço de articulação do movimento sindical dos assistentes sociais, com reativação de alguns sindicatos, algumas associações e criação de novas associações profissionais, que, posteriormente, se transformam em sindicatos estaduais, permitindo, em 1983, a criação da Associação Nacional de Assistentes Sociais (ANAS). Ao ser transformada numa federação sindical, a ANAS, juntamente com os sindicatos estaduais, o então Conselho Federal de Assistentes Sociais (CFAS), também pressionado a incorporar as novas demandas que os setores populares colocam para a profissão, e a Associação Nacional de

Ensino de Serviço Social (ABESS) representam o quadro organizativo, através do qual a categoria dos assistentes sociais não só força mudanças no quadro da formação profissional e na prática do exercício profissional, como também se articula com as lutas políticas mais amplas dos trabalhadores e dos movimentos sociais populares.

A formação profissional dos Assistentes Sociais é objeto de forte debate no interior da categoria, no período 1975-1979, sendo que a ABESS institui um novo currículo mínimo na Convenção Nacional de 1979, em Natal, o qual é aprovado pelo Conselho Federal de Educação (CFE), em 1982, quando se torna obrigatório para todos os cursos de Serviço Social no Brasil.

Nesse período, os autores latino-americanos ainda são responsáveis pela maioria da produção escrita que circula em toda a América Latina, com as publicações das Editoras ECRO e Humanistas, adotadas amplamente nos cursos de Serviço Social no Brasil. Todavia, no contexto da ruptura, que se situa a partir de 1979, verifica-se que o CBCISS — que publica a revista *Debates Sociais* e a coleção *Temas Sociais* —, algumas publicações das Editoras Agir, Francisco Alves e Vozes, então em circulação, ou mesmo a literatura latino-americana, não são suficientes para subsidiar as novas inquietações que se colocam no âmbito do Serviço Social brasileiro. Coloca-se, então, a necessidade de um espaço para divulgação de um pensamento emergente no Serviço Social, sendo criada, em 1979, a revista *Serviço Social & Sociedade*, por sugestão de um grupo de assistentes sociais de São Paulo, contando com o suporte da então Editora Cortez & Moraes, hoje Cortez Editora, que também inicia sua estruturação, passando a se constituir num espaço para a publicação de livros que surgem, sobretudo, com o avanço da pós-graduação em Serviço Social no Brasil, permitindo produções e debates intelectuais mais sistematizados em âmbito nacional.

Em 1981, começa a funcionar a primeira turma do único curso de doutoramento em Serviço Social na América Latina, sob a responsabilidade da Pontifícia Universidade Católica de São Paulo (PUC-SP), verificando-se, em 1982, o reconhecimento oficial da pesquisa em Serviço Social pelo Conselho Nacional de Desenvolvimento Científico e Tecnológico (CNPq), abrindo uma linha específica para financiamento de pesquisa e constituindo um comitê assessor próprio para avaliação dos projetos apresentados por assistentes sociais pesquisadores.

Com o avanço acadêmico do Serviço Social no Brasil, verifica-se que as publicações brasileiras passam a influenciar, inclusive, a literatura latino-americana, constituindo, na atualidade, o principal suporte para a formação e o exercício profissional no país.

O percurso do Serviço Social no Brasil, no período 1974-1985, configura uma intensa movimentação dos assistentes sociais que repercute profundamente nas três dimensões constitutivas da profissão, representadas pela dimensão político-organizativa, pela dimensão acadêmica e, talvez, com menor intensidade, pela dimensão da intervenção profissional, no nível dos organismos da política social, das empresas privadas e dos movimentos sociais.

Na dimensão político-organizativa, dá-se uma revitalização profunda nos organismos básicos do Serviço Social brasileiro, provocando contradições, divergências e lutas no interior das entidades nacionais ABESS e CFAS;[13] efetiva-se a reativação das

13. No âmbito da ABESS, essas contradições e divergências se expressam tendo como eixo mobilizador o encaminhamento da proposta, ao Conselho Federal de Educação, de um novo currículo mínimo de Serviço Social, a qual foi concluída na Convenção Nacional da entidade, realizada em setembro de 1979. Essa mobilização repercutiu na composição do grupo dirigente que contemplou as diferentes correntes de pensamento expressas no debate sobre o currículo, para, na Convenção seguinte, em 1981, atingir a própria estrutura da entidade, recompondo-se a Assembleia antes formada apenas por diretores de escolas, passando a ser composta por delegação paritária de professores e estudantes, eleitos nas respectivas escolas filiadas à ABESS. No âmbito do CFAS, o III Congresso Brasileiro de Assistentes Sociais, realizado em 1979, em São Paulo, é o *locus* coletivo de um significativo embate entre

entidades sindicais e pré-sindicais em todo o país, culminando com a criação da ANAS, em 1983, registrando-se, também, a reativação do movimento dos estudantes de Serviço Social no interior dos movimentos e lutas estudantis universitários em geral. Nesse âmbito, verifica-se o despertar de grupos de assistentes sociais para maior participação na política partidária.

Na dimensão acadêmica, verifica-se a criação e o desenvolvimento da pós-graduação;[14] a iniciação da pesquisa, destacando-se a utilização da pesquisa-ação pelo Serviço Social; a abertura da Cortez Editora (inicialmente Cortez & Moraes), constituindo-se num espaço de comunicação das reflexões e debates realizados pelos profissionais que, até então, no Brasil, contavam apenas com o CBCISS, sendo que as possibilidades de acesso a publicações críticas eram bastante limitadas ou quase inexistentes.[15]

---

as forças conservadoras (que inclusive estavam na direção dessa entidade desde sua criação em 1962) e as forças emergentes, que propunham uma nova prática para o Serviço Social e estavam ali representadas organicamente pelas entidades sindicais. Este foi, sem dúvida, um fato histórico de grandes repercussões na categoria e na sociedade brasileira.

14. O curso de mestrado da PUC-RJ foi o primeiro, logo seguido pelo curso de mestrado da PUC-SP, sendo que, no primeiro momento da pós-graduação em Serviço Social, o Rio absorveu o maior número de Assistentes Sociais interessados no desenvolvimento acadêmico. Posteriormente, no entanto, São Paulo ganha a preferência e assume a vanguarda da pós-graduação, criando um curso de doutorado em 1981. Registram-se, também, os mestrados da PUC-RS, da Universidade Federal da Paraíba e da Universidade Federal de Pernambuco. Em 1994, a Universidade Federal do Rio de Janeiro, através de sua Faculdade de Serviço Social, institui o segundo curso de doutorado em Serviço Social no Brasil.

15. As Editoras ECRO e Humanistas, da Argentina, eram as únicas vias de publicação existentes até 1975, quando surgiram as publicações do CELATS, através da Revista *Accíon Crítica* e dos *Cuadernos CELATS*. Essa limitação se deu, de um lado, ante os custos de bibliografias importadas, e, de outro lado, pela censura rígida ao pensamento, à escrita e à leitura, instituída no Brasil na ditadura militar. Algumas obras como *Serviço Social e pueblo*, de Natalio Kisnerman, publicada pela Humanitas, tiveram a sua entrada proibida no país, como tantas outras em todas as áreas.

Na dimensão da intervenção profissional, destacam-se apenas algumas experiências significativas, quase sempre reprimidas. É certamente aqui que uma análise da nova proposta profissional, procurando articular a profissão com os interesses dos setores populares, em construção no Brasil, encontrará seus níveis mais complexos, graças às suas particularidades e relações com as dimensões político-organizativa e acadêmica, que constituem a totalidade profissional.[16]

Fica compreendido que o processo de desenvolvimento do Serviço Social no Brasil não é nem linear nem homogêneo, como não o é o próprio movimento social. Trata-se, por conseguinte, de um processo marcado por confrontos com as forças conservadoras e reacionárias existentes no interior do quadro profissional e da sociedade brasileira e, ao mesmo tempo, pelas divergências e contradições entre as próprias forças que se colocam na perspectiva dos interesses dos setores populares.

O Serviço Social brasileiro se insere, em seguida, numa nova conjuntura que se instaura com a denominada Nova República, contando com uma significativa experiência acumulada nos períodos anteriores.

4. O Serviço Social no contexto da Nova República (1986-1990)

Pensar o Serviço Social na Nova República exige ter presente o esforço de setores profissionais nas últimas três décadas, na América Latina, mas, com força particular, no Brasil, a partir da segunda metade da década de 1970, em conscientizar a categoria da necessidade de construção de novas alternativas

16. Nesse período, apesar da chamada "distensão-abertura", os avanços críticos institucionais, como os movimentos de reivindicação e contestação, continuaram sendo fortemente reprimidos. Em Serviço Social, ganhou repercussão a experiência do INOOCOP de São Paulo, cujo relato se encontra em Abramides et al. (1980).

profissionais, tendo como orientação mais geral as exigências de mudanças estruturais da sociedade brasileira. Esse esforço ocorre articulado com um amplo processo organizativo da sociedade, expresso por um movimento que vem se impondo como reação às profundas desigualdades sociais, à opressão e à exploração da grande maioria da população pelas oligarquias, latifundiários e burguesia nacional, aliadas ao capital estrangeiro, e que é produto de uma longa história de dominação no Brasil, tendo-se aprofundado no decorrer dos vinte e um anos de arbítrio do governo militar (1964-1985), com seu modelo de desenvolvimento baseado na Doutrina de Segurança Nacional.

Na segunda metade dos anos 1980, vive-se uma conjuntura marcada pela manifestação de sinais da falência do padrão do Estado intervencionista e lançamento das bases de minimização do Estado, assumido como novo padrão nos anos 1990. A manifestação mais evidente dessa crise estrutural se expressa pela profunda e prolongada crise econômico-político-social, sendo, nesse contexto, cada vez mais evidentes as contradições da proposta modernizadora do Serviço Social. Amplia-se o número de profissionais que reclamam por novas alternativas de prática, enquanto os setores que, na profissão, lideram a *modernização* do Serviço Social ficam *órfãos* e desprovidos de condições de sustentação de sua prática perante as condições concretas de incapacidade de o Estado investir, principalmente no setor social.

A dita transição democrática herda uma economia estruturada para gerar enorme saldo comercial positivo e fazer face aos encargos financeiros com a dívida externa crescente; uma longa história de arrocho salarial, com a generalização da miséria atingindo grandes contingentes da população brasileira; empobrecimento da classe média; e níveis inflacionários insuportáveis. Tudo isso caracterizando uma séria crise econômica, marcada pela recessão profunda do período 1980-1983, só atenuada pelo nível de emprego crescente nos setores exportadores.

A dívida social, além de não ser resgatada, aprofunda-se em áreas essenciais como saúde e educação, enquanto a questão econômica é tratada seguidamente pelos conhecidos choques econômicos, com propostas de alteração da moeda nacional e congelamento de preços e salários, entre outras medidas. Nesse caso, o perdedor é sempre a classe trabalhadora, devido às burlas nos pretendidos congelamentos e à crescente desvalorização dos salários em face do incremento desordenado da inflação.

No plano político, o país vive os maiores impasses conhecidos nas últimas décadas, com o descrédito da sociedade nos partidos políticos por se encontrarem vazios de propostas, bem como nos políticos, que, na maioria, pautam sua conduta pelo casuísmo, pelo fisiologismo e, ainda, com a inexistência de líderes políticos que representem projetos relevantes para a sociedade. Registra-se, também, um profundo descrédito no governo, só interrompido, artificialmente, por um pequeno período, com a instituição do I Plano de Estabilização Econômica, em fevereiro de 1986, agravado com a falta de sustentação parlamentar do governo, provocando paralisia e impasse político-administrativo, com aprofundamento de um clima de instabilidade na economia, prejudicial à população e ao desenvolvimento do país.

Essas condições impõem profundos desafios aos esforços e ao movimento em torno da construção de alternativas profissionais que sejam capazes de garantir uma nova legitimidade para a profissão.

Desses desafios, o primeiro é compreender as contradições desse momento de "transição democrática" da sociedade brasileira, que é forjada por um

> truque muito especial, com o qual, na verdade, evitou-se que toda a radicalidade contida no largo movimento de resistência e de alternativa se transformasse em força política capaz de, ao invés de uma transição, propor e implementar, na verdade, uma ruptura. (Oliveira, F., 1987, p. 19)

Isto significa que a Nova República não se constitui para promover mudanças estruturais, ainda que herdando da ditadura militar uma profunda crise em todos os setores da vida nacional. Assim, avalia Fernandes, Florestan (1986a, p. 22),

> a ditadura militar sofreu uma derrota, mas é uma derrota que se caracteriza pela autopreservação. As forças conservadoras descobriram, pelo movimento das diretas, que a inquietação social campeava mais solta e mais forte que em 1964. Avançaram no sentido de uma composição pelo alto, respeitando o seu braço armado, já que em "tempo de democracia" ninguém sabe qual é a veneta do povo [...] Uma retaguarda guarnecida por militares e, em especial, por militares saídos da aventura ditatorial, tisnados por ela e ansiosos por encontrar no "governo eleito", em composição com antigos sócios civis à testa do poder e do comando de partidos importantes, uma sólida garantia de transição prolongada.

No entanto, o próprio Fernandes, Florestan (id., p. 32) reconhece que

> a situação histórica alterou-se e os rumos da evolução política também, pois agora pode ser influenciada por todas as forças sociais contraditórias e pelo livre jogo da luta política. Isso desvenda novos horizontes para a transformação da sociedade civil e do Estado.

Por isso mesmo, o processo constituinte, desde a convocação feita em 1986, até a promulgação da nova Constituição em 1988, é palco de uma intensa luta política na qual as classes sociais atuam organizadamente, ainda que em condições bastante desiguais, claramente desfavoráveis aos trabalhadores, proletários e excluídos.

Isto coloca a questão social no contexto da sociedade herdada pela Nova República necessariamente marcada pelo processo de transição negociado do regime militar para um governo civil de caráter liberal, submerso numa crise econômica mundial profunda, sem precedentes no pós-guerra, com consequente repercussão na economia brasileira, em decorrência de sua integração à divisão internacional do trabalho.

Apesar das marcas conservadoras da transição, é todavia possível vislumbrar que a transição política por que passa o país, com a superação do autoritarismo militar e a instauração de um regime democrático, ainda que precário, configura um espaço político-profissional diferenciado também para o Serviço Social.

De um lado, temos uma conjuntura política favorável ao debate democrático; todavia, essa mesma conjuntura é seriamente condicionada pela deterioração econômica das condições de vida do povo brasileiro, agravada pela crise do padrão intervencionista do Estado e sua consequente incapacidade de investimento, sendo as políticas sociais duramente atingidas.

Para enfrentar a complexidade da conjuntura, a estratégia do Estado é garantir a transição política sem radicalização. Para isso, procura atrair para o campo legal e institucional as lutas e reivindicações dos trabalhadores, tentando despojá-las de seu conteúdo de classe, buscando institucionalizar o conflito social (Iamamoto, 1987, p. 40). Criam-se espaços institucionais, convocando a participação de representantes dos trabalhadores em setores da política estatal; constituem-se interlocutores oficiais para negociar com as organizações dos trabalhadores, reconhecendo a legitimidade das organizações populares, convocando-as para negociar as propostas do governo e propondo, reiteradamente, um pacto social que termina sem ressonância e sem credibilidade no seio da sociedade.

Além da tentativa de esvaziamento e imobilização das lutas sociais, o governo tenta transformar as organizações populares em repassadoras dos programas assistenciais, interferindo diretamente no seu processo de autonomia e contribuindo para o retardamento do avanço político dessas organizações, pela sobrecarga de tarefas burocráticas e pela instauração de um processo divisionista decorrente da concorrência interna originada da disputa individual para se transformar em beneficiário de programas que põem a universalidade do atendimento apenas no discurso.

A assistência social passa a ser utilizada como forma de administrar a miséria na busca de evitar o aprofundamento da questão social e ampliar as bases de legitimidade social do governo, na medida em que procura incorporar reivindicações e necessidades imediatas de sobrevivência, direcionando-se para os setores populares mais marginalizados, individualizando-os, e buscando, com isso, esvaziar e imobilizar a organização e a resistência desses grupos enquanto classe.

O exposto sugere que estamos vivenciando uma conjuntura complexa, orientada por uma agenda pública ampla. Destaca-se, nesse cenário, uma profunda crise econômica, notadamente expressa pela ascensão crescente da inflação, pela volumosa dívida externa, ao mesmo tempo em que se dá todo um esforço de democratização da sociedade, com forte pressão pelo resgate da dívida social e pela participação popular no processo constituinte.

É nesse contexto que Draibe (1988 e 1990) vislumbra a possibilidade de se falar na constituição de um Estado de Bem-Estar Social no Brasil, marcado pela indicação de medidas emergenciais, com ênfase em programas assistenciais e reformulações estruturais do padrão brasileiro de Estado de Bem-Estar. Parte-se do reconhecimento do grave quadro social da Nação e atribui-se articulação, com autonomia, do social em relação ao econômico.[17] Para efetivar as grandes reformas, criam-se grandes comissões setoriais responsáveis pelas proposições mais gerais

17. Isso é apontado no I Plano Nacional de Desenvolvimento da Nova República.

de mudanças nos campos da Previdência Social; Assistência Social; Sistema Nacional de Habitação, Saneamento, Saúde e Educação, tudo orientado pelo discurso da cidadania e por princípios como:

- descentralização administrativa, com forte vertente de municipalização;
- integração dos serviços e benefícios sociais, em face de determinadas clientelas;
- participação popular no processo de decisão, implementação e controle dos programas sociais;
- concepção alternativa de produzir, organizar e distribuir bens e serviços sociais.

Todavia, em termos de resultados, o ideário marcado pelo "Tudo pelo Social" é comprometido pelo agravamento da crise econômica e, consequentemente, pela incapacidade de investimento do Estado, fazendo com que o discurso permaneça distanciado das metas, verificando-se a ausência de avaliação dos programas e a intensificação do clientelismo. Assim, dos trabalhos das comissões, só resultou a criação, em 1988, do Sistema Unificado e Descentralizado de Saúde (SUDS). Os demais resultados serviram apenas para subsidiar o debate dos constituintes.

A ênfase das ações se concentra nos programas tipicamente assistenciais, destacando-se a criação de programas como o Seguro-Desemprego e o Vale-Transporte. É criada a Secretaria Especial de Ação Comunitária (SEAC), para fortalecimento da Legião Brasileira de Assistência (LBA).

Não resta dúvida de que podem se vislumbrar indicações de reestruturação da Proteção Social Brasileira a partir da Constituição de 1988, com avanços expressos em determinadas conquistas asseguradas na Carta Constitucional:

- ampliação e extensão dos direitos sociais;
- universalização de acesso aos serviços sociais;

- expansão da cobertura de benefícios sociais;
- certo afrouxamento do vínculo contributivo como princípio estruturante do sistema;
- seguridade social como configuração mais abrangente (Previdência, Saúde e Assistência Social);
- recuperação e redefinição de patamares mínimos de valores dos benefícios sociais;
- maior comprometimento do Estado e sociedade no financiamento de todo o sistema (Draibe, 1988 e 1990).
- Todavia, todas essas conquistas ficam na dependência de legislação complementar e da disponibilidade de recursos, restando, de concreto, inovações:
- no plano político-institucional (descentralização político-administrativa);
- no plano da sociabilidade básica (participação popular);
- no reordenamento das relações entre o Estado, o setor privado lucrativo e o setor privado não lucrativo (novas tendências nos modos de produzir e distribuir bens e serviços).[18]

É relevante ser considerado que as inovações apontadas se situam no contexto de uma profunda crise econômica, gerando contradições entre o discurso, as reestruturações formais e o quadro de aprofundamento da miséria, desemprego, baixos salários, concentração de renda no contexto de uma crise do padrão intervencionista do Estado. O que se coloca é a busca de saída via perspectiva liberal-conservadora, travestida do neoliberalismo, com movimento de redução do setor público, via

---

18. Sônia Draibe destaca, nos textos citados, as formas alternativas incentivadas pelas Organizações Não Governamentais — ONGs (mutirão, ajuda mútua, práticas comunitárias e de vizinhança); a introdução de mecanismos novos (*tickets*, cupons, transferência e dinheiro); tendência de ampliação da assistência e de garantia de uma renda mínima, com a instituição do salário social para os idosos e deficientes.

privatização; não regulamentação das conquistas sociais da Constituição de 1988; e estreitamento das intenções e possibilidades de investimento social por parte do Estado.[19]

Tudo isso repercute profundamente no Serviço Social, destacando-se, de um lado, a entrada dos movimentos sociais na cena política e, de outro, a incapacidade de o Estado absorver suas demandas, verificando-se uma crise das políticas sociais e dos serviços assistenciais e o consequente crescimento da massa de excluídos com demanda crescente pela sobrevivência e o crescimento vertiginoso no setor informal da economia.

Para um governo pressionado a pagar volumosas quantias pelos serviços da dívida externa, a saída mais fácil para enfrentar a grave questão social é adotar a institucionalização do sobretrabalho, como reação à falta de recursos para programas sociais. Com isso, o governo recorre ao trabalho não pago dos beneficiários desses programas e procura transferir o ônus de sua operacionalização para os setores populares.

Nesse contexto, apesar dos dilemas que o Serviço Social enfrenta, sobretudo no nível da dimensão interventiva, registram-se avanços significativos para a profissão, tais como:

- avanço do debate teórico sobre questões que nortearam o Movimento de Reconceituação, procurando resgatar o Estado enquanto espaço de trabalho dos assistentes sociais e procurando superar a concepção da assistência social como assistencialismo, situando-a como um direito do cidadão e dever do Estado;
- avanço das questões acadêmicas, sobretudo na área da pesquisa, com o reconhecimento do Serviço Social como área de produção de conhecimento pelo CNPq, em 1982, e a criação do Centro de Documentação e Pesquisa em Política Social e Serviço Social (CEDEPSS), em 1987;

19. No próximo item fica evidenciado o aprofundamento desse quadro durante o governo Collor.

- avanço da organização interna da categoria profissional e sua relação com a organização mais geral dos trabalhadores;
- ampliação da participação político-partidária dos assistentes sociais;
- desenvolvimento de avaliação do processo de formação profissional, a partir do currículo mínimo em vigor;
- maior articulação do Serviço Social brasileiro com a realidade latino-americana e do Serviço Social no continente.
- Nesse mesmo contexto, questões significativas precisam ser consideradas:
- a crise do ensino universitário brasileiro com sérias repercussões sobre a formação profissional e o desenvolvimento da pesquisa;
- a perspectiva de estreitamento do mercado de trabalho para o assistente social, em face da tendência de privatização das políticas sociais e redução do espaço público;
- a transferência de programas assistenciais diretamente para entidades populares e ampliação de medidas assistenciais no interior de empresas privadas, desvinculadas da ação profissional do assistente social.

O desafio maior é, todavia, encontrar meios para atender às demandas contraditórias que partem das classes dominantes, principalmente via Estado; demandas dos setores populares não organizados que colocam suas necessidades em termos individuais de assistência imediata, assumindo uma posição de subordinação e dependência; e as demandas provenientes dos setores populares organizados, que buscam apoio para suas lutas e reivindicações, o que coloca a assistência numa perspectiva coletiva e política e a cidadania no âmbito da classe social.

O quadro profissional identificado, nesse período, continua seu desenvolvimento em articulação com os desafios e perspectivas postos no limiar do século XXI, com as grandes transformações que a década de 1990 começa a sugerir.

5. O Serviço Social adentrando a década de 1990

Desde meados da década de 1970, cujo marco é a segunda crise internacional do petróleo, vêm se registrando profundas mudanças na ordem internacional, com irreversão e maior expressão na década de 1990. Os fenômenos mais marcantes dessa sucessão de mudanças são representados pela globalização e regionalização dos mercados, com flexibilização da economia.

Essa nova ordem vem impondo um processo de ajustamento estrutural às democracias industrializadas da Europa, dos países do Terceiro Mundo e, mais recentemente, das sociedades pós-socialistas.

Nesse contexto, dois processos interagem para gerar um círculo virtuoso, enquanto molas propulsoras do aperfeiçoamento da ordem social: liberalização econômica e liberalização política, inspirados nas doutrinas liberais, econômica e política (Sola, 1993, p. 10). Esse fenômeno passa a ser observado em escala transcontinental.

Esse novo quadro vem demandando, consequentemente, reestruturação das funções do Estado e de sua relação com a sociedade.

Começam a se estruturar novos padrões tecnológicos, fazendo com que o conhecimento e a informação assumam a posição de principal matéria-prima. Verifica-se o avanço da estratégia de organização do mercado no cenário internacional, destacando-se como articulações relevantes, na lógica da regionalização, a organização do mercado internacional, com a constituição de grandes blocos, como a Comunidade Econômica

Europeia (CEE), o Bloco Norte, constituído pelos Estados Unidos, Canadá e México, denominado Acordo de Livre Comércio da América do Norte (NAFTA); o Bloco Asiático, liderado pelo Japão, e o MERCOSUL, reunindo Brasil, Argentina, Uruguai e Paraguai.

Todo esse processo vem sendo orientado pelo que se convencionou denominar neoliberalismo, o qual deve ser pensado à luz das relações entre Estado e sociedade de mercado.

A economia de mercado tem por base uma ordem social, cujas instituições e sistemas de valores afetam seu funcionamento e cuja reprodução depende, em última instância, do Estado e de sua autoridade, enquanto poder público (id., p. 235).

A partir do pressuposto acima, verifica-se que os processos de ajustamento estrutural por liberalização econômica na América Latina se distiguem daqueles ocorridos nos países centrais, posto que resultam da quebra de um estado de coisas, anterior, que funcionava bem ou mal (id., p. 236). No caso brasileiro, significa o colapso do Estado regulador, empresário e patrono, instituído no pós-30, com aprofundamento no pós-64.

Coloca-se, então, a construção de um Estado em novas bases, o que vem fazendo com que, no Brasil, o ajustamento estrutural, além de tardio, seja, ainda, indeterminado quanto aos resultados, principalmente em decorrência de sérios desequilíbrios macroeconômicos (instabilidade da economia), lentidão ou postergação de reformas estruturais e instabilidade política (id., p. 420). Isso significa a não resolução do paradoxo neoliberal que pressupõe um Estado forte e maduro, dotado de burocracias relativamente autônomas (que permita definir estratégias de longo prazo), poder para redistribuir penalidades e privilégios (id., p. 244) e, ao mesmo tempo, não interventor.

O que se verifica, então, é que o Estado brasileiro tem vivenciado uma profunda crise fiscal, pelo esgotamento da sua atuação intervencionista e por pressão dos encargos assumidos em face da volumosa dívida externa e interna, com consequente paralisia decisória.

Apesar de, recentemente, vir-se falando na adoção de um modelo econômico neoliberal para o Brasil, as formas liberais não foram relevantes no passado. O Estado brasileiro gerou as estruturas econômicas que temos hoje, financiando, produzindo, exportando e subsidiando a economia privada e constituindo-se no agente do desenvolvimento econômico por excelência, ao mesmo tempo em que tem secundarizado e subordinado o bem-estar social aos ditames da economia.

Esse mesmo Estado vem assumindo o processo de endividamento, inicialmente, do setor privado, com a passagem de dívida privada para o setor público, de modo que, a partir da década de 1980, cerca de 80% do orçamento da União se destina ao pagamento das dívidas, com taxas de juro internacional flutuantes de 8 a 18% ao ano. Assim, a bola de neve continua na mão do Estado.

Nesse contexto, o Estado brasileiro assume uma política econômica submetida ao modelo de ajuste estrutural, definido pelo FMI e o Banco Mundial, qual seja, comprimir a demanda interna para exportar o excedente e produzir divisas para pagar uma dívida que representa cerca de 110 bilhões de dólares.

Essa demanda gera para o Estado outras dívidas: a interna, impondo a necessidade de aumentar a receita, via tributo; novos empréstimos; emissão de moeda ou de título, gerando aumento da dívida imobiliária e altas taxas de juro, além de provocar a inflação e reduzir a capacidade de investimento do Estado.

Não temos poupança externa, e a interna vem do setor privado, atraído por elevadas taxas de juro. Dessa forma, a poupança, em vez de ir para a produção, vai para a especulação, bloqueando o processo de desenvolvimento econômico.

As políticas econômicas recentes não lograram inverter a forte pressão da hegemonia da associação do capital financeiro e industrial, representando um grande desafio na atualidade.

Nesse quadro, a Constituição de 1988, a partir de um enfoque neoliberal, é considerada um fator crucial de instabilidade por reeditar um modelo intervencionista de Estado que já se encontra em colapso, gerando aquilo a que os políticos costumam se referir como "clima de ingovernabilidade", além de gerar momentos de incerteza, com o alto grau de iniciativa jurídica propiciado aos cidadãos comuns, que podem, sempre que o desejarem, contestar as medidas do Executivo.

Considerando esses limites, não restam dúvidas de que há o reconhecimento de que o padrão intervencionista do Estado brasileiro entrou em falência, dando margem a que se procure adotar o modelo neoliberal que preconiza um Estado mínimo, alterando profundamente, portanto, a relação Estado-sociedade, com imposição da primazia do mercado. O novo Estado demanda um ajuste estrutural preconizado pela fórmula do FMI e do Banco Mundial, cuja orientação central é a estabilização econômica, a realização de reformas estruturais e o incremento do desenvolvimento, via investimento estrangeiro.

Norteado por esse ideário, o presidente Collor assume os destinos do país, em 1989, por eleição direta, após vinte anos de ditadura militar e de cinco anos de transição democrática, conduzida pelo governo da Nova República. Toma por bandeira o combate à corrupção e a modernização, rumo ao Primeiro Mundo. Assume, explicitamente, o neoliberalismo como alternativa de desenvolvimento numa era em que predomina o discurso de crise da social-democracia, que se propunha a um socialismo reformista, e da crise do socialismo real. Ressuscita o reino do mercado, atribuindo à intervenção estatal apenas a responsabilidade de corrigir as distorções e crises na vida econômica e social. Adota uma agenda pública que prioriza as questões econômicas (dívida e inflação) e se empenha para proceder às reformas econômicas demandadas pelo ajuste estrutural, com relativo êxito quanto à desregulamentação da economia, liberação de importações e privatizações, fazendo tudo para retardar a regulamentação demandada pela Constituição de 1988. Ao mesmo tempo, assume medidas que levam à depredação e ao sucateamento do aparato de produção de conhecimento do setor público, desprestigiando a Ciência, a Tecnologia, a Cultura e a Educação. Isso sem que, no setor privado, estejam se desenvolvendo, em substituição, outras estruturas de produção do conhecimento.

A investida modernizante do governo Collor é orientada por um estilo autoritário, em que o povo e as organizações populares são secundarizadas, instituindo-se uma barreira cada vez maior entre Estado e sociedade, com desqualificação da sociedade civil enquanto instância da ação política e consequente estreitamento do espaço político no interior do Estado.

Esse esforço aponta para um Estado mínimo que reconhece e incentiva o trabalho como única possibilidade legítima de renda para os indivíduos. Esse novo padrão de Estado passa a se gestar num clima de autoritarismo que entra em tensão com o processo de democratização, favorecendo a autocracia burguesa e usurpando o espaço da participação popular com a tentativa de impedir a construção de uma identidade das classes populares, que são transformadas em meros produtores e consumidores.

Nesse contexto, as relações do Estado com a sociedade civil organizada se pautam por um esforço de despolitização, com apelo aos *descamisados* e às maiorias silenciosas, ignorando as entidades representativas e suas demandas.

A supremacia do indivíduo e dos interesses privados se dá sob a orientação do conservadorismo, apesar do discurso da modernidade, não passando de um esforço de despolitização da economia e de diminuição dos gastos sociais, de modo que a política social é banida da agenda pública e passa a assumir uma posição marginal, sendo desativados, inclusive, os programas assistenciais em andamento. Tal posição representa uma incoerência em face do crescimento e generalização da miséria num quadro conjuntural de elevada inflação, profunda recessão e arrocho salarial sem precedentes.

A Constituição de 1988 é assumida como entrave à governabilidade, passando a ser considerada "inconstitucional" e inviabilizadora do Estado, principalmente no que se refere aos direitos sociais conquistados. A perspectiva de universalização dos direitos sociais mínimos, apontada na Constituição, torna-se letra morta, num verdadeiro desrespeito às conquistas constitucionais, ampliando-se, em decorrência, um clima favorável para o clientelismo e favorecimento da corrupção.

Essa conjuntura se repercute no Serviço Social, estreitando o mercado de trabalho dos assistentes sociais, desvalorizando esses profissionais, no contexto do sucateamento do serviço público, ao mesmo tempo em que demanda uma prática profissional cada vez mais burocratizada pelas exigências impostas com a ampliação da seletividade dos usuários do serviço público no âmbito de restrição dos programas sociais. Nessa conjuntura, ampliam-se a demanda e a pressão pelo atendimento das necessidades sociais não satisfeitas, em face do quadro conjuntural de desemprego e arrocho salarial e à incapacidade de investimento de um Estado falido e imerso na corrupção.

Com menos de três anos de gestão, o governo Collor apresenta crescente incapacidade para o exercício do poder e uma legitimação política declinante, vendo-se constrangido pelos escândalos de corrupção que tomam conta do seu governo, apesar da bandeira de moralização que pretende ostentar. O próprio presidente e os grupos de assessores terminam por se envolver, pessoalmente, nos graves processos de corrupção e escândalo, cujo desfecho culmina com seu impedimento, fruto da pressão por parte de todos os setores da sociedade.

Com o impedimento de Collor de Mello, Itamar Franco, seu vice-presidente, assume definitivamente a presidência da República, em dezembro de 1992, inaugurando um discurso que preconiza a revisão do ideário neoliberal, até então em voga.

A concepção de modernização é revisionada, segundo o discurso do presidente, na perspectiva de inclusão da maioria da população, aviltada pelo desemprego e pelo arrocho salarial. Volta-se a falar em desenvolvimento sem recessão, e as questões sociais passam a ser priorizadas na agenda pública, sem que, concretamente, nenhuma medida relevante seja adotada.

Em termos de realidade socioeconômica, vive-se, no Brasil, uma prolongada crise marcada pelos mais baixos salários já registrados na história, elevados índices de desemprego, brutal crescimento da economia informal e uma inflação que supera 40% durante vários meses. Registra-se, ainda, ampliação da distância entre indicadores econômicos e sociais, enquanto os programas assistenciais, direcionados para os pobres, são paralisados. Dos programas de alimentação e nutrição só resta o da merenda escolar, em caráter descontínuo e sem garantia de financiamento. Tem-se *garantido* apenas o ensino de primeiro grau e o atendimento básico à saúde, com as grandes deficiências que todos conhecemos. Enquanto isso, em termos da dimensão do fenômeno da pobreza, verifica-se que o Brasil adentra a década de 1990 com um total de 14,4 milhões de famílias em condições de pobreza, ou seja, com 64,5 milhões de pessoas com rendimento *per capita* igual ou inferior a meio salário mínimo, portanto insuficientes para atender às suas necessidades básicas. Desse contingente, 6,9 milhões de pessoas encontram-se em situação de indigência, com um rendimento *per capita* igual ou inferior a um quarto de salário mínimo, incapaz de atender sequer a suas necessidades alimentares. Isto significa que, de cada dez brasileiros, 4,4 são pobres e, destes, 2,3 são indigentes (IPEA, 1992).

Combate à inflação, mas sem recessão, e prioridade a programas sociais passam a ser os grandes eixos que orientam o discurso do governo Itamar Franco que, todavia, demora para apresentar um programa claro para a Nação e se vê bastante limitado em face da crise vivenciada pelo Estado, cujo quadro só será alterado com uma profunda reforma fiscal que, de saída, conta com barreiras constitucionais e aquelas levantadas por grupos econômicos que de longe vêm sendo favorecidos com as políticas econômicas até então adotadas.

O desafio está posto: necessidade de debelar a elevada inflação; de rever as prioridades com privilegiamento de uma política de emprego e de renda, a médio prazo, e de uma política compensatória das desigualdades sociais, a curto prazo. O combate à pobreza é o maior desafio. Do ponto de vista do ajuste estrutural, coloca-se a estabilização da economia e a superação da defasagem do atraso tecnológico do país, de modo a permitir seu efetivo engajamento nas tendências atuais da economia internacional, cujo único ensaio, hoje, é a participação do Brasil no débil bloco denominado MERCOSUL, que congrega os países latino-americanos do Cone Sul.

Em face desse quadro conjuntural e dos desafios postos, o governo de Itamar Franco, tendo como ministro da Economia Fernando Henrique Cardoso, institui o Plano Real em fevereiro de 1994, cuja pretensão básica é a estabilização da economia e o retorno ao crescimento.

Tem-se, então, uma assistência social federal centralizada, principalmente no Ministério de Bem-Estar Social, através de duas grandes agências: Legião Brasileira de Assistência (LBA) e Centro Brasileiro para a Infância e Adolescência (CBIA), apesar de se verificar a tendência à descentralização e municipalização de programas, desde meados da década de 1980.

Embora tendo sido concebida como direito do cidadão e dever do Estado, a Assistência Social, integrada à Seguridade Social, em nada avança desde a Constituição de 1988. Apenas é sancionada a Lei Orgânica da Assistência Social (LOAS), em dezembro de 1993, cujas proposições vêm sendo lentamente operacionalizadas.

O esforço de política pública mais relevante, direcionado para os segmentos pobres da sociedade brasileira, no governo

Itamar Franco, foi o Plano de Combate à Fome e à Miséria (PCFM), instituído no segundo semestre de 1993. Esse Plano se estrutura por pressão de forte movimento de atores importantes da sociedade civil, sob a liderança de Herbert de Souza, o Betinho, sendo concebido a partir de duas vertentes: a governamental e a não governamental, na perspectiva de parceria. Trata-se de um esforço de mobilização nacional em torno da fome, enquanto problema urgente e crescente, com desdobramentos para o combate à miséria, sendo a população-alvo os 32 milhões de indigentes diagnosticados por estudo do IPEA, divulgado através do Mapa da Fome.

A inovação desse programa consiste em mobilizar recursos institucionais, humanos e organizacionais existentes em prol do universo de indigentes da população brasileira, sob orientação dos princípios de parceria, descentralização e solidariedade, orientado pela estratégia de mobilização do governo e dos movimentos sociais.

No cenário da década de 1990, no governo de Fernando Henrique Cardoso (FHC), empossado em 1º de janeiro de 1995, reside toda uma perspectiva de fazer avançar o ajuste estrutural, posto como condição para integração do país no contexto internacional de globalização. Todavia, não se trata de uma tarefa fácil nem consensual.

Se considerarmos o contexto de correlação das forças sociais na sociedade brasileira, nos anos recentes, o que se verifica é uma luta intraburguesa entre tradicional e moderno, verificando-se uma forte resistência de grupos empresariais tradicionais à redução do Estado na economia, principalmente via estrutura sindical patronal, enquanto força organizada da sociedade civil. Do lado do trabalho, o que se verifica é um esforço de readaptação das forças sociais ao novo contexto de profunda mutação no mundo do trabalho. O movimento sindical, mesmo o mais combativo, tem circunscrito, cada vez mais, sua atuação no campo econômico-corporativo, tentando deter os índices elevados de desemprego e arrocho salarial, sem maior participação na redefinição do Estado. O que se verifica são fortes marcas do corporativismo e da inclinação à ideologia do consenso por parte de centrais sindicais e de grandes sindicatos. O movimento popular, passada a efervescência do final dos anos 1970 e anos 1980, busca novas formas de luta, valorizando, sobretudo, a esfera do cotidiano, com efetivas dificuldades de articulação com as lutas políticas mais amplas (Carvalho, 1993, p. 11-12).

Apesar dos limites apontados, não resta dúvida de que o Plano Real, devido à estabilização da economia, constitui um momento favorável para o Brasil buscar uma participação mais ativa no contexto internacional, fazendo com que essa integração seja a grande meta do governo FHC, cujos discursos vêm contribuindo para que outros países passem a se interessar em investir no Brasil.

No contexto da nova ordem mundial, com o reino do mercado interdependente, centrado na globalização e na regionalização, com orientação da lógica dos blocos econômicos, as relações entre países, blocos e hemisférios são marcadas por profunda assimetria e desigualdade, posto que o redimensionamento de fronteiras tem como critério básico a pobreza e riqueza das nações.

Essa lógica impõe ao Brasil, enquanto economia periférica da América Latina, campeão da miséria e do atraso tecnológico, sérias dificuldades para a modernização de sua economia, rumo ao atendimento das exigências de seu ajuste à nova ordem mundial.

Esse desafio faz com que o eixo central do programa do governo FHC seja o ajuste estrutural, cuja lógica adotada é a mesma do ajuste para o Terceiro Mundo, ditada pelo FMI e pelo Banco Mundial, enquanto centros econômicos e políticos do capitalismo internacional, expresso pelo "Consenso de Washington".

O "Consenso de Washington" tem como fundamentação a ideologia neoliberal, que destaca o primado do mercado livre e aberto, em convivência com um Estado mínimo e preconiza:

- estabilização econômica (combate à inflação);
- realização das reformas estruturais (privatização, desregulamentação de mercados, liberação financeira e comercial);
- retomada dos investimentos estrangeiros para incrementar o desenvolvimento.

O Plano Real expressa, claramente, a proposta de construção de uma economia aberta e competitiva, compatível com o padrão de produtividade mundial. Porém, em face dos limites estruturais e do atraso das medidas de ajuste não implementadas, parece que o país está caminhando rumo a uma inserção subordinada devido à incapacidade de competitividade com o padrão de tecnologia avançado e às necessidades de grandes investimentos, postos pelos centros hegemônicos.

Interessa ainda nessas reflexões verificar como se daria a articulação do ajuste estrutural com o enfrentamento da questão social de um país, como o Brasil, que abriga 32 milhões de indigentes e ostenta os maiores índices internacionais de concentração de renda e desigualdade social e regional.

O combate à pobreza vem sendo colocado, recentemente, como um desafio e uma exigência no próprio contexto de ajuste estrutural dos países desenvolvidos, como ficou explicitado na reunião da Cúpula Mundial para o Desenvolvimento, realizada no mês de março de 1995, em Copenhague, com a participação de 180 países, tendo sido o Brasil representado pelo seu ministro da Educação.

Nessa reunião, uma constatação se evidencia: a pobreza atinge Norte e Sul. Os números da ONU mostram que, se os pobres do mundo são 20% da população total, no mundo desenvolvido, 15% vivem abaixo da linha da pobreza.

Em face desse quadro, a ONU, o Banco Mundial e até o FMI reconhecem que falta um pilar social no reordenamento internacional e, entre os compromissos e metas da reunião da Cúpula Mundial para o Desenvolvimento Social, a erradicação da pobreza é apontada como inadiável, embora não defina quando e como esse esforço se dará. Apenas foi apontado o ano de 1996 como "Ano Internacional para Erradicação da Pobreza".

Mais recentemente, José Roberto Campos, enviado especial à reunião do BID, anuncia, na *Folha de S.Paulo* do dia 5 de abril de 1995, que o presidente do BID, Enrique Iglesias, apresentou uma lista do que denominou "tarefas inconclusas" que precisam ser executadas para reduzir a vulnerabilidade das economias dos países latino-americanos, após a turbulência nos fluxos de capitais em consequência da crise do México. Os itens sugeridos foram: elevação das taxas de poupança interna; incremento das exportações e necessidade de atacar o problema social.

Em face das exigências do ajuste estrutural e do grave quadro social da nação brasileira, Carvalho (1995) se refere ao que denomina tensão entre a intenção social democrata e a orientação neoliberal do programa de governo de FHC.

De um lado, um ajuste estrutural que prioriza, na agenda pública, a abertura da economia, a reforma do Estado, a ampliação das privatizações, a flexibilização dos monopólios, a reforma da Previdência, a reforma fiscal etc. De outro lado, uma questão social, já qualificada como grave e profunda, cuja resposta concreta do presidente é a instituição da Medida Provisória 813, no dia de sua posse, que extingue dois Ministérios: Integração Social e Bem-Estar Social, sendo que o primeiro é transformado em Secretaria Especial de Políticas Regionais, vinculado ao Ministério do Planejamento, e as atribuições do segundo são pulverizadas, sobretudo, com a extinção da LBA e CBIA. Com isso, a assistência social, que já vinha assumindo o *status* de um direito do cidadão e dever do Estado, em face da Constituição de 1988, que a situa no âmbito da Seguridade Social, passa a ter o *status* de ação emergencial e pontual.

Os programas de assistência, assumidos pela LBA, passam a integrar a estrutura do Ministério da Previdência, agora Ministério da Previdência e Assistência Social, através da Secretaria de Assistência Social e do Conselho Nacional de Assistência Social (CNAS). A assistência à infância e à adolescência, assumida anteriormente pela CBIA, ficou situada no âmbito do Ministério da Justiça, que passa a incorporar o Conselho Nacional dos Direitos da Criança e do Adolescente. A assistência ao portador de deficiência, por sua vez, passa a ser atribuição da Secretaria dos Direitos de Cidadania.

De novo, o que vem sendo estruturado é o Programa Comunidade Solidária que, embora não explicite, substitui o PCFM, do governo Itamar, e se direciona ao combate à miséria no país, elegendo cinco áreas prioritárias:

- Alimentação e Nutrição (grupo materno-infantil e trabalhadores);
- Desenvolvimento Urbano (saneamento e habitação);
- Desenvolvimento Rural (criação de emprego e treinamento de jovens e desempregados);
- Geração de Empregos e Renda (criação de emprego e treinamento de jovens e desempregados);
- Defesa de Direito e Promoção Social (crianças, adolescentes, mulheres, idosos e portadores de deficiências).

A estratégia desse programa é de *ação coletiva*, com apelo à solidariedade e parceria da sociedade civil e do Estado, de modo que toda ação social do governo fica sob a responsabilidade de estados e municípios, em parceria com Organizações Não Governamentais e representantes da comunidade, a quem competirá definir prioridades locais e executar programas, cabendo à união o planejamento, a assistência técnica e financeira, o controle e a fiscalização dos recursos aplicados.

Convém ressaltar que o Programa Comunidade Solidária é qualificado, pelo próprio governo, como esforço emergencial, posto que há o reconhecimento de que a fome e a pobreza só serão erradicados mediante a retomada e sustentação do crescimento econômico, que é a proposta do Plano Real.

Nos atuais encaminhamentos do governo FHC, para o enfrentamento da questão social, fica evidente a subordinação do trato das questões sociais às exigências postas pelo ajuste estrutural. Fica inviabilizado o Comando Único da Assistência Social, proposto pela LOAS, sob alegação de desmonte de uma máquina de corrupção no interior da ação social. Posto que a corrupção não se restringe apenas a esse âmbito da máquina estatal, assiste-se a uma tentativa de redução do Estado, a partir do social.

As críticas às posturas assumidas para o trato da questão social por parte do governo FHC já começam a circular entre os assistentes sociais[20] e outros profissionais da área que apontam questões relacionadas com a descaracterização da LOAS, como:

- negação da Assistência Social, enquanto uma política pública situada no campo da Seguridade Social, que é transformada numa ação emergencial, pontual e paliativa de socorro ante a miséria, em contraposição à Assistência Social integrada às outras políticas setoriais, para enfrentamento da pobreza;
- fragmentação institucional em contraposição a um comando único, com desconsideração aos Conselhos de Assistência Social, nos diversos níveis da administração pública, ferindo, inclusive, a Constituição de 1988, que situa a Assistência Social no tripé da Seguridade Social, ao lado da Saúde e da Previdência, fragi-

20. Entre os assistentes sociais, destacam-se nomes como: Aldaíza Sposati, Carmelita Yazbek, Potyara Pereira, Vicente Faleiros e Alba Maria Pinho de Carvalho.

lizando-a enquanto um direito do cidadão e dever do Estado (Carvalho, 1995).

Nessa crítica, merece destaque, ainda, a ênfase que vem sendo atribuída às estratégias da descentralização e da parceria com a sociedade, que podem vir a se constituir numa mera transferência de responsabilidade de uma esfera para outra, além da possibilidade de comprometimento da conotação global e da articulação exigida para o êxito de políticas de combate à pobreza.

O que se pode destacar, com essas indicações, é a secundarização que se vem registrando no enfrentamento prático da miséria em contraponto ao discurso do presidente Fernando Henrique Cardoso.

O quadro econômico, político e social configurado na década de 1990 traz importantes repercussões para a atuação do assistente social na sociedade e para o Serviço Social enquanto profissão. Uma consequência já foi apontada: a possibilidade de estreitamento do mercado de trabalho em face da redução dos programas sociais.

No contexto de construção de um Estado mínimo, o que vem sendo minimizado, na prática, são os programas e os recursos para a área social e, mais recentemente, o fechamento de grandes instituições, como LBA e CBIA.

Se, historicamente, o Serviço Social se institucionalizou e se ampliou, no Brasil, para atuar junto a grandes instituições sociais, o que significa para essa profissão o fechamento dessas instituições? Além do que, vale a indagação: como ficaria o trabalho do assistente social com a priorização da estratégia de parceria entre Estado e sociedade, para implementação de programas sociais? Sabe-se que o campo mais amplo de atuação do assistente social tem sido, historicamente, as instituições estatais, e que parceria tem significado, no Brasil, transferência de responsabilidades do Estado para a sociedade.

Registra-se, também, que os movimentos sociais populares — entre os quais o movimento sindical —, grandes estimuladores para o repensar permanente do Serviço Social, parecem vivenciar momentos de refluxo no contexto da década de 1990, de crise econômica, de crise do *Welfare State* e de crise de utopias, em face da crise do socialismo real. Inevitavelmente, isso tem repercussões no dinamismo da profissão, impondo a necessidade de atualização teórico-metodológica para compreensão e intervenção na realidade, o que requer ações descentralizadas e em parceria.

6. Demandas e construção de projetos profissionais no processo histórico do Serviço Social no Brasil

A partir dos conteúdos abordados nos itens anteriores, torna-se possível uma configuração geral das demandas que têm sido colocadas para o Serviço Social e das respostas que a categoria dos assistentes sociais tem sido capaz de formular. E, a partir daí, podem-se, então, vislumbrar os desafios e as perspectivas que se apresentam para a profissão na década de 1990.

Ao se institucionalizar e se desenvolver enquanto profissão, o Serviço Social assumiu como campo privilegiado da ação as políticas sociais, mormente os programas assistenciais. No processo das políticas sociais, os demandatários e as demandas históricas que se têm apresentado para o Serviço Social não são únicas nem homogêneas. O Estado, os setores empresariais, os setores populares organizados e a massa desorganizada representam os mandatários do Serviço Social, os quais expressam o conjunto de forças sociais antagônicas presentes na sociedade.

O Estado, enquanto expressão de relações sociais, impõe ao Serviço Social um conjunto de demandas que expressam a dinâmica das correlações de forças configurativas das diferentes conjunturas. Nessas demandas, ao mesmo tempo em que tem subordinado as políticas sociais aos interesses do desenvolvimento econômico, tem também representado, junto ao Serviço Social, principalmente os interesses dos setores dominantes da sociedade, propiciando:

- repasse de programas assistenciais ao público como forma compensatória das desigualdades sociais, produzidas pelo processo de desenvolvimento concentrador implantado no país e como forma de atendimento de necessidades sociais básicas, de modo a permitir um clima de relativa paz social;
- desenvolvimento de ações educativas de socialização das massas e de preparação de mão de obra para atendimento das necessidades do mercado de trabalho;
- ação profissional eficiente e competente, capaz de atuar na burocracia estatal e junto às comunidades, com vistas a integrar as populações aos programas de desenvolvimento;
- operacionalização indireta de programas sociais através de administração de convênios junto a entidades populares e a grupos;
- prestação de serviços assistenciais diretamente aos indivíduos, através de processos marcados pela seletividade e elegibilidade;
- cadastramento e estudo socioeconômico para caracterização descritiva das populações e indivíduos a serem atendidos pelos programas oficiais e para controle político de ações coletivas, embora esse último aspecto não seja explicitado.

Não se desconhece que, nas conjunturas mais recentes, onde se têm instalado as denominadas administrações populares, sobretudo em nível municipal, tem sido demandada a participação de assistentes sociais, juntamente com outros profissionais, no esforço de organização e participação popular na administração pública.

Por outro lado, à medida que se expande o processo de industrialização do país, sobretudo a partir da implantação das grandes empresas, os setores empresariais têm, também, apresentado demandas diretas com o Serviço Social, incorporando contingentes significativos de assistentes sociais nos seus quadros. Passam a demandar para esses profissionais ações para implantação e implementação de medidas e programas que configuram o amplo leque que serve como salário indireto e como mecanismos de estreitamento dos vínculos entre empregados e empresas, funcionando, em última análise, para criar laços de pertencimento e fidelidade dos trabalhadores com a empresa, redundando no incremento da produtividade.

Em termos dos setores que constituem o conjunto da clientela do Serviço Social, as demandas que se têm apresentado diretamente à profissão se expressam na ampliação de políticas de assistência individualizada para atendimento de necessidades imediatas de sobrevivência, o que reforça as demandas que o Estado apresenta para o Serviço Social. Esse tipo de demanda parte, sobretudo, dos setores marginalizados do sistema produtivo e dos desempregados, principalmente nos períodos de maior crise.

Como já foi visto nas reflexões anteriores, a partir de 1979, quando a categoria dos assistentes sociais passa a ampliar uma vinculação orgânica com os trabalhadores e os marginalizados da sociedade, via grupos organizados, sindicatos e movimentos sociais, no contexto de rearticulação da sociedade civil brasileira, esses setores passam a demandar para o Serviço Social apoio às suas reivindicações para ampliação das políticas sociais na perspectiva de um direito social de classe, no contexto das grandes lutas que marcam a década de 1980, em prol da ampliação da cidadania. Ao mesmo tempo, passam também a demandar para o Serviço Social apoio e assessoramento ao esforço de organização popular, por vezes até contratando diretamente os serviços de assistentes sociais.

Em termos gerais, o que se verifica é que, historicamente, ao se inserir no processo das políticas sociais e ao se engajar em movimentos sociais, os assistentes sociais têm assumido essencialmente a função de prestador de serviços e de educador-organizador.

Em termos de demanda por prestação de serviços, os assistentes sociais têm-se vinculado, sobretudo, às questões da pobreza para atendimento de necessidades concretas imediatas e para intermediar a prestação de serviços básicos. Em termos da ação educativa e organizativa, os assistentes sociais têm desenvolvido ações socializadoras ou têm atuado como estimuladores da interferência popular na ação de democratização da sociedade e de politização das demandas sociais.

Para fazer face às demandas acima, a categoria profissional dos assistentes sociais tem desenvolvido esforços de construção de respostas que não são homogêneas, muito menos únicas, e, nem sempre, têm alcançado nível de explicitação, fundamentação e sistematização satisfatório.

Parte-se do pressuposto de que as respostas profissionais, expressas por projetos profissionais, orientam-se pelo entendimento da profissão situada no contexto das relações sociais e na divisão sociotécnica do trabalho. São impulsionadas por demandas contraditórias que partem da classe dominante, dos setores populares desorganizados e dos setores populares organizados, chegando à profissão via Estado, através do conjunto do aparato institucional, diretamente ou via movimentos sociais. Assim, as respostas profissionais são produto de determinações históricas e da capacidade de formulação de resposta da categoria profissional às demandas postas na sociedade, nas diferentes conjunturas.

Numa análise do desenvolvimento histórico da profissão, podem ser identificados três grupos de respostas que configuram os projetos profissionais que os assistentes sociais têm procurado construir. Embora não se trate de esforços lineares, nem sequenciais, cada um deles tem alcançado certa hegemonia em determinados contextos históricos, conforme ficou demonstrado nas reflexões anteriores.

No processo de institucionalização do Serviço Social, o esforço dos assistentes sociais se dá no sentido de profissionalização da assistência, procurando atribuir às ações caritativas *status* profissional; os fundamentos da profissão, embora mantenham suas bases na Doutrina Social da Igreja, buscam elementos científicos, principalmente no campo da sociologia e da psicologia e as bases da legitimação se deslocam da Igreja, via ação caritativa, para os setores empresariais e o Estado, via implementação de políticas sociais.

O outro grupo de resposta historicamente relevante para o Serviço Social é identificado, em termos hegemônicos, na sociedade brasileira, no primeiro momento de expressão do Movimento de Reconceituação do Serviço Social no Brasil, representado pelo esforço de construção da vertente modernizadora da prática profissional, que vai de 1967, cujo marco é o Encontro de Araxá, até meados da década de 1970, quando começa a se esboçar um novo esforço de construção de resposta profissional. Essa vertente modernizadora do Serviço Social busca seus fundamentos, principalmente, na sociologia, via positivismo e funcionalismo, com superação dos vínculos da profissão com a Doutrina Social da Igreja. As bases de legitimação permanecem ligadas aos setores dominantes da sociedade e ao Estado, via implementação de políticas sociais e participação em programas de desenvolvimento de comunidade, configurando ações em nível micro e macrossocial.

A vertente modernizadora expressa relevante esforço de tecnificação e ampliação das funções da profissão, com vistas a atender às demandas postas na sociedade brasileira, no sentido de criar as condições para a consolidação do capitalismo monopolista no país.

Com o esforço de vinculação de setores da categoria dos assistentes sociais aos setores populares organizados da sociedade brasileira, no contexto de rearticulação da sociedade civil, ainda nos marcos da ditadura militar, no final da década de 1970 e durante toda a década de 1980, passa a se desenvolver um novo momento de construção de um projeto profissional que representa uma transformação relevante nos conteúdos e nos objetivos da profissão.

Trata-se do projeto profissional que se pretende desenvolver em apoio às demandas dos setores populares organizados, cujos fundamentos se deslocam da sociologia positivista e funcionalista para a matriz marxista. As bases de legitimação da profissão são buscadas junto aos segmentos que constituem a própria clientela do Serviço Social, via implementação de políticas sociais, entendidas enquanto um direito, e o desenvolvimento de assessorias diretas aos movimentos populares.[21]

Nesta metade da década de 1990, o esforço de construção desse projeto profissional, além de inconcluso, parece, ainda, afetado por um certo recuo, em face das perplexidades geradas pela preconizada crise contemporânea da vertente marxista e da utopia socialista, aliada à falência do socialismo real, decretado definitivamente neste início de década. No nível da sociedade brasileira, verifica-se a crise das universidades, em cujo contexto se situa a produção acadêmica mais relevante do Serviço Social, o sucateamento do serviço público, que ainda representa o maior espaço da prática dos assistentes sociais, a redução dos programas sociais, com estreitamento do mercado de trabalho e a conjuntura de forte recessão e arrocho salarial que também tem limitado a ação organizada e reivindicativa dos trabalhadores, com quem os assistentes sociais vêm procurando estabelecer alianças.

---

21. A esse esforço denominamos Projeto Profissional de Ruptura, o qual será objeto de discussão nos capítulos que se seguem.

É nesse quadro que se situam os desafios e as perspectivas que se apresentam para o Serviço Social brasileiro no limiar do século XXI. Apreendê-los implica necessariamente a compreensão dos avanços vivenciados pela profissão na última década, entre os quais se podem destacar:

- dá-se todo esforço de construção de alternativas de prática profissional a partir de demandas dos setores organizados, no contexto de rearticulação da sociedade civil e na perspectiva de ampliação dos direitos sociais e construção da cidadania, na busca do estabelecimento de alianças da categoria dos assistentes sociais com as classes populares organizadas, tendo como horizonte a transformação social;
- verifica-se, a partir daí, um salto de qualidade na área da formação profissional, com o desenvolvimento de um projeto de formação profissional a partir das alternativas de ação em construção; da inserção do Serviço Social no contexto universitário, além da repercussão da pós-graduação iniciada, no Serviço Social, ainda na década de 1970;
- em consequência, registra-se relevante avanço em termos da inserção da pesquisa como atribuição própria e indispensável ao avanço profissional, com consequente crescimento da produção intelectual, servindo para fomentar o debate acadêmico, superando a pseudoconsensualidade, rumo a uma visão crítica do Serviço Social em relação à profissão e à sociedade, o que permite explicitar as divergências e fomentar o debate em torno de temas de interesse do Serviço Social;
- estabelece-se rica discussão em torno do resgate da assistência social, inscrita no âmbito dos direitos sociais e enquanto espaço privilegiado da prática profissional;
- ampliam-se as bases de legitimidade do Serviço Social a partir da inserção de segmentos dos profissionais, em

articulação com os movimentos sociais, na luta pela democratização da sociedade brasileira.

Para Iamamoto, os avanços vivenciados pelo Serviço Social possibilitam a travessia da cidadania acadêmica para a profissão.[22] Todavia, verificamos que questões relevantes ainda se colocam na década de 1990.

As reflexões aqui desenvolvidas reafirmam, como talvez o maior desafio, a necessidade de avanço na construção teórico-metodológica do projeto de prática profissional que se vem desenvolvendo a partir do final da década de 1970 e durante a década de 1980, com consequências para o projeto de formação profissional e para a prática profissional cotidiana do assistente social.

A construção teórico-metodológica desse projeto profissional coloca, na ordem do dia, outras prioridades:

- correção dos problemas identificados na relação do Serviço Social com o marxismo e diálogo com outras matrizes teóricas, tendo em vista o desenvolvimento de uma compreensão dialética entre objetividade e subjetividade, que permita superar os esquemas generalizantes para compreensão das estruturas e conjunturas configurativas das realidades sociais e ofereça possibilidades, não só para as análises do coletivo e das classes sociais, mas também para a compreensão dos sujeitos sociais singulares;
- ampliação da ênfase que se vem dando à ação do Serviço Social centrado nas políticas sociais, com centralização das análises nas relações de poder e destaque

22. Marilda Iamamoto fez essa referência ao proferir conferência sobre a produção científica e a formação profissional do Assistente Social nos últimos dez anos no Encontro Nacional de Ensino e Pesquisa em Serviço Social, promovido pela ABESS/CEDEPSS, realizado em dezembro de 1992, em Recife, Pernambuco.

para o papel do Estado, e no caráter distributivo das políticas sociais, com a inclusão dos interesses presentes na sociedade civil expressos pela população-sujeito dos serviços;

- atualização do conteúdo teórico-metodológico da profissão na conjuntura contemporânea, que coloca um contexto problemático para as alternativas de transformação social direcionadas para o socialismo;
- aprofundamento da reflexão teórico-metodológica ante a chamada crise de paradigmas nas Ciências Sociais.

Entendemos que a atualização que se impõe ao Serviço Social deve considerar a inserção da profissão no momento histórico atual, sem perder de vista as possibilidades de desenvolvimento de uma prática profissional que vem tentando se firmar e se legitimar, a partir de uma perspectiva de crítica às sociedades marcadas pela exclusão social e econômica da maioria das populações.

CAPÍTULO 2

O processo de reconceituação do Serviço Social no Brasil: emergência do movimento de ruptura

1. Caracterização geral

Um notável movimento de renovação do Serviço Social surge nas sociedades latino-americanas, a partir da década de 1960, como manifestação de denúncia e contestação do "Serviço Social Tradicional". Configura-se, então, o que se passa a denominar de Movimento de Reconceituação do Serviço Social, determinado por uma conjuntura de crise e de dependência político-econômica em relação ao imperialismo norte-americano. Vale ressaltar que esse Movimento de Reconceituação se apresenta sob formas diversas, trazendo em si as peculiaridades da realidade social de cada país. Como explicita Faleiros (1987, p. 51),

> esse Movimento reflete as contradições e confrontos das lutas sociais onde embatem tendências de conciliação e de reforma com outras de transformação da ordem vigente no bojo do processo revolucionário e ainda com outras que visam apenas modernizar e minimizar a dominação.

Portanto, o Movimento de Reconceituação não se dá de forma linear, mas traz as contradições que comporta cada sociedade, ou seja,

> a situação conjuntural dos países da América Latina, em épocas históricas específicas, delimitaram possibilidades e limites no desenvolvimento da reconceituação, condicionando avanços e retrocessos em termos da orientação assumida. Assim, a reconceituação não se configura como um bloco monolítico de ideias e posições, mas, pelo contrário, é um movimento em que coexistem tendências e correntes nem sempre possíveis de conciliar entre si... Verifica-se uma unidade difusa, fundada num denominador comum: a denúncia da inadequação e inoperância do Serviço Social Tradicional frente à realidade latino-americana e o reconhecimento da exigência de uma redefinição profissional. (Carvalho, 1986b, p. 12)

Desse modo, o Movimento de Reconceituação do Serviço Social constitui-se, no interior da profissão, num esforço para desenvolvimento de propostas de ação profissional condizentes com as especificidades do contexto latino-americano, ao mesmo tempo em que se configura como um processo amplo de questionamento e reflexão crítica da profissão. Isso se dá motivado pelas pressões sociais e demandas dos setores populares, num contexto de grande mobilização, historicamente marcado pelo acirramento das desigualdades de classes e das questões sociais em face da dinâmica da acumulação capitalista.

Observa-se que o Movimento de Reconceituação do Serviço Social, a partir da perspectiva hegemônica, no contexto da América Latina, impõe aos assistentes sociais a necessidade de ruptura com o caráter conservador que deu origem à profissão, calcado no atrelamento às demandas e interesses institucionais, e coloca como exigência a necessidade de construção de uma nova proposta de ação profissional, tendo em vista as demandas e os interesses dos setores populares que constituem, majoritariamente, a clientela do Serviço Social. A construção dessa nova proposta supõe todo um processo de discussão e revisão crítica, em nível teórico-metodológico, no sentido de fomentar uma ação articulada com as lutas dos segmentos populares, tendo como perspectiva a transformação social.

Cabe destacar que, na análise da literatura do Serviço Social, podem-se identificar dois planos ou níveis de reflexão sobre o Movimento de Reconceituação do Serviço Social no Brasil. Um trata esse fenômeno em sentido estrito, caracterizando-o como um movimento específico, contextualizado num momento histórico. Outro enfatiza a temática da Reconceituação num sentido amplo, como um processo permanente de construção de propostas profissionais em resposta às exigências do processo social. Alguns autores, em momentos diferentes, analisam esse Movimento considerando os dois níveis apontados. Netto, por exemplo, se refere ao Movimento de Reconceituação no texto: "A crítica conservadora à reconceptualização", em sentido estrito, limitando-o a dez anos de duração. Todavia, o mesmo Movimento é tratado pelo autor, no livro *Ditadura e Serviço Social*, como um processo de construção de propostas de ação profissional, configurando três direções assumidas nesse processo: perspectiva modernizadora (conservadora); atualização do conservadorismo (perspectiva fenomenológica) e intenção de ruptura (perspectiva marxista).

Entendemos tratar-se de níveis ou planos de abordagens e não de confronto de perspectivas. É em Carvalho e Pio (1992) que vamos encontrar os fundamentos para essa interpretação.

Essas autoras, inspiradas nas discussões epistemológicas de Coutinho (1987) sobre o marxismo, admitem que

> o Serviço Social tem história, que é um esforço permanente de superação dialética de posições que se tornaram anacrônicas ou se revelaram equivocadas na dinâmica do processo histórico da realidade social, que, em última instância, determina o perfil do

Serviço Social, enquanto profissão na divisão social do trabalho. (Carvalho e Pio, op. cit., p. 2)

Quando concebem a história do Serviço Social em termos de superação dialética, as autoras retomam essa categoria como um processo de explicitação que conserva as produções já existentes, mas que as supera ou as eleva a um nível superior, o que permite às autoras formularem a seguinte hípotese, quando se propõem a estudar o Movimento de Reconceituação no Brasil:

> O Serviço Social no Brasil, na sua trajetória histórica, conservou, nas suas formulações teóricas, expressas no seu discurso, um núcleo de temáticas e questões que foram sendo recolocadas e redefinidas nas diferentes conjunturas, a partir de novas determinações históricas. (id., p. 3)

Isso significa, segundo as autoras, que, no seu processo de reconceituação, se o Serviço Social vem desenvolvendo uma renovação profunda de sua base teórica, vem também conservando um núcleo básico de temáticas que têm seu conteúdo renovado conjunturalmente.[23] Logo, a história do Serviço Social, nessa perspectiva, se constitui num processo que articula conservação e renovação.

A defesa da hipótese da história do Serviço Social como permanente superação dialética é que permite a Carvalho e Pio fundamentarem a concepção da Reconceituação como um movimento permanente de renovação da base teórica da profissão, a partir das determinações históricas, superando a concepção restrita que limita esse movimento a uma corrente, restringindo-o ao esforço que marcou um momento histórico da segunda metade da década de 1960 e início da década de 1970.

---

23. As autoras apontam os eixos temáticos: Assistência Social, Participação e Política Social como configurantes da dimensão de conteúdo da profissão e os eixos temáticos Metodologia, Cientificidade e Formação Profissional como núcleo básico da dimensão acadêmica.

Configurando o Movimento de Reconceituação do Serviço Social no Brasil enquanto processo, algumas produções podem ser resgatadas como esforços de sistematização teórico-analítica mais significativos, sobre essa temática, na literatura brasileira, constituindo referênciais básicas do Serviço Social no Brasil.

Merece destaque o livro de Lopes, J. B. (1979), que, embora não trate, especificamente, da temática da Reconceituação, expressa um esforço reconceituador concreto, por representar uma das primeiras iniciativas de pensar a produção do Serviço Social, apontando a perspectiva teórico-prática da libertação, que se constitui no conteúdo inspirador da perspectiva de ruptura no Serviço Social. O livro de Lopes, J. B. representa um marco histórico no Serviço Social, pois fez desencadear um intenso processo de discussão no interior da profissão, no sentido de repensá-la.

Uma outra obra, mesmo não tratando especificamente do Movimento de Reconceituação do Serviço Social, mas que contribui, fortemente, para o aprofundamento do debate questionador sobre a profissão, no final da década de 1970, foi o livro de Souza, M. L. (1979). Nesse livro, a autora trata da prática institucionalizada do Serviço Social, abordando questionamentos e críticas dirigidas à prática dos assistentes sociais no cotidiano, gerando insatisfações entre os profissionais, ao mesmo tempo em que aborda a utilidade social da profissão a partir de uma dimensão técnica e uma dimensão social. Nesse sentido, entende que o Serviço Social, como prática institucionalizada, representa um micropoder social, sendo que as "atitudes de valorização, dirigidas ao Serviço Social, têm portanto estreita relação com a demanda e prática social dos agentes em suas diversidades de interesses" (Souza, op. cit., p. 15).

Ao considerar a sociedade como um conjunto de agentes que assume posições sociais diferenciadas, em contínuo movimento de apropriação da natureza e do mundo, e o Serviço Social como elemento integrante dessa dinâmica, a autora oferece tratamento privilegiado à perspectiva da dimensão social da problemática estudada, assumindo "a caracterização das manifestações da prática do Serviço Social em sua dinâmica cotidiana". Entende que é a partir das posições que ocupam na sociedade que os agentes sociais elaboram suas representações de reconhecimento do Serviço Social (id., p. 16). Portanto, a autora busca compreender as representações dos agentes funcionais sobre a prática cotidiana do Serviço Social, com a preocupação de perceber as potencialidades dessa prática, no desempenho de suas funções na sociedade. Nesse particular, Souza (id., p. 13) situa o Serviço Social como particularidade social que integra a totalidade social, assumindo diferentes perspectivas se ativada em função da demanda das organizações institucionais ou em função das demandas de sua clientela. No seu estudo, a autora conclui que a realidade controladora do Serviço Social se explicita através dos elementos manifestos da prática, mas, a partir desses próprios elementos, também são percebidas algumas potencialidades transformadoras, permitindo novas perspectivas de ação para a prática do Serviço Social (id., p. 17).

Faleiros (1981) exemplifica muito bem a construção de um esforço de ruptura no Serviço Social. O autor situa-se na realidade chilena, onde se verificava uma profunda renovação do pensamento latino-americano sobre o Serviço Social e quando não só o Serviço Social, como toda política de dominação eram questionados por amplos setores da sociedade civil. Tratava-se de um "contexto de uma profunda mobilização popular que buscamos refletir sobre o Serviço Social, repensando, coletivamente, novas formas de atuação e compromisso", fazendo com que grande número de trabalhadores sociais se voltasse para refazer suas formas de ação, rompendo com as amarras funcionalista e conservadora de sua atuação (Faleiros, op. cit., p. 11-12). Nessa obra, o autor faz uma análise crítica do Serviço Social latino-americano e trata de temas como: ideologias; sujeito e objeto no Serviço Social; positivismo e dialética; sistematização do trabalho social; estratégias de ação e problemática da conscientização, além de tratar, especificamente, da ação política e teoria dialética da reconceituação.

Lima, M. H., em seu livro *Serviço Social e sociedade brasileira*, desenvolve uma reflexão sobre o pensamento profissional que se articulou no Brasil a partir de 1965, sob a designação de "Movimento Reconceituado Brasileiro". A autora trata do Movimento de Reconceituação a partir de temáticas como: concepções de sociedade e desenvolvimento, concepção de Estado e concepção de função profissional, procurando explicitar as formas de relação do Serviço Social com a sociedade, propugnadas pelo Movimento de Reconceituação da época.

No seu estudo, Lima, M. H. (1982, p. 14-15) constata que a estrutura do Movimento de Reconceituação no Brasil "teve como objetivo principal ocultar o ponto de começo da Reconceituação, ou o solo fundador do Movimento em toda a América Latina — a natureza político-social de sua prática". Tal constatação se refere à identificação da vertente tecnocrata e modernizante como expressão inicial desse Movimento, no Brasil, considerando o período de estudo coberto pela pesquisadora (até 1982). Nessa reflexão, a autora admite que a Reconceituação, em sua especificidade brasileira, opera um bloqueio da dialética, estruturando, no interior do Serviço Social, o fenômeno da "dialética bloqueada", conceito construído por Gramsci ao se referir à história italiana. Esse bloqueio, segundo a autora, conduz a um movimento de absorção e neutralização do novo pelo velho, na relação dialética consenso/força, fazendo com que a escassa e não orgânica consciência histórica da antítese, que então se delineia com a emergência de grupos novos no interior do Serviço Social, permita a restauração das teses-força velhas que lutam pela conservação.

O importante é que a autora, mesmo justificando a fragilidade das forças novas da profissão pelas condições conjunturais que se criam no Brasil a partir de 1964, identifica a existência nuclear dessas forças e o vigor do seu ressurgimento, representado pela ascensão dos movimentos populares que passa a configurar novo quadro conjuntural. No processo da Reconceituação, Lima, M. H. (id., p. 16) identifica o emergir da ruptura, referindo-se a um núcleo que ganha corpo e se explicita no âmbito de um movimento profissional e que caminha, de forma articulada, em dois sentidos: na linha horizontal, busca ganhar a adesão profissional e reverter a direção política da prática; na linha vertical, tenta aprofundar a ligação profissional com as classes populares, operando concretamente a reversão.

O livro de Silva, M. G., *Ideologia e Serviço Social*, é, também, uma obra ilustrativa que tem amplas repercussões sobre o tema da Reconceituação, embora a autora trate especificamente desse tema no âmbito da América Latina, estabelecendo alguns pontos de reflexão referentes à ideologia que condiciona a ação do Serviço Social. A autora tem o mérito de tratar de um aspecto central da temática da Reconceituação, que é a desmistificação da neutralidade da ação profissional, via estudo da ideologia, evidenciando as diferenças internas do Movimento, a partir de seus vínculos ideológicos.

É ainda relevante salientar o impacto que o livro de Carvalho (1986b) tem sobre a temática da Reconceituação do Serviço Social, embora a autora também tenha limitado o seu estudo ao contexto latino-americano.

Carvalho aponta a Reconceituação como um Movimento que expressa modalidades diversas e específicas, cujo ponto de unidade é sua base comum de "denúncia da inadequação e inoperância do Serviço Social Tradicional frente à realidade latino-americana e o reconhecimento da exigência de uma redefinição profissional". Para a autora, esse Movimento assume, inicialmente, uma orientação desenvolvimentista e, posteriormente, uma orientação de perspectiva dialética, em contraposição ao *Social Work* norte-americano, de orientação funcionalista, representando o deslocamento do eixo de preocupação da situação particular para a relação geral-particular e de uma visão psicologizante e puramente interpessoal, para uma visão política da interação e da intervenção. O vínculo político é deslocado da classe dominante para uma prática vinculada aos interesses das classes dominadas, o que significa uma proposta de ação que considere as relações de exploração e de poder, no sentido da transformação social. Em síntese, Carvalho situa a Reconceituação como marco decisivo na dinâmica de construção da disciplina profissional, como processo em desenvolvimento, com avanços e imprecisões.

Todavia, é em Mota (1987a) que, a nosso ver, apresenta-se o que se pode considerar uma síntese do esforço de ruptura que se aprofundou no Serviço Social, durante a década de 1980, rumo à construção de um projeto de orientação da prática profissional para o Serviço Social.

Nessa obra, a autora parte do questionamento da funcionalidade da profissão do Serviço Social no contexto dos determinantes básicos do capitalismo, desvendando a natureza essencial do papel assumido pelo assistente social sob a aparência da ideologia da "promoção" e da "ajuda", ao mesmo tempo em que procura encontrar novas perspectivas para uma ação profissional renovadora. Mota leva às últimas consequências as teses do Movimento de Reconceituação do Serviço Social, propondo a construção de uma nova prática profissional, cuja base de legitimação é a própria clientela.

No seu livro, Mota (id., p. 16-17) discute a prática do Serviço Social na empresa capitalista. Referencia-se no Movimento de Reconceituação da América Latina, destacando a impossibilidade de uma prática profissional neutra e realça, consequentemente, para além do aspecto técnico, o componente político da requisição do assistente social pela empresa, pela necessidade de mediar interesses de classes. Questiona a determinação mecânica que restringe a ação do Serviço Social para servir só ao capital, mesmo que seja, na empresa, uma demanda deste. Assim, coloca a possibilidade de movimentos de ruptura de identidade entre objetivos profissionais e objetivos do capital, posto que do mesmo modo que as classes existem numa relação contraditória, a mediação do Serviço Social também é plasmada contraditoriamente, "podendo servir ora ao capital, ora ao trabalhador, dependendo das condições objetivas e das opções políticas de seus agentes" (id., p. 18). Com esse entendimento, a autora procura recuperar o conceito de profissão no contexto da sociedade capitalista, "apreendendo a dinâmica da construção de uma prática no interior de uma relação contraditória entre capital e trabalho" (id., p. 19), fundamentando-se no pressuposto de que "a historicidade de uma profissão também incorpora uma relativa autonomia àquilo que a determina" (id., p. 21) e que a construção da profissão de Serviço Social deve ser vista dentro de uma totalidade que determina as práticas sociais. "Essa determinação é resgatada em cima da relação existente entre divisão social do trabalho e atendimento de necessidades" (id., p. 27).

Em suma, Mota se propõe a constatar a organicidade prioritária da profissão com a classe dominante, resgatando-a na perspectiva de sua negação e superação com base na relativa autonomia da profissão ao atuar sobre seu objeto, articulando teoria e prática. Com isso é colocada a possibilidade de negação da identidade entre objeto construído pela profissão e objeto determinado pela instituição. Desse modo, a consciência social dos agentes como produto de sua inserção na luta de classes, apesar do ideário construído historicamente, com base na "identidade institucional", pode originar uma nova prática profissional, organicamente ligada às classes subalternas (id., p. 28-29). E Mota não só constata possibilidades, mas apresenta o que denomina esboço de uma proposta para construção de uma nova prática para o Serviço Social.

Feitas essas referências de fundo e analisando o material da investigação, cabe destacar a preocupação da maioria dos autores em analisar o Movimento de Reconceituação do Serviço Social, enfatizando o seu significado enquanto processo de busca de uma nova redefinição da prática profissional, a partir das demandas colocadas pelos movimentos sociais, enquanto expressão coletiva dos segmentos populares. Ou seja, os autores, na sua maioria, apresentam uma concepção ampla do Movimento de Reconceituação, percebendo-o enquanto processo histórico em desenvolvimento no interior da profissão, na busca de alternativas de ação, articuladas às demandas específicas surgidas em diferentes momentos. Por outro lado, verifica-se que alguns autores configuram o Movimento de Reconceituação como um marco referencial na história do Serviço Social, ou seja, a Reconceituação é vista como um momento de revisão e questionamento da profissão nos limites de uma dada conjuntura, situado, especificamente, nas décadas de 1960 e 1970, constituindo-se, portanto, num evento delimitado na história do Serviço Social, o que representa, na nossa interpretação, uma concepção restrita do Movimento de Reconceituação que, se não significa posições em confronto, é a expressão de níveis diferenciados de análise.

Percebendo o Movimento de Reconceituação como um processo vivo, portanto, atual, no interior do Serviço Social, Faleiros (1987, p. 51) afirma "que é preciso situar o Movimento de Reconceituação, não como um projeto isolado e vanguardista, mas como um processo vivo e contraditório de mudanças no interior do Serviço Social latino-americano" e que "a Reconceituação não acabou. Chegou a hora do seu amadurecimento no confronto com as concepções neoconservadoras e neoliberais que ainda querem restaurar tecnocratismo sob o manto da participação limitada", visto que

> a Reconceituação do Serviço Social não consiste numa revolução linear da assistência à transformação, mas na luta constante pela construção de uma sociedade sem exploração e dominação, mudando-se as relações pessoais, políticas e ideológicas e econômicas nas diferentes instituições da cotidianidade. (Id., p. 67-68)

Faleiros (1979, p. 37) admite, ainda, que "a prática reconceituada implica uma transformação das relações profissionais nas instituições". Segundo ele, o referido Movimento se manifesta como processo que se dá nas instituições, enquanto local privilegiado da prática do Serviço Social, expressando-se no âmbito acadêmico, no que diz respeito à formação profissional, e no âmbito da organização da categoria e inserção nos movimentos sociais, em que esse vínculo tem possibilitado o desenvolvimento de alternativas de ação diferenciadas na dinâmica das relações de forças. A partir dessa compreensão, Faleiros (1989a, p. 5) explicita também que a tônica do Movimento de Reconceituação é o compromisso com os setores populares.

Partindo desse entendimento, Carvalho (1986b, p. 15) afirma que

> faz-se necessário e fundamental analisar a Reconceituação como um dos marcos decisivos da dinâmica de construção da disciplina profissional. E é preciso analisá-lo como um movimento que está em processo, efetiva avanços, mas também apresenta imprecisões e erros,

de forma que "nos últimos anos, pela própria maturidade que a reflexão reconceituadora foi atingindo face à realidade latino-americana, as suas limitações começam a expressar-se com muita força". Isso implica, segundo a autora, novas reflexões e redefinição da prática, tendo em vista a formação de alianças com os setores populares a partir do seu projeto político de classe.

A partir das considerações feitas, o Movimento de Reconceituação assume uma configuração histórica e dinâmica no contexto da profissão, consistindo na construção e reconstrução de alternativas de ação, o que, na visão de Leite, M C. (1984, p. 19) significa, na atualidade, "um esforço para integrar a profissão à problemática dos países latino-americanos com o emprego dessa realidade". Para essa autora, o Movimento de Reconceituação "determina um momento histórico com circunstâncias bem determinadas", uma vez que, "a partir dos fundamentos históricos da profissão, toma-se consciência da necessidade de reformulação dos métodos e técnicas elaborados em outros contextos, por não expressarem a realidade concreta", o que atribui ao movimento um caráter dialético no sentido de redefinição teórico-prática, diante da dinâmica das conjunturas historicamente determinadas e do posicionamento profissional em face dessas determinações.

Evidenciam-se, por outro lado, posições que destacam a temporaneidade do Movimento. Nesse particular, Estevão (1984, p. 40) afirma ter sido a Reconceituação, no Brasil, "uma adequação aos áureos anos do milagre e à modernização do Serviço Social para as exigências do momento, onde é o Estado quem dirige o processo de modernização da sociedade brasileira", isto é, "a Reconceituação no Brasil se dá assimilando as exigências conjunturais da sociedade brasileira, concentrando-se na tarefa de adequar o Serviço Social às necessidades do Estado e da grande empresa monopolista", de modo que a tentativa de retomada do Movimento de Reconceituação em moldes revolucionários, pautada na proposição tardia do método dialético, no início dos anos 1970, sucumbe ante o fim do "milagre brasileiro" e da política reacionária.

Referindo-se ao Movimento de Reconceituação do Serviço Social numa concepção restrita, Netto (1981, p. 59-60) o caracteriza como um fenômeno que é sociocultural e profissional. No primeiro aspecto, "articulou-se como consequência da crise estrutural gestada desde meados dos anos cinquenta e que afetou os padrões de dominação sociopolítica vigente na América Latina" e, no segundo aspecto, "instaurou-se como resposta possível elaborada por setores da comunidade profissional como alternativa à evidente falência do Serviço Social institucional". Visto de qualquer ângulo, o Movimento de Reconceituação, segundo o autor, apresenta duas singularidades: o seu caráter heteróclito, expresso por uma mescla de tendências heterogêneas e até conflitantes, e o "lapso temporal extremamente reduzido em que se desenrolou: não mais que dez anos, o que é reconhecidamente pouco para que qualquer processo de transformação ou de ruptura possa ter incidências que permitam uma avaliação minimamente profunda" (id., p. 60).

Embora o autor, no texto referenciado acima, faça uma análise do Movimento de Reconceituação numa perspectiva considerada, no presente estudo, de cunho restrito, em outra produção, especificamente no seu livro *Ditadura e Serviço Social*, desenvolve uma abordagem processual desse mesmo Movimento, a que ele denomina de processo de renovação do Serviço Social, entendendo que, no desenvolvimento desse processo, a renovação assume três direções.

A primeira direção dá-se com a perspectiva modernizadora, a qual se caracteriza pela busca da adequação do Serviço Social, "enquanto instrumento de intervenção inserido no arsenal de técnicas sociais a ser operacionalizado no marco de estratégias de desenvolvimento capitalista, às exigências postas pelos processos sociopolíticos emergentes nos pós-64" (Netto, 1991a, p. 154). Nessa direção, os assistentes sociais procuram assumir uma posição modernizadora em sua prática, tendo por base a manutenção do sistema, inserindo-se, portanto, na ideologia desenvolvimentista. Não há, nesse momento, um questionamento às estruturas sociais, e a grande preocupação se centra no avanço da teorização do Serviço Social, a qual deveria se ajustar ao contexto socioeconômico da realidade brasileira. Essa perspectiva atinge seu auge nos Encontros ocorridos em Araxá e Teresópolis e começa a perder sua hegemonia a partir da segunda metade dos anos 1970, quando já não atende mais às expectativas profissionais.[24]

---

24. Sobre a vertente modernizadora do Serviço Social, veja Silva e Silva et al. (1994b).

O autor designa a segunda direção do referido processo de perspectiva de reatualização do conservadorismo.

> Trata-se de uma vertente que recupera os componentes mais estratificados da herança histórica e conservadora da profissão, nos domínios da (auto) representação e da prática, e os repõe sobre uma base teórico-metodológica que se reclama nova, repudiando simultaneamente os padrões mais nitidamente vinculados à tradição positivista e às referências conectadas ao pensamento crítico-dialético, de raiz marxiana. (id., p. 157)

Essa perspectiva se apresenta relacionada com a fenomenologia, a qual destaca dimensões da subjetividade. A reatualização do conservadorismo é, para o autor, uma volta ao passado, baseada em matrizes intelectuais mais aprimoradas. Ao contrário da perspectiva modernizadora, essa direção não tem muita repercussão no interior da profissão.

A terceira direção analisada por Netto (id., p. 159) aponta a intenção de ruptura com o Serviço Social tradicional. "Ao contrário das anteriores, esta possui como substrato nuclear uma crítica sistemática ao desempenho `tradicional' e aos seus suportes teóricos, metodológicos e ideológicos." Há, então, uma oposição ao tradicionalismo do Serviço Social, passando-se a questionar sua vinculação histórica com os interesses do bloco no poder. Essa vertente se configura num momento de crise da ditadura militar, quando a sociedade civil passa por um clima de efervescência política, com grandes lutas e mobilizações dos trabalhadores. Inseridos nesse contexto, os assistentes sociais começam a desenvolver um intenso processo de discussão interna na busca, entre outros aspectos, de um novo perfil profissional, de uma identidade com as classes trabalhadoras. É possível perceber, pelas colocações do autor, que o Movimento de Reconceituação do Serviço Social, no Brasil, passa por uma dinâmica, condicionada ao contexto histórico da sociedade e ao amadurecimento teórico, político e ideológico dos assistentes sociais.

O que importa ressaltar, em termos da concepção e do desenvolvimento histórico do Movimento de Reconceituação do Serviço Social no Brasil, é que, majoritariamente, a literatura estudada ressalta duas expressões históricas desse Movimento. A primeira, de base ainda estrutural-funcionalista, representada pela vertente modernizadora, cuja inquietação maior seria o aprimoramento técnico-metodológico dos profissionais, de modo a capacitá-los a contribuir para o projeto desenvolvimentista em voga. A outra, que começa a se estruturar na segunda metade da década de 1970, representada pela busca de construção de um Projeto Profissional, qualificado no presente estudo como de ruptura, cujas marcas se expressam no esforço de deslocamento das bases teóricas do estrutural-funcionalismo, que cristaliza a feição conservadora da profissão, para uma aproximação com a tradição marxista, que passa a inspirar a busca da renovação teórico-metodológica da ação profissional.

A expressão renovadora do Movimento de Reconceituação do Serviço Social no Brasil é sustentada por determinadas teses configurativas, cuja marca é a perspectiva de ruptura com o denominado Serviço Social tradicional, implicando a não neutralidade da ação profissional e a possibilidade de estabelecimento de vínculo orgânico dos profissionais com as classes populares, na perspectiva da transformação social.

2. Teses configurativas

Assumindo, no contexto dessas reflexões, o Movimento de Reconceituação do Serviço Social como um processo histórico, portanto, inacabado e em permanente dinâmica de construção e reconstrução, verifica-se, a partir do material bibliográfico estudado, que a preocupação central dos autores é a construção de novas alternativas para a prática profissional, analisadas a seguir.

2.1 Esforço de superação do Serviço Social tradicional

A tese configurativa central que orienta o Movimento de Reconceituação do Serviço Social, segundo grande parte dos autores estudados, é a perspectiva de superação do denominado "Serviço Social tradicional", marcado pelo paradigma do estrutural-funcionalismo. Segundo Freire (1987, p. 41), a origem do Movimento de Reconceituação está vinculada à "ruptura total dos valores tradicionais e à busca de novos valores", pautados na concepção dialética e histórica da sociedade. Nesse mesmo entendimento, Faleiros (1986, p. 115) afirma ter sido o processo de Reconceituação "um corte, uma ruptura com o Serviço Social paternalista ou meramente desenvolvimentista", visto que busca um desatrelamento do caráter doutrinário e a construção de novos métodos e técnicas a partir das necessidades dos setores populares. Convém ressaltar que a ruptura, enquanto tese configurativa do Movimento, é questionada por alguns autores como Quiroga (1991, p. 88), para quem

> esse processo não rompeu radicalmente com uma herança conservadora, de cunho positivista, predominante historicamente no Serviço Social, o que vai constituir-se num dos fatores explicativos da aproximação tardia da profissão ao debate do marxismo e à sua incorporação, por via de um marxismo positivista.

Nessa ótica, a autora constata que a "Reconceituação levou a uma ruptura política que não foi acompanhada por uma ruptura teórica, com essa herança conservadora", dificultando o avanço, no âmbito da sistematização de concepções, ideias e categorias teóricas.

Verifica-se que a tese que coloca a questão da ruptura aponta não só para o questionamento da fundamentação teórica da profissão, marcada pelo conservadorismo, mas também para a necessidade de superação do pragmatismo ou para a erosão do tradicionalismo, conforme assinala Netto (1991a) e, sobretudo, aponta para a busca de construção de alternativas de ação, direcionadas às demandas populares, na perspectiva de seus interesses de classe. Nesse sentido, os autores observam que a ruptura não ocorre de imediato, mas tenta efetivar-se por um processo de construção, a partir de questionamentos e reflexões críticas acerca do conteúdo teórico-metodológico da prática profissional, ante as especificidades do contexto social no qual se inscreve.

Não restam dúvidas de que um dos aspectos relevantes do Movimento de Reconceituação centraliza-se no questionamento do referencial teórico-metodológico da profissão, cuja eficácia mostra-se diminuída em face do acirramento das questões sociais em decorrência do desenvolvimento urbano-industrial. Segundo Aguiar (1985, p. 120), "esse questionamento se fez por um número significativo de assistentes sociais, quer pelos que estavam comprometidos com o governo mas desejam reformas, quer por aqueles mais ligados à população". Para o autor, a Reconceituação surge da necessidade de superação dos modelos tradicionais americano e franco-belga e de construção de um Serviço Social adequado às peculiaridades de uma realidade que se mostra calcada numa economia dependente, estruturada com as marcas do subdesenvolvimento. Na busca de uma adequação da prática a essa realidade, o Serviço Social envereda pela descoberta de "instrumentos de acordo com a mesma sem chegar a um questionamento das estruturas, continuando a ter como referencial teórico o funcionalismo".

Posteriormente, com o avanço da reflexão em torno da adequação às exigências conjunturais, o Serviço Social se propõe a adotar o método dialético, o que lhe permite ampliar a concepção de realidade social e "negar a ação individualizada" (Silva, M. G., 1982, p. 68), concebendo o "homem na sua relação com outros homens, inserido numa sociedade em que estão presentes conflitos, desigualdades e problemas sociais que fazem parte do contexto global dessa sociedade", e, a partir dessa visão, redimensionar a sua prática a fim de formular alternativas de ação condizentes às proposições do homem enquanto sujeito histórico; isto é, estaria posta a luta pela superação das relações sociais dominantes (id., ibid.).

Esse processo, necessariamente, remete a um esforço de teorização da prática profissional, analisado pelos autores como um dos elementos de configuração do Movimento de Reconceituação, uma vez que o mesmo foi

> recebido particularmente pelos profissionais que pretendiam estender o alcance teórico da profissão, vinculando-o à situação atual e às características da realidade subdesenvolvida latino-americana, como um movimento que prometia superar aquele marco conceitual tradicional em que se apoiava a profissão. (Id., p. 42)

É a partir desse entendimento que Abramides et al. (1980, p. 27) afirmam ser o processo reconceituador "uma tentativa mais sistemática e importante de teorização do Serviço Social, da prática social, possibilitando uma atuação científica e elaborada", sendo que a prática passa a ter como "referencial teórico a análise da dinâmica das relações sujeito-objeto, a interdependência dos fatores e o movimento transformador inerente às relações sociais". Nesse sentido, os fenômenos sociais são analisados na sua significação real e na sua relação com a totalidade, numa perspectiva teórica que permite ir além do real aparente, devido à necessidade de uma análise interpretativa da realidade social. Para Silva, M. G. (1982, p. 45) a busca de fundamentação teórica pode constituir-se no problema central da Reconceituação em face das direções distintas assumidas pelo Movimento, cujos "questionamentos na linha de renovação se situam principalmente a nível conceitual, prático e ideológico-filosófico, abordando problemas quanto ao objeto, aos objetivos e aos métodos da profissão". A autora assinala ainda que, a partir desse processo, são levantados questionamentos quanto a uma teoria específica do Serviço Social, o que, segundo Kruse (apud Silva, M. G. 1982, p. 47), "é resultante de conhecimentos provenientes das ciências sociais e da própria prática profissional desenvolvida que serve de orientação à ação profissional", o que conduz a um questionamento no âmbito das Ciências Sociais, considerando que o Movimento de Reconceituação vincula-se, historicamente, com diferentes correntes ideológicas presentes no campo daquelas disciplinas.

2.2 *Desvelamento da dimensão político-ideológica da profissão e explicitação do caráter contraditório de sua prática*

O desvelamento da dimensão político-ideológica da profissão situa o Serviço Social no contexto da correlação de forças antagônicas da sociedade e explicita a possibilidade do que os autores denominam de vínculo político-ideológico da prática profissional com o projeto de uma das classes que compõem a estrutura social capitalista. Isso supõe a opção político-ideológica por um projeto de classe e a desmistificação da suposta neutralidade que, historicamente, tem orientado o Serviço Social, enquanto exigência imposta à ação profissional. Nesse sentido, "o Movimento de Reconceituação se cria e se desenvolve a partir da identificação político-ideológica da profissão pelo capital e da negação de uma prática conservadora do Serviço Social, afirmando um compromisso político com a classe subalterna" (Mota, 1987a, p. 15-16), o que supõe uma ação educativa, tendo em vista a compreensão, por parte da população, da sua condição de subalternidade, no contexto da estrutura dominante, bem como a busca de mecanismos que proporcionem a ampliação e utilização de seus direitos, no intuito de construção de uma cidadania plena.

Esse processo desvela o caráter contraditório da prática profissional, uma vez que remete, sobretudo no espaço institucional, à necessidade de questionamento das normas institucionais que, via de regra, orientam a clientela para um processo de adaptação social, numa perspectiva de controle e dominação, preconizando a ruptura com essa prática, tendo em vista os interesses dos setores populares. Há um reconhecimento de que "a profissão busca, hoje, consolidar sua legitimidade junto à sua clientela, o que implica em um compromisso real e efetivo com os seus interesses coletivos e em uma articulação teórico-prática com a construção de uma nova hegemonia na relação entre as classes sociais" (Carvalho, 1984, p. 119-120). Há quem se refira, inclusive, a um "projeto profissional com uma direção social definida, capaz de articular-se, teórica e praticamente, com o projeto social das classes sociais subalternas em suas relações com as forças atualmente dominantes" (Yazbek et al., 1984, p. 64).

Sobre esse aspecto, Carvalho (1986b, p. 14), ao enfocar o sentido político da prática profissional, desvelado pela Reconceituação, afirma que "na fase inicial de orientação desenvolvimentista, esse desvelamento foi apenas esboçado na ideia de um Serviço Social comprometido com a realidade. É na proposta de Trabalho Social que o vínculo político é explicitado enquanto vínculo com uma classe social". Essa questão supõe a superação de uma prática meramente assistencialista, entendida, no bojo do processo de revisão crítica, como reiterante do modelo tradicional-conservador.

Há que se ressaltar, todavia, que o livro de Iamamoto e Carvalho (1982) é um marco histórico decisivo, a partir do qual não restaram mais dúvidas sobre a inserção do Serviço Social nas relações sociais, com consequente desvelamento da dimensão político-ideológica da profissão, com explicitação do caráter contraditório da prática profissional.

2.3 Vinculação da ação profissional com as classes populares e transformação social como horizonte da prática do Serviço Social

No que diz respeito à tese que aponta a vinculação da ação profissional com as classes populares, a análise se dá em articulação com a transformação social como horizonte da prática profissional, o que implica uma prática coletiva, estruturada pela aliança entre o profissional e sua clientela. É nesse sentido que Giacomini et al. (1987, p. 25) utilizam o termo *reconceituado* a fim de ilustrar o seu entendimento sobre a prática do Serviço Social comprometida com os setores populares, revelando uma compreensão do "movimento reconceituador como um processo de busca da transformação social".

Em relação a esse aspecto, é realçado o caráter de superação e de construção do novo, presente na proposição básica do Movimento de Reconceituação enquanto processo, uma vez que o mesmo desencadeia uma série de reflexões que propiciam uma "redefinição e busca de contemporaneidade da profissão e da transformação no interesse das classes subalternas, criando vínculos com os movimentos sociais e os interesses de uma classe proletária" (Faleiros, 1986, p. 118). A ação profissional desenvolvida, nessa perspectiva, torna-se "capaz de promover mudanças e situar o homem como o centro desse processo social" (Silva, M. G., 1982, p. 46).

Ainda na perspectiva de desvelamento do caráter político-ideológico da ação profissional, Mota (1987b, p. 145) admite "a possibilidade de o assistente social desenvolver tarefas políticas no interior da sua prática nas empresas que possam reforçar e fortalecer uma alternativa que o próprio trabalhador resgatou e para a qual o profissional é requisitado", assumindo, assim, uma prática no sentido de constituir uma alternativa profissional legitimada pelos trabalhadores. Fica claro que é a perspectiva ideológica de classe que "permite vislumbrar a possibilidade do profissional atuar, não só como crítico da formulação de políticas como também a nível de mobilização política com as classes subalternas" (Teixeira, 1980, p. 25).

Nessa direção, Junqueira, H. (1980, p. 18-19) chama a atenção para um dos pontos importantes do Movimento de Reconceituação na América Latina, expresso pela exigência de um comprometimento com a realidade continental e com o povo, na medida em que é oprimido. Entende ainda que "essa luta implica, fundamentalmente, inserção no processo de transformação do sistema capitalista e ideologia correspondente, e o compromisso histórico com a superação real dos antagonismos existentes nesta sociedade" (id., p. 19). O Movimento de Reconceituação vem, portanto, questionar as estruturas sociais, sugerindo um Serviço Social com uma prática vinculada às lutas e interesses das classes populares. Ao se estabelecer a possibilidade do vínculo da prática do Serviço Social com as classes populares, indica-se a perspectiva de transformação social enquanto exigência da própria realidade social, dada a situação de dominação e exploração político-econômica em que vivem essas classes. Tal perspectiva implica, para o Serviço Social, colocar como horizonte de sua prática o movimento de transformação da própria realidade.

2.4 *Redefinição do trabalho institucional*

As duas teses anteriormente esboçadas se articulam com uma terceira que se refere à necessidade de redefinição do trabalho institucional. De fato, o caráter contraditório da prática profissional, evidenciado na tese do desvelamento da dimensão política da profissão, coloca, necessariamente, a necessidade de redefinição do trabalho institucional, posto que a referência básica do esforço de ruptura é a clientela do Serviço Social, representada pelos setores populares.

Nesse redimensionamento do trabalho institucional, os sujeitos institucionais, entre os quais o assistente social, rejeitam a pretensa neutralidade de sua ação, percebendo-a como espaço contraditório de luta, onde a defesa do sistema e das normas é questionada, e a ética da obediência, exigida pela instituição, é revisada. O que se preconiza é uma aliança dos sujeitos internos com a clientela e os movimentos sociais, respaldada por uma organização profissional e por alianças com as organizações dos trabalhadores, em geral.

É preconizada a troca de saberes entre profissionais e clientela e proposta uma "metodologia da articulação" (Faleiros, 1985, p. 26), levando-se em conta as forças, recursos e estratégias disponíveis em confronto, valorizando uma relação de baixo para cima com o Estado.[25]

2.5 *Resgate da Assistência Social como espaço do exercício profissional*

No contexto da redefinição do trabalho institucional, a assistência social é apontada como espaço do exercício profissional, configurando uma outra tese do Movimento de Reconceituação.

É na perspectiva de superação do tradicional que se situa a necessidade de superação da prática assistencialista, entendida como aquela em que "os problemas provenientes das desigualdades sociais não são levados em conta" (Souza, M. L. 1982, p. 69). O desenvolvimento da problemática social conduz "o profissional a procurar saídas em novos métodos de ação, identificados simplesmente como um conjunto de operações técnicas", reduzidas a "simples operações mecânicas sobre fatos isolados que nada dizem sobre o problema social que os gera" (id., p. 70). Isso implica o questionamento da incidência da prática profis-

25. Muitos artigos e muitos livros foram escritos, no âmbito do Serviço Social, que, de uma forma ou de outra, referenciam esses e outros aspectos que apontam a redefinição do trabalho institucional. Só para ilustrar, podem ser lembrados: Souza, M. L. (1979 e 1985); Celats (1985); Souza, Maria Luiza de (1985); Weisshaupt (1985); Faleiros (1985); Martinelli (1989b); Serra (1987a). Todavia é no livro de Mota (1987a) que vamos encontrar a ilustração mais completa de todas as teses configurativas do Movimento de Reconceituação, até aqui resgatadas.

sional sobre a pobreza e a miséria, visando à superação das mesmas, sem articulação com mudanças na estrutura social.

A necessidade de ruptura com a prática assistencialista, numa perspectiva inicial do Movimento, conduz à negação da assistência e, consequentemente, da prática desenvolvida no espaço institucional, visto como "vínculo reprodutor do sistema e cristalizador do interesse da classe dominante" (Lima e Rodrigues, 1980, p. 23). Essa postura, para Faleiros (1986, p. 50), constitui-se numa falha do Movimento de Reconceituação pelo fato de "superestimar a força da crítica, sem ter em conta as resistências ao processo de mudança institucional", em face da dinâmica da correlação de forças.

Mediante a perspectiva de incorporação do método dialético e de compreensão da instituição como espaço contraditório de luta de classes, o Serviço Social procura refletir sobre a possibilidade de, no âmbito institucional, ampliar a participação da população, numa perspectiva de compromisso com suas lutas, a partir do redimensionamento da assistência, inserida no âmbito do direito, "atentando para suas determinações sociais e históricas enquanto política governamental, sua imbricação com as relações de classe e destas com o Estado" (Sposati et al., 1985, p. 25).

Não se pode desconhecer que, a partir sobretudo da segunda metade dos anos 1980, os assistentes sociais têm contribuído, sobremaneira, com estudos e reflexões para o entendimento da questão da assistência social, no Brasil, inclusive influenciando na definição dessa política no âmbito do Estado brasileiro e dos movimentos sociais. Nesse contexto, a assistência social vem sendo explicada como mecanismo de enfrentamento da questão social, devendo ser entendida na trama das relações sociais e numa perspectiva de direito. Claramente, a assistência social vem sendo assumida como tarefa dos assistentes sociais, junto com outros profissionais, no âmbito de organizações públicas e privadas.

Parte-se do entendimento de que a ação profissional dos assistentes sociais se configura como apresentando duas dimensões: prestação de serviços assistenciais e trabalho socioeducativo, não sendo esse último exterior ao primeiro, mas uma de suas dimensões. Desse modo, a prestação de serviços materiais é inerente e dá sentido e direção à ação socioeducativa, constituindo-se em mediação para a ação profissional interferir nas relações sociais, ou seja, cumprir sua função político-ideológica, que pode ser voltada para o enquadramento disciplinador (socialização) ou para fortalecer as lutas sociais das classes populares. Nesse sentido, a assistência social é trabalhada como mediação para confronto e conquistas.

Numa revisão da literatura mais relevante do Serviço Social no campo da assistência social, destaca-se o livro de Sposati et al. (1985a), no qual as autoras percebem a efetivação das políticas sociais como espaço primordial da prática profissional do assistente social, entendidas como mecanismo de enfrentamento da questão social, resultante do confronto capital-trabalho. Propõem-se, então, a compreender a assistência social na trama das relações sociais, ou seja, percebem as políticas sociais governamentais como movimento multidirecional, resultante do confronto de interesses contraditórios, o que implica trazer as forças populares para o cenário da decisão.

As autoras se propõem, ainda, à superação de uma leitura perversa do assistencial, enquanto mecanismo primordial da reiteração da subordinação e, portanto, do assistencialismo. Trata-se da superação dessa compreensão mecânica, com resgate do significado histórico do assistencial, situando-o como face adotada pelas políticas sociais públicas.

Em resumo, as autoras insistem na compreensão das políticas sociais, na perspectiva de um espaço onde se identificam forças contraditórias, podendo contribuir para o fortalecimento dos processos organizativos dos setores populares, enquanto formas de realização de direitos sociais e enquanto formas concretas de acesso a bens e serviços. Trata-se de um espaço político de luta por uma cidadania coletiva.

Outra obra a se destacar é o livro de Sposati (1988), no qual a autora se propõe a superar a análise da política de assistência social a partir de duas concepções que considera equivocadas. Uma que denomina de "matriz do engodo", pela qual as políticas sociais são percebidas como formas enganosas, através das quais os representantes do interesse da acumulação "docializam o trabalhador para a produção", constituindo-se em estratégias para instrumentalizar a adesão das classes subalternas a um sistema dentro do qual são sempre prejudicadas. Outra, que denomina de "hipótese da conquista", é igualmente explicada por uma perspectiva de "causação linear e direta", onde o trabalhador arranca seu atendimento. Essa percepção parte do pressuposto de que trabalhadores e grupos no poder "sabem plenamente" o que querem e o que não querem um do outro, aparecendo, portanto, como atores tratados monoliticamente, como sujeitos coletivos homogêneos.

As concepões acima distorcem a história e homogeneízam todas as práticas, independentemente das relações de força. Criticando-as, Sposati (1988) não nega a funcionalidade das políticas sociais no capitalismo, mas enfatiza essas políticas enquanto espaço para conquista e fortalecimento do poder popular, sendo que a dinâmica das perdas e ganhos se dá em diferentes correlações de forças, ou seja, a autora entende que as políticas sociais só podem ser compreendidas no âmbito das relações sociais.

Sposati (1991), coordenadora dos trabalhos reunidos sob o título *Carta-tema: a assistência social no Brasil 1983-1990*, destaca a relevância do processo de organização popular, entendendo que as lutas sociais reforçam o exame de processos coletivos de sobrevivência, o que imprime uma nova direção à assistência social, inserindo-a no contexto da cidadania. Lembra que a Constituição de 1988 situa a assistência social no tripé da Seguridade Social, ao lado da Saúde e da Previdência Social, instituindo-a como um direito social, e, portanto, retirando-lhe o caráter emergencial e atribuindo-lhe um caráter permanente. Infere-se, portanto, que a autora está concebendo as conquistas de direitos sociais, no âmbito da nova constituição, como produto das lutas sociais.

Ainda na mesma obra, Sposati atribui à Assistência Social um papel histórico no reconhecimento dos direitos sociais, percebendo-a como fortalecimento e não esvaziamento das lutas populares e como estratégia para a educação política.

Mais recentemente, Yazbek (1993, p. 50-51) percebe a assistência como um dos setores da política social e como mecanismo compensatório que permeia o conjunto das políticas sociais públicas. De uma forma ou de outra, apresenta sua concepção a partir de perspectivas históricas e sociais, situando o assistencial na teia das relações estabelecidas entre Estado e setores excluídos da sociedade, no âmbito da reprodução social da força de trabalho. Assim, a autora parte do pressuposto de que as políticas assistenciais são produtos de relações entre Estado e sociedade e dos mecanismos gerenciadores dessas relações. Como tal, são historicamente modificáveis a partir de um movimento contraditório, embora, como enfrentamento da pobreza na sociedade brasileira, tenham sido marcadas por distorções que têm conferido à assistência um perfil limitado, ambíguo e de descontinuidade, caracterizado pelo apoio na matriz do favor, do apadrinhamento, do clientelismo, do mando; pela vinculação histórica com o trabalho filantrópico e pela conformação burocratizada e inoperante.

Yazbek (id., p. 51) ressalta, ainda, que a assistência social, enquanto área polêmica e complexa, é, geralmente, abordada na sua forma aparente: "como ajuda pontual e personalizada a grupos de maior vulnerabilidade social", ou seja, é tratada residualmente, como modalidade paliativa e secundária, no âmbito das políticas sociais brasileiras. Todavia, o que a autora pretende realçar é a assistência como campo concreto de acesso a bens e serviços, situando-a sob o ângulo de interesses diversos, enquanto estratégia de dupla face: mecanismo de estabilização das relações sociais (ótica estatal) e como forma concreta de acesso a recursos, serviços, como espaço de reconhecimento de direitos da cidadania social (ótica dos excluídos e subalternizados).

A partir dessa revisão apresentada e de outros trabalhos não citados de autoria de assistentes sociais, pode-se afirmar que a partir da década de 1980, ou seja, no contexto da ruptura, o que se verifica é uma leitura da Assistência Social sob a ótica da cidadania e do direito, enquanto espaço de resgate do protagonismo das classes populares, situada, portanto, no contexto das relações sociais e, como tal, espaço privilegiado da prática dos assistentes sociais.

Do exposto, fica evidente que, na visão dos autores estudados, o Movimento de Reconceituação do Serviço Social, embora tenha apresentado limitações e imprecisões em relação à sua proposição básica, ou seja, a superação da postura "tradicional", representa um salto qualitativo para o Serviço Social, na medida em que aponta para um processo de revisão crítica da ação profissional, mediante o acirramento das questões sociais num contexto historicamente determinado, exigindo posicionamentos dos profissionais ante essas questões.

O encaminhamento de toda a reflexão desenvolvida situa a explicitação da dimensão política do Serviço Social enquanto profissão como elemento fundamental para configuração de um projeto profissional de ruptura.

Verifica-se que, durante muito tempo, o assistente social orientou o desenvolvimento de sua prática profissional por uma perspectiva estrutural-funcionalista, percebendo a sociedade como um corpo harmônico e sua prática profissional como neutra, escamoteando sua inserção nas relações sociais contraditórias constituídas de uma composição de polos sociais antagônicos, cujos interesses são, necessariamente, divergentes.

Assim, os assistentes sociais assumiam uma postura que se caracterizava pela "neutralidade" da ação profissional em face dos demandantes e dos usuários de seus serviços.

O debate sobre a dimensão político-ideológica da prática profissional situa o Serviço Social como uma profissão participante do processo de reprodução de interesses contraditórios, dada a sua inserção no contexto das relações sociais.

É no âmbito do Movimento de Reconceituação do Serviço Social na América Latina que a pressuposição de neutralidade da profissão é questionada e inicia-se o debate coletivo sobre a dimensão política da profissão.

> Apesar de todos os aspectos que podem ser criticados na reconceptualização, há que reconhecer que ela pôs sobre a mesa o problema da relação entre a prática profissional e a política — e fê-lo em termos de denúncia das pretensões de neutralidade e apoliticismo com que a profissão operava. (Palma, 1986, p. 13)

É nesse contexto que se desenvolve o debate sobre a necessidade de um compromisso do assistente social com os setores populares da América Latina.

> Esse compromisso passou a exigir uma redefinição da ação profissional, o que implica novas proposições conceituais, metodológicas, ideológicas e práticas, a fim de que tal propósito seja atingido. Daí, através da reconceituação, o Serviço Social terá assumido novas características, tendo em vista as inquietações, principalmente de ordem social, política e econômica, cuja repercussão se fazia no meio profissional. (Silva, M. G., 1982, p. 163)

Verifica-se, nesse aspecto, que o Movimento de Reconceituação do Serviço Social tornou evidente o caráter político da profissão, buscando a ruptura com uma prática historicamente articulada aos interesses dominantes e colocando a possibilidade de desenvolvimento de uma prática comprometida com os interesses populares. O referido movimento, ao preconizar, de forma explícita, a necessidade de assumir a dimensão político-ideológica da profissão, desmistifica a suposta neutralidade assumida pelo assistente social e evidencia a inserção da profissão no contexto das forças sociais antagônicas, o que passa a indicar a possibilidade do estabelecimento de vínculo de profissionais com uma classe social determinada a partir de uma opção voluntária e consciente.

Pode-se observar que, embora analisadas de per si, as teses que configuram o pensamento dos autores acerca do Movimento de Reconceituação do Serviço Social, na sua expressão de ruptura, podem ser articuladas entre si. De fato, essas teses convergem para um movimento de construção de uma nova identidade profissional, na perspectiva de busca de legitimidade, não mais junto aos que, tradicionalmente, contratam os seus serviços, mas junto àqueles para quem esses serviços se destinam. Isso denota a necessidade de construção de novas alternativas de prática profissional, a partir do estabelecimento de um vínculo orgânico da profissão com os setores populares que representam o segmento majoritário da clientela do Serviço Social. Essa perspectiva revela a importância de compreender o Movimento de Reconceituação do Serviço Social enquanto processo que apresenta imprecisões, equívocos, erros, mas que possibilita à categoria o repensar das questões emergentes, no nível da profissão, favorecendo a busca de uma nova identidade profissional. Cabe aos profissionais do Serviço Social a superação das limitações e dos equívocos, num permanente esforço de reconstrução histórica da profissão, sendo esse o verdadeiro significado desse movimento.

CAPÍTULO 3

Esforço de construção de um projeto profissional a partir da ruptura

1. Contextualização do esforço de ruptura no Serviço Social

Os estudos desenvolvidos com base nos diversos grupos de bibliografia, indicados na introdução, revelam que o desenvolvimento histórico do Serviço Social, no Brasil, a partir da década de 1960, ou seja, no contexto do conhecido Movimento de Reconceituação, assume diferentes direções em face do contexto histórico. Esse processo, que Netto denomina, no seu livro *Ditadura e Serviço Social*, de processo de renovação, assume, segundo a sistematização do autor, como já vimos, três direções: perspectiva modernizadora, perspectiva de reatualização do conservadorismo e perspectiva de ruptura.

Assumindo as direções apontadas pelo autor como via de análise, faz-se necessário situá-las historicamente, no sentido de melhor contextualizar o esforço de ruptura no Serviço Social. A perspectiva modernizadora[26] atinge seu auge nos Encontros de

26. Sobre essa perspectiva no Serviço Social, veja-se Silva e Silva et al. (1994).

Araxá (1967) e de Teresópolis (1970) e perde sua hegemonia a partir da segunda metade dos anos 1970, quando já não atende mais às expectativas profissionais. Mais precisamente, o Encontro de Sumaré (1978) representa o deslocamento da vertente modernizadora no Movimento de Reconceituação do Serviço Social no Brasil.

É consensual, na literatura do Serviço Social, que esse Movimento assume, inicialmente, no Brasil, uma direção de caráter modernizador da prática profissional. Essa vertente se caracteriza pelo esforço de tornar o Serviço Social uma profissão capaz de contribuir para o processo de desenvolvimento do país, entendido como superação do atraso pela busca do progresso, do moderno. A ideologia desenvolvimentista assumida

> apresentava como característica estrutural: o dualismo que vê o setor atrasado como disfuncional ao setor moderno. O Serviço Social também assume a perspectiva dualista e dirige sua prática pela ilusão da participação popular, através da qual a socialização se dá na perspectiva funcionalista, levando a sociedade a vivenciar o consenso social. (Silva e Silva, 1984, p. 46-47)

Tornar o Serviço Social uma profissão moderna significa, nesse contexto, elevar seu *status* de cientificidade e de eficiência técnica, capacitando o assistente social para atuar em equipe interprofissional, ampliando sua área de atuação do micro (prestação direta de serviços) para o nível macro de atuação (política social e planejamento).

No essencial, a vertente modernizadora do Serviço Social, orientando-se pelo desenvolvimentismo, se fundamenta, teoricamente, no estrutural-funcionalismo e se preocupa em repassar os programas governamentais para as populações, sem uma crítica à ordem vigente. Pauta-se, portanto, pela perspectiva de manutenção do social estabelecido, em que o desenvolvimento significa superação do atraso, modernização.

Lima, M. H. (1982, p. 131-132) sintetiza bem a vertente modernizadora no Serviço Social quando afirma:

> A análise do pensamento Reconceituado Brasileiro revela que o profissional não fazia nenhum tipo de indagação ao espaço em que se inseria de forma mais imediata, ou ao Estado. Admitindo-o como universal, nega o seu caráter de classe e parte do princípio da possibilidade do seu aperfeiçoamento pela força da ciência e da técnica. Nessa ótica, se definiu, no sentido do alargamento do espaço profissional de dentro do Estado, numa proposta de reforma teórico-metodológica e numa luta pela elevação do *status* profissional [...] Em síntese, pode-se afirmar que a posição do profissional brasileiro, coerente com a sua visão de realidade, se estrutura em aderência ao projeto ideológico que se define de dentro do Estado, e por um reconhecimento da natureza ideológica de sua intervenção, mas a ideologia é por ele percebida como ideologia em geral, no caso, a ideologia desenvolvimentista, ao tempo inteiramente ineficaz do ponto de vista social. Com essa postura, o profissional brasileiro tenta ocultar a natureza de classe do projeto a que adere e, em consequência, a natureza do vínculo que faz com a sociedade. Essa via — a par de negar o solo fundador da Reconceituação — ou o ponto de ruptura a partir do qual foi possível o distanciamento crítico criador das condições que permitiram captar a ligação da prática profissional com os interesses dominantes, repõe o caráter neutro dessa prática, enquanto reafirma uma pretensa autonomia da sociedade.

A segunda perspectiva, de reatualização do conservadorismo, é vista como

> uma vertente que recupera os componentes mais estratificados da herança histórica e conservadora da profissão, nos domínios da (auto) representação e da prática, e os repõe sobre uma base teórico-metodológica que se reclama nova, repudiando, simultaneamente, os padrões mais nitidamente vinculados à tradição positivista e às referências conectadas ao pensamento crítico-dialético, de raiz marxiana. (Netto, 1991a, p. 157)

A matriz teórica dessa vertente é a fenomenologia, com destaque para as dimensões da subjetividade. Sua representante mais ilustre, no Serviço Social, é Anna Augusta de Almeida, cuja principal obra é o livro *Possibilidades e limites da Teoria do Serviço Social*, publicado em 1978, no apagar das luzes da vertente modernizadora e no despontar da perspectiva de ruptura no Serviço Social.

Almeida, A. A. (1978, p. 116-117), ao falar da problemática da nova proposta, diz interessar-se, originalmente, pelo homem, vivendo sua própria experiência, que não se pode dar isolada do mundo em que vive (unicidade homem-mundo) e que os pressupostos teóricos se constituem de três grandes conceitos: diálogo, pessoa e transformação social.

O diálogo é percebido como ajuda psicossocial, constituindo-se "num processo onde assistente social e cliente realizam uma experiência com todo o seu ser no contexto da história humana". É visto como processo gerador de transformação social, cuja metodologia "exige que se parta de um conhecimento que permita o equacionamento do problema eleito para o estudo" (id., p. 118), não podendo prescindir do conhecimento profissional do assistente social nem do conhecimento do cliente, pois ambos vão permitir a dialetização crítica.

O cliente é percebido como pessoa, sendo reconhecido pela sua condição humana e não enquanto oprimido, alienado, desajustado. Pessoa é, portanto, "o homem total que é sujeito, logo, racional e livre" (id., p. 119) e a ajuda psicossocial é oferecida à pessoa enquanto tal.

Finalmente, a transformação social, à luz da nova proposta dessa autora, é percebida como capacitação, constituindo "uma provação desse esforço intencional para conhecimento do mundo, que exige a saída de si para uma abertura de horizontes". Assim a transformação social é caracterizada por dois momentos: "um primeiro, em que faz a descoberta do novo sentido; um segundo, em que se passa a trabalhar com o novo a partir dessa descoberta. Voltado para a descoberta, é a análise crítica; partindo da descoberta, é o projeto" (id., p. 121).

Em termos de operacionalização da proposta, a autora se refere a uma ação direta em dois níveis: o psicológico e o social, e apresenta a dinâmica do processo através de cinco momentos: objetivação da SEP (Situação Existencial Problematizada), análise crítica da SEP, síntese-crítica da SEP, construção de um projeto e retorno-reflexivo. A autora admite ainda que, por trás dos movimentos de cada momento do processo social, encontra-se a transcendência que expressa, através da consciência, um saber novo, representado por uma análise cada vez mais crítica. Assim, o sentido de transformação social se refere a uma ultrapassagem do ser pessoal (no âmbito da consciência).

Uma análise da "nova" proposta permite concluir, como Netto (1991a), que não passa de uma reatualização do conservadorismo e, como tal, não goza da relevância que a vertente modernizadora experimentou quando hegemônica.

Situadas as duas perspectivas, o que interessa, nesse estudo, especificamente, é o resgate, a sistematização e a problematização do Projeto Profissional de Ruptura, configurado anteriormente. Tentando reconstituir o processo histórico desse Projeto no Brasil, o presente estudo identifica sua emergência no contexto de efervescência política dos anos 1960-1964.[27]

Não se pode desconhecer que, nesse período, grupos, embora restritos, de assistentes sociais passam a questionar o compromisso do Serviço Social com a manutenção das estruturas sociais injustas. Todavia, a posição desses profissionais parece orientar-se pela perspectiva político-partidária de orientação marxista ortodoxa que, percebendo o Estado como instrumento das classes dominantes, busca engajar-se em trabalhos alternativos, fora das estruturas institucionais. Além da

27. Veja o Capítulo 1, especificamente o item 1.2 (Emergência de uma nova prática profissional no contexto de efervescência do populismo).

influência político-partidária, destaca-se, também, a influência dos cristãos de esquerda que passam, através de movimentos como os da juventude católica e os da área da cultura e da educação, a expressar profunda insatisfação com o nível de exploração a que os países dependentes são submetidos.

Registra-se, então, nesse período, uma certa coletivização do espírito questionador que ressurge, no Serviço Social, nos anos 1970, para se tornar hegemônico a partir da década de 1980, naturalmente sobre outras bases e com outra direção, conforme será considerado nos itens seguintes deste texto. Além dessa, é preciso considerar outra ressalva: que, no período 1960-1964, não se identifica, ainda, o que se possa denominar de um esforço de sistematização teórico-metodológica de um novo projeto profissional para o Serviço Social.

O Projeto Profissional de Ruptura, referenciado neste estudo, é identificado, historicamente, a partir dos anos 1970, com avanço significativo durante a década de 1980. Há que se registrar que, na primeira metade dos anos 1970, a Escola de Serviço Social da Universidade Católica de Minas Gerais desenvolve uma proposta profissional alternativa ao denominado tradicionalismo no Serviço Social, com toda uma preocupação com critérios teóricos, metodológicos e interventivos, explicitamente direcionada ao que entendia como interesses históricos das classes e camadas exploradas e subalternas.[28] Assim, com equívocos ou não, o "Método Belo Horizonte", como ficou conhecido, não pode deixar de ser considerado um marco do Projeto de Ruptura do Serviço Social no Brasil.

A tese aqui defendida, porém, é de que é na década de 1980 que o Projeto Profissional de Ruptura se consolida e se torna hegemônico no discurso teórico-metodológico da profissão. Ou seja, é nessa década que, no nível da dimensão

---

28. Maiores detalhes sobre o "Método Belo Horizonte" veja em Santos, L. L. (1982); Netto (1991a, especificamente subitem 2.5.4.1).

acadêmica do Serviço Social (formação profissional e produção científica), a hegemonia desse Projeto torna-se inquestionável, dando margem a um novo projeto de formação profissional, com avanço na produção científica dos assistentes sociais. A revista *Serviço Social & Sociedade*, criada em 1979, se transforma em espaço e veículo extremamente relevante de divulgação da nova postura.

Também é na década de 1980 que a dimensão organizativa do Serviço Social se expande, sendo assumida como suporte para o próprio desenvolvimento do Projeto Profissional de Ruptura, criando-se associações e sindicatos de assistentes sociais por todo o país, culminando com a criação da ANAS, em 1983.

É exatamente essa forma organizativa que se gesta no interior do Serviço Social, em consonância com a efervescência dos movimentos populares e sindicais e do despontar de um novo partido político (o Partido dos Trabalhadores), que aponta para a ruptura no Serviço Social. É no III Congresso Brasileiro de Assistentes Sociais, realizado em São Paulo, em 1979, que eclode o grito da ruptura, continuado nos outros CBAs.

No nível da dimensão interventiva da profissão, o rebatimento da perspectiva de ruptura parece ser mais limitado. Porém, na década de 1980, dissemina-se a ideia de repensar o Estado e as instituições como espaços contraditórios e, como tal, considerá-los na perspectiva dos interesses dos setores populares. Nesse sentido, não só se procura articular as práticas desenvolvidas a partir das instituições com os movimentos sociais da sociedade civil, como também esses, muitas vezes, passam a se constituir em campo específico de atuação de assistentes sociais, sendo identificada uma demanda crescente para que assistentes sociais prestem assessoria em organizações populares, como movimentos, sindicatos, cooperativas etc.

Para ilustrar essa dimensão, lembramos a experiência realizada por um grupo de técnicos, entre os quais alguns assistentes sociais, junto ao INOCOOP-SP, assumida pelos autores como "autêntica ação transformadora", em que técnicos e moradores se transformam em agentes de um mesmo processo, comprometidos com os

> legítimos interesses da população. [Trata-se de] um trabalho social com uma abordagem reconceituada, tendo como instrumento o método dialético, no qual teoria e prática, pensamento e ação se determinam reciprocamente, propiciando uma verdadeira prática social transformadora. (Abramides et al., 1980, p. 11)

Esse programa do INOCOOP fica conhecido, em nível nacional, pela demissão arbitrária da equipe técnica e desativação da experiência, motivadas pela orientação que vinha sendo dada à prática desenvolvida.

Ainda no marco das referências históricas relevantes, o livro de Iamamoto e Carvalho (1982) é a obra síntese de maior influência para a construção do Projeto Profissional de Ruptura do Serviço Social nos anos 1980. É através dela que se identifica uma aproximação mais amadurecida das produções do Serviço Social com o marxismo. Parece ficar desvendada, mais claramente, a compreensão do Serviço Social, enquanto profissão, no contexto das relações sociais, bem como o caráter contraditório da prática profissional, compreensão essa geradora da perspectiva de ruptura no Serviço Social.

Nessa contextualização do esforço de ruptura no Serviço Social, mesmo a década de 1980, que representa o ápice dessa construção, favorecida pelos condicionantes políticos e intelectuais da época, não é uma conjuntura homogênea, podendo-se identificar, pelo menos, três momentos marcantes:

- um momento de efervescência e de mobilização política, no qual se dá a instituição da ruptura no contexto de uma luta intensa pela hegemonia, no interior das entidades nacionais do Serviço Social, especificamente da ABESS e do CFAS;[29]

- um momento de aprofundamento e consolidação do Projeto de Ruptura com instituição da hegemonia em face da luta com outras perspectivas de projeto profissional, especialmente na segunda metade da década de 1980;
- um momento de refluxo e de repensar da profissão, no final da década de 1980 e nos anos 1990, que se situa no contexto da ofensiva neoliberal, da crise do *Welfare State* e da crise do socialismo real e dos paradigmas teórico-conceituais.

Há, ainda, que se destacar, nesse esforço inicial de contextualização, que a análise histórica do Serviço Social brasileiro, situado no contexto das relações sociais, permite identificar o esforço de construção de respostas profissionais às demandas postas para a profissão em diferentes conjunturas.

Esses projetos profissionais identificados, ao se situarem nas relações sociais e na divisão sociotécnica do trabalho, são impulsionados por interesses contraditórios que constituem determinações incitativas e expressam a capacidade de respostas da categoria profissional às demandas postas.

Ao considerar o Serviço Social, no Brasil, de sua institucionalização à atualidade, podemos, portanto, identificar uma trajetória que se estende da influência da tradição cristã à influência do liberalismo e pragmatismo e, a partir do final da década de 1970, à influência da matriz marxista. Essa trajetória não nos permite situar o Serviço Social num terreno monopolítico ou igualizado. A laicização da profissão e a diferenciação das realidades conjunturais não nos autorizam a falar na possibilidade de identidade ou homogeneidade do campo profissio-

29. A ANAS, enquanto outra entidade nacional, nasceu no contexto do próprio movimento de ruptura.

nal que é, necessariamente, permeado pelos confrontos, conflitos e opções que marcam a sociedade. Daí por que não podemos falar no Serviço Social como uma prática unitária, e muito menos num único projeto profissional. O que se identificam são concepções e práticas que dão origem a projetos profissionais plurais, as quais se cruzam e se confrontam, numa busca permanente de hegemonia. Nesse embate, parece não restarem dúvidas de que o projeto profissional, dito comprometido com as classes populares, o qual expressa a tendência caracterizada como de ruptura, vem ganhando a adesão dos setores profissionais mais inquietos e mais combativos.

A partir da compreensão esboçada acima, propomo-nos, nos itens seguintes, a desenvolver, fundamentados no estudo da literatura do Serviço Social no Brasil, um esforço de resgate e sistematização do Projeto Profissional de Ruptura, considerando duas de suas dimensões: a fundamentação teórica e a proposta metodológica.

2. Em busca de bases teóricas na construção do Projeto Profissional de Ruptura

Considerando-se os tópicos já desenvolvidos no presente estudo, verifica-se que o Projeto Profissional do Serviço Social, cujo desenvolvimento se pauta pelo esforço de vincular a prática da profissão com os interesses dos setores populares, tendo como horizonte a transformação social, vale-se de um conjunto de categorias teóricas para fundamentar a sua construção. Tais categorias presentes nos textos estudados são, muitas vezes, apresentadas sem uma referência explícita à matriz teórica que lhes serve de fundamentação. Todavia, uma análise meticulosa desses textos permite a configuração de algumas categorias teóricas, abordadas a seguir, devendo esta parte do trabalho ser percebida como um esforço de articulação para compor o quadro geral de referência teórica a partir do qual vem se desenvolvendo o processo de ruptura no Serviço Social.

2.1 Estado, instituição e política social

2.1.1 Rumos teóricos do campo categorial

A literatura do Serviço Social evidencia que essas três categorias teóricas se apresentam em estreita articulação e que, nos anos 1980, já se pode verificar a superação de um viés anterior que tendia a concebê-las sob uma perspectiva marxista ortodoxa e, mais especificamente, numa abordagem de caráter estrutural, sob uma perspectiva instrumentalista. Em outras palavras, a tendência de perceber o Estado, as instituições e a política social como instrumentos monolíticos, a serviço do interesse do capital, dá lugar a uma abordagem que estabelece uma relação dialética entre Estado, instituição, política social e classe social.

Trata-se, segundo Coutinho (1987, p. 15-16), de um esforço de ampliação de conceitos que requer uma articulação dialética das categorias identificadas a partir do modo de produção, com as determinações mais concretas, e também as mais complexas, que só podem ser encontradas no nível das formações econômico-sociais.

As questões da instrumentalidade do Estado e da sua autonomia em face das classes sociais constituem o objeto de maior crítica na análise mais recente do Estado. No âmbito do marxismo contemporâneo, vem se desenvolvendo uma ampliação do conceito de Estado, ficando superada a concepção que o coloca como mero comitê da burguesia, enquanto ganha espaço aquela que o vê como realidade contraditória em que se condensam as lutas sociais e políticas que ocorrem na sociedade.[30]

30. Não se pode deixar de mencionar a abordagem estruturalista do Estado, surgida na França na década de 1960, que busca harmonizar o pensamento mar-

Nessa perspectiva, Gramsci apud Carnoy (1988, p. 89) apresenta, como sua maior contribuição ao marxismo, a sistematização que desenvolve, a partir do que estava implícito em Marx, o que é denominado de uma "ciência marxista da ação política". Ao conferir mais crédito à massa trabalhadora, como capaz de desenvolver sua própria consciência, Gramsci desenvolve uma ampliação da teoria marxista[31] percebendo o Estado como sendo muito mais do que um aparelho repressivo da burguesia, a partir do que trabalha a hegemonia da burguesia e aponta a possibilidade de contra-hegemonia das classes subalternas. Para Gramsci apud Carnoy (id., p. 93) a sociedede civil não pertence, como em Marx, ao momento estrutural, mas ao superestrutural, representando um fator ativo e positivo no desenvolvimento histórico.

Com essa compreensão de sociedade civil, Gramsci elabora uma concepção de Estado, denominado de "Estado pleno", pela qual não se limita à sociedade política ou ditadura, enquanto aparelho coercitivo, com a função de moldar a massa popular ao tipo de produção e à economia de um dado momento histó-

---

xista com a natureza, aparentemente "automática" e organizada da sociedade capitalista adiantada, cujos principais representantes são Louis Althusser e Nicos Poulantzas. Althusser (1989) transporta o estruturalismo para a obra de Marx como crítica ao humanismo marxista de Lefebvre e Sartre, subjugando os indivíduos ao que denomina de aparelhos ideológicos. A partir daí, atribui ao Estado importante papel no que se refere à reprodução do sistema e de suas instituições privadas, tanto na reprodução da força de trabalho como nas relações de produção. Os aparelhos ideológicos do Estado, que são classificados em várias categorias (veja: Althusser, 1989), funcionam através de elementos repressivos e ideológicos, sendo que o controle do aparelho do Estado é útil para a classe no poder, pois lhe permite o uso do seu aparelho repressivo para o exercício da hegemonia. Também Poulantzas representa o enfoque estruturalista do Estado, nas suas construções iniciais que são modificadas ao integrar suas abordagens estruturalistas ao quadro mais abrangente de uma perspectiva de luta de classe, pelo que será ainda considerado no presente texto.

31. A construção gramsciana sobre Estado se encontra dispersa nas suas diferentes obras, com destaque para: *Concepção dialética da história*; *Maquiavel, a política e o Estado moderno*; *Cartas do cárcere*.

rico. O Estado representa uma relação entre sociedade civil e sociedade política, ou seja, "na realidade fatual, sociedade civil e Estado se identificam" (Gramsci, 1978a, p. 32), sendo Estado "todo o complexo de atividades práticas e teóricas com as quais a classe dirigente justifica e mantém não só o seu domínio, mas consegue obter o consentimento ativo dos governados [...]" (id., p. 87). Portanto, por Estado deve se entender, além do aparelho governamental, também o aparelho "privado" de "hegemonia" ou sociedade civil, sendo "Estado = sociedade política + sociedade civil, isto é, hegemonia revestida de coerção" (id., p. 149). O Estado é, portanto, concebido não mais como simples instrumento nas mãos de uma classe.

A partir desse entendimento de Estado, o conceito de hegemonia, enquanto síntese de consentimento e repressão, se torna crucial nas formulações de Gramsci, e o Estado, enquanto superestrutura, é essencial para a compreensão da sociedade capitalista, visto que se amplia, ao tornar-se um aparelho de hegemonia, abrangendo a sociedade civil, distinguindo-se dela pelos aparelhos coercitivos que pertencem apenas ao Estado. Nessa formulação, Gramsci mantém a determinação estrutural para explicar o Estado, mas destaca uma relação dialética entre a estrutura e a superestrutura, dando ênfase às influências intelectuais e culturais.

Na mesma linha de ampliação do conceito de Estado, Lojkine (1981, p. 84) o percebe como uma relação social, admitindo que:

- o Estado não se define por uma relação de exterioridade social;
- a superestrutura não é nem o produto da superposição de um sistema sobre o outro (teoria das instâncias), nem um meio exterior;
- a política estatal não é constituída por uma série de decisões ou de "estratégias" de atores autônomos.

Na perspectiva desse autor, o Estado não aparece como organismo exterior às relações de produção, mas como um de seus momentos, constituindo-se numa das manifestações da contradição fundamental entre a socialização do processo de trabalho e a apropriação privada dos meios de produção e trabalho. Sob essa ótica, o autor percebe o Estado como o "desenvolvimento último da contradição que aparece desde o primeiro capítulo de *O capital*, contradição principal entre o valor e o valor de uso e da qual todo *O capital* só faz estudar as manifestações" (id., p. 85-86). Sendo assim, o Estado não pode ser considerado acima das classes sociais e seu estudo requer a análise do processo de produção e reprodução do capital, bem como das classes sociais. Enquanto forma mais desenvolvida da produção capitalista, o Estado expressa a concentração e condensação do conjunto das relações de produção, devendo ser definido a partir da própria estrutura social e não sobreposto às relações sociais (id., p. 91).

Poulantzas (1986), embora tenha contribuído para a construção de um paradigma de análise do Estado de cunho estruturalista, interessa, porém, a estas reflexões, por ter desenvolvido num segundo momento de sua construção uma análise do Estado capitalista na sua relação com a luta de classes. De um Estado mero reprodutor da estrutura de classes, Poulantzas (1990) passa a assumir a perspectiva de um Estado moldado pela própria luta de classes, colocando a possibilidade do confronto no interior dos seus aparelhos e destacando o papel dos movimentos sociais na sua conformação, razão pela qual o Estado passa a ser percebido como local de conflito de classes.

Ao resgatar a perspectiva dialética, Poulantzas amplia o conceito de Estado como sendo, ao mesmo tempo, produto e modelador das relações objetivas de classe, ficando, portanto, inerentemente marcado por elas. Nessa perspectiva, o autor apresenta o Estado como parte e resultado da luta de classes, o qual desempenha um papel econômico ao reproduzir as condições gerais das relações de produção, sendo que, na fase do capitalismo monopolista, entra na própria produção.

No seu último livro, *O Estado, o poder, o socialismo*, Poulantzas amplia sua visão do Estado, colocando-o como produto e como modelador das relações objetivas de classes, sendo que a estrutura e a luta de classes são vistas como definidoras das relações numa sociedade. O poder político, embora apoiado no poder econômico, assume destaque nas formulações do autor, na medida em que se concentra e se manifesta no Estado. Por outro lado, o Estado também incorpora a divisão social do trabalho, pois separa o trabalho intelectual do trabalho manual em todos os seus aparelhos, além de desempenhar importante papel na geração e na utilização de novos conhecimentos.

Para elaboração de suas formulações, Poulantzas (id., p. 13) parte da pergunta, hoje presente em toda teoria política: qual a relação entre o Estado, o poder e as classes sociais? Segundo o autor, essas relações são percebidas quando se evocam os grupos de pressão que agem sobre o Estado. Assim, ao responder a esse questionamento, critica o que denomina *certo marxismo* que produz uma concepção puramente instrumental do Estado (teoria marxista-leninista do Estado) e entende que "o Estado apresenta uma ossatura material própria que não pode, de maneira alguma, ser reduzida à simples dominação política [...] Se o Estado não é integralmente produzido pelas classes dominantes, não o é também por elas monopolizado" (id., p. 17). Mesmo que o fundamento da ossatura material do Estado se encontre nas relações de produção e na divisão social do trabalho, não se trata aí de uma estrutura econômica em que as classes, os poderes e as lutas estariam ausentes, posto que deste fundamento já fica estabelecida uma relação entre o Estado, as classes e as lutas.

Na sua análise, o autor admite ainda que "a teoria do Estado capitalista não pode ser separada da história de sua constituição e de sua reprodução" (id., p. 29-32). Fica posto, então, que o lugar real de existência e de reprodução do Estado, em suas formas diversas, são as formações sociais, sendo que as relações de produção apenas traçam o campo do Estado, situando-se num plano abstrato, a partir do qual já ficam estabelecidos os contornos de sua presença na luta de classes. Afirma, também, que o Estado não pode ser visto apenas através do binômio repressão/ideologia, pois tem um papel essencial nas relações de produção e na delimitação/reprodução das classes sociais, não se limitando ao exercício da repressão física organizada. Tem também um papel específico na organização das relações ideológicas e da ideologia dominante, o que significa que o Estado também age de maneira positiva, cria, transforma, realiza (id., p. 35).

Entendendo o Estado como condensação de uma relação de forças em contraposição ao Estado-coisa e ao Estado-sujeito,[32] Poulantzas fundamenta essa tese analisando as relações do Estado com as classes dominantes e com as lutas populares.

Em relação às primeiras, o papel principal do Estado é de organização, já que "representa e organiza o interesse político a longo prazo do bloco no poder [...] O Estado constitui, portanto, a unidade política das classes dominantes: ele instaura essas classes, como classes dominantes" (id., p. 145). Em relação às últimas, seu papel é desorganizá-las e dividi-las continuamente, pois "os aparelhos de Estado consagram e reproduzem a hegemonia ao estabelecer um jogo (variável) de compromissos provisórios entre o bloco no poder e determinadas classes dominadas" (id., p. 161). Assim, "o Estado concentra não ape-

32. O Estado-coisa se apresenta como instrumento passivo, senão neutro, totalmente manipulado por uma única classe ou fração, sem autonomia; o Estado-sujeito apresenta autonomia absoluta, enquanto instância racionalizante da sociedade, árbitro entre as classes. Nas duas concepções, o Estado é marcado por uma relação de exterioridade e se apresenta como um bloco monolítico, sem fissuras, imune às contradições internas a ele inerentes.

nas a relação de forças entre frações do bloco no poder, mas também a relação de forças entre estas e as classes dominadas" (id., p. 162). Isso significa que, ao trabalhar para a hegemonia da classe dominante, o Estado trabalha para a divisão e a desorganização das massas populares.

Ao tratar da relação do Estado com as lutas populares, o autor ressalta que essas últimas não são exteriores a ele, mas que "as lutas populares atravessam o Estado de lado a lado" (id., ibid.). Isso não significa que a presença das classes populares no Estado implique que aí elas detenham o poder, ou que possam, a longo prazo, detê-lo, sem que haja transformação radical desse Estado (id., p. 164).

Por último, ao construir a concepção do Estado como uma arena de luta de classes, Poulantzas aponta três elementos básicos para sua análise:

- individualização, através do que o Estado isola os trabalhadores e os gerentes capitalistas de sua posição de conflito antagônico;
- direito, que assume uma função reprodutiva da sociedade capitalista;
- nação, através da qual o Estado reunifica os indivíduos, divididos pela produção capitalista, tornando todos iguais perante a lei. Isso significa que o capitalismo e a produção separam e individualizam os trabalhadores, e o Estado os reintegra no Povo-Nação, embora essa reintegração ocorra no contexto da luta de classe.

Enfim, para Poulantzas (id., p. 152-160), todas as instituições da sociedade, inclusive o Estado, são produtos da luta de classes, isto é, surgem da luta e são moldados pela luta. Nesse sentido, o Estado-relação é considerado como resultante das contradições de classes inseridas na própria estrutura do Estado, não se constituindo num bloco monolítico, mas num campo e num processo estratégicos.

2.1.2 As categorias no contexto do Serviço Social

A partir dessas referências, percebe-se que, no Serviço Social, no âmbito do esforço de ruptura, se identifica a busca de fundamentação na compreensão das categorias Estado, Instituição e Política Social nas novas teorizações que se dão no campo marxista e das Ciências Sociais, destacando-se, principalmente, a influência de Gramsci.

Considerando especificamente os textos analisados no presente estudo, constata-se, por parte dos autores, um esforço significativo em conceituar e refletir sobre as categorias Estado, Instituição e Política Social de forma articulada, predominando o entendimento da natureza do Estado como espaço contraditório. Ao analisarem a dinâmica de seu funcionamento é que deixam transparecer uma ênfase, maior ou menor, na dimensão repressiva, ficando claro que o realce à dimensão autoritária do Estado se relaciona com a conjuntura do Estado ditatorial no Brasil.

No que diz respeito ao caráter repressor e autoritário do Estado, Sader, E. (1988, p. 15) afirma que "todo Estado capitalista é um Estado autoritário. É o Estado que monopoliza as decisões políticas, o Estado das elites, e é ele que monopoliza a utilização da violência em suas mãos". A partir dessas colocações, o autor percebe que o autoritarismo é um aspecto intrínseco ao Estado capitalista, o qual faz uso de diversos mecanismos para manter a ordem social, controlando e centralizando as decisões políticas, beneficiando os grupos dominantes e marginalizando as classes dominadas, excluídas do processo político da sociedade.

Para Severino (1980, p. 60), "o Estado é uma forma organizada de violência, de dominação de homens sobre homens, de classe sobre classe", ficando claro que é ele que assegura a relação de dominação entre as classes sociais, a opressão dos poderosos sobre os dominados. O Estado seria, então, o responsável pela manutenção das relações desiguais de poder, utilizando, quando necessário, a violência para fazer valer o projeto político dominante. Nesse sentido, o autor acredita que

> o Estado brasileiro não escapou a essa necessidade histórica. A atual política educacional configura a intervenção direta do Governo na educação e sua utilização para legitimar os interesses hegemônicos, ou seja, os interesses daqueles que conquistaram o poder, buscando nessa educação o consenso geral da sociedade em torno do poder dominante, substituindo por este processo consensual o processo de dominação pela força. (Id., p. 61)

O autor destaca, aqui, a questão do consentimento que o Estado busca para legitimar a própria dominação, utilizando para isso seus aparelhos ideológicos. Ressalta ainda que o Estado se utiliza da educação para obter o consenso da sociedade em torno do seu projeto político. Porém, quando essa via de legitimação ameaça fracassar, ele recorre aos aparelhos de repressão, usando a violência física para impor seus projetos.

Sousa, H. (1985, p. 9), ao analisar a relação entre movimentos populares e Estado, destaca o caráter autoritário deste último, afirmando que ele

> regula o movimento sindical, regula as organizações da sociedade civil, reprime, estimula, coopta, corrompe, compra, mantém uma série de relações com o movimento popular [...] É fundamental perceber como, no caso brasileiro, concretamente, o Estado vai desorganizando e reorganizando a sociedade civil de acordo com os interesses dominantes.

O autor chama, também, a atenção para a relação que o Estado mantém com os movimentos populares, regulando e reprimindo suas ações, estimulando-os, cooptando-os, quando interessa ao bloco no poder. Nesse sentido, vai desorganizando e reorganizando a sociedade civil, conforme o momento político, o jogo de interesses que predomina na sociedade.

Nessa mesma direção, Vargas (1989, p. 8) afirma que

> o Estado cumpre, no âmbito político-ideológico, uma função organizadora-desorganizadora. Por um lado, exerce uma função político-organizativa, que se expressa em sua ação a nível da classe dominante, quando coordena e hegemoniza sua multiplicidade de interesses em torno de um projeto hegemônico; resolve conflitos e direciona o processo de luta de classes em favor da acumulação do capital, e, por outro lado, assume uma função político-desorganizadora a nível de sua intervenção nos setores populares, quando desenvolve uma política mediadora de conflitos e contradições, fragmentadora das organizações de base, voltada para um controle mais direto da prática cotidiana.

No sentido de dirigir os interesses sociais para o âmbito do projeto hegemônico, contendo os conflitos de classe segundo os interesses da acumulação capitalista, cumpre sua função desorganizadora, procurando camuflar as contradições sociais e impedir a organização dos setores populares. Vê-se, por conseguinte, que a classe dominada vai perdendo sua autonomia, uma vez que seus interesses e necessidades são delimitados pelo próprio Estado, o qual passa a controlar ideologicamente a referida classe, propagando o individualismo e a submissão através dos seus aparelhos ideológicos.

Lima, S. A. (1979, p. 50) entende que

> o Estado e as instituições pertencem às superestruturas da sociedade e, nesse plano, exercem um papel de reprodução da ideologia dominante, de reprodução das relações sociais dominantes, através do controle que levam a efeito sobre o cotidiano dos grupos sociais.

Dessa forma, o Estado configura-se como reprodutor de culturas, ideologias e valores determinados pela classe dominante a fim de garantir as desigualdades entre as classes e a expansão da estrutura social vigente.

Definindo o papel do Estado na sociedade capitalista, Sousa, L. E. (1991, p. 93) afirma que o mesmo "polariza os interesses da classe dominante e procura garanti-los através do seu aparato repressivo e do aparato ideológico do contexto institucional", tendo em vista o controle da sociedade civil e o seu enfraquecimento.

Um elemento importante a ser destacado é a referência que os autores fazem ao período da história brasileira, quando o Estado se caracteriza pela forma autoritária, devido à centralização do poder. A esse respeito, Araújo, M. J. et al. (1982, p. 26) colocam que "o Estado, utilizando-se de seu autoritarismo, assume medidas de caráter repressivo, tais como: censura à imprensa, condicionamento da cultura e lei antigreve, medidas essas que culminam com o desengajamento popular do processo decisório".

Enfatizando ainda a dinâmica autoritária do Estado, um grupo de autores destaca o seu papel no processo de desenvolvimento capitalista no Brasil, onde o mesmo "é o principal financiador da acumulação, em favor do grande capital, agenciando os recursos captados no exterior" (Sindicato, PE, 1991). Nesse sentido, o Estado cria as condições materiais necessárias para a produção, atuando e comprometendo-se "com o processo de desenvolvimento capitalista na sociedade brasileira, caracteristicamente excludente e concentrador, e que não responde de forma satisfatória às demandas oriundas das classes populares" (Pereira, 1989, p. 36). Percebe-se, assim, que há uma associação entre o Estado e a burguesia nacional e internacional, já que o primeiro passa a ser um investidor econômico, acelerando o processo de acumulação e fortalecendo o projeto de dominação burguesa. Desse modo, o Estado vem se caracterizando, de forma específica, como "um Estado que expropria a riqueza social da nação, para garantir a taxa de lucro dos grupos oligopólicos, não redistribui a riqueza coletivamente produzida, ao contrário, reitera sua apropriação privada de forma cada vez mais concentrada" (Secretaria Municipal do Bem-Estar Social de São Paulo, 1992, p. 21).

Mota (1991, p. 86) reafirma as colocações anteriores, assinalando que as ações do Estado brasileiro têm se dirigido muito mais para favorecer as condições de expansão do capital, através de investimentos e subsídios para a indústria e outros, "do que nas condições de reprodução da força de trabalho". Pelo que se constata, o Estado privilegia os interesses da grande burguesia, assegurando e criando condições para expansão do capital, implementando um conjunto de leis que permite ao capital utilizar e controlar a força de trabalho. "O Estado, portanto, passou a interferir diretamente em situações de controle e de regulamentação do uso do trabalho pelo capital individual." Observa-se, assim, que o Estado desempenha suas funções privilegiando os interesses do processo de acumulação excludente, o qual, por sua vez, gera graves problemas sociais, que o próprio Estado tem de enfrentar em face das pressões sociais.

Convém ressaltar que os autores se referem a um Estado que se apodera da representação das classes sociais de forma diferenciada, sendo as classes populares rejeitadas e reprimidas, enquanto as classes dominantes são elevadas ao poder. Em síntese, é um Estado quase completamente cooptado, dirigido e submetido ao capital monopolista, atuando como regulador das funções econômicas, mediante formulação de mecanismos de controle a fim de evitar crises econômicas. Essa situação aprofunda as contradições na sociedade, marcada pela interferência autoritária de um Estado quase monolítico.

Dentro da ótica que destaca a dinâmica repressora do Estado, as instituições se apresentam enquanto micro-representações do mesmo, como forma de reprodução da ideologia burguesa na perspectiva de manutenção da sua hegemonia. A esse respeito, Almeida (1984, p. 115) destaca que a instituição não possui interesse em proporcionar condições que visem a questionar a hegemonia de classe, uma vez que esta é um aparelho reprodutor dos interesses da classe dominante.

Munhoz (1985, p. 175) explicita que "os programas de instituições, derivados da política de ação das mesmas, não atingem a origem dos problemas; no entanto, pela sua natureza, criam dependência do 'usuário' e/ou exercem controle sobre ele, o que ajuda a manter o *status quo*". Assim, pode-se considerar que as instituições funcionam como mediações de interesses políticos e econômicos, assumindo o discurso ideológico da classe dominante.

Nessa mesma direção, Nicolau (1984, p. 75) afirma que "a verdadeira intenção da proposta institucional não é a de satisfazer necessidades da população a quem serve, mas a de garantir o seu fortalecimento enquanto instrumento do bloco hegemônico [...]". Desse modo, as instituições contribuem para que haja uma expansão do projeto hegemônico capitalista.

Dentro dessa perspectiva, as instituições servem para garantir a reprodução da força de trabalho, e visam ao controle e à manutenção das relações sociais de dominação e exploração, de forma a não permitir a transformação dessas relações, assegurando cada vez mais a estrutura de classes na sociedade civil.

Os autores que enfatizam a dinâmica do Estado e da instituição enquanto instâncias permeadas pela relação de forças orientam-se, sobretudo, por uma perspectiva que se expressa fortemente a partir da segunda metade da década de 1980, no processo de rearticulação da sociedade civil, percebendo-os como espaço contraditório inserido numa correlação de forças historicamente determinada, a partir da luta de classes, cujos interesses são antagônicos e expressam a sua inserção na estrutura social em nível econômico, político e cultural.

Nessa direção, um grupo de autores deixa claro que o Estado, malgrado seu poder controlador, atende parcialmente alguns interesses dos setores populares, pois, diante do "movimento das forças sociais, mantém as normas de exclusão econômica e política de grande contingente da população, ao mesmo tempo em que assegura a distribuição de benefícios a esses setores, atendendo às demandas destes, mesmo em alguns momentos contrapondo-se aos interesses dominantes" (Cardoso, 1989, p. 13). Fica claro que o Estado não se coloca exclusivamente em defesa dos interesses dominantes, mas é permeado pela correlação de forças, tendendo a ceder e a incorporar alguns interesses dos grupos dominados, dependendo de cada conjuntura, do contexto social. Como entende Sader (1987, p. 30), não se pode exagerar a fórmula do Estado contra a sociedade, pois, de alguma forma, uma série de interesses sociais se manifestam nos anos 1970, através de agentes do Estado. Isto posto, conclui-se que o Estado, na relação com as classes sociais, mantém prioritariamente as normas de exclusão econômica e política e, de modo secundário, assegura parcialmente a distribuição de serviços à classe dominada, "sem contudo comprometer seu projeto de expropriação econômica e dominação política" (Sindicato, SP 1987, p. 11).

Ammann (1987b, p. 11) ressalta que,

> no caso brasileiro, e especificamente no quadro urbano, esse papel contraditório do Estado adquire maior visibilidade quando, por exemplo, de um lado, passa a produtor e gestor dos serviços necessários à reprodução da força de trabalho, enquanto, do outro, adota uma política econômica que privilegia os interesses do capital, em detrimento da classe trabalhadora.

Diante das considerações anteriores, observa-se que o Estado não se constitui num bloco monolítico, homogêneo, mas numa condensação de forças antagônicas em luta, configurando-se como uma expressão das contradições sociais, sendo que, enquanto busca a defesa dos interesses do bloco no poder, também expressa as demandas das classes populares, no confronto da correlação de forças num determinado momento em que a construção de "alianças" ou "pactos de dominação" se fazem necessários para a contenção da crise social e econômica.

O Estado capitalista se caracteriza, assim, principalmente, pelo seu caráter burguês, o que não significa que deixe de absorver os interesses dos setores populares da sociedade, embora de maneira subordinada. O Estado busca atender a determinados interesses das classes populares, não se colocando, portanto, como mero instrumento manipulado pela burguesia. A justificativa para isso é que a existência e reprodução das classes é de fundamental importância para a reprodução do modo de produção capitalista.

Faleiros (1985, p. 100) entende o Estado como "uma condensação das relações sociais que se estruturam dialeticamente. Na sociedade capitalista, o Estado é uma forma de organização da coerção e da violência das classes dominantes, e também do consenso e da persuasão", o que implica o constante rearranjo do Estado em face da dinâmica da correlação de forças, visando à reprodução ampliada do capital, articulada à reprodução da dominação e obtenção do consenso para o exercício da mesma. O autor ainda assinala que

> nas sociedades capitalistas, o Estado vem ampliando cada vez mais sua ação hegemônica, seus aparelhos, suas conexões com a sociedade civil, na medida em que interfere e intervém na gestão dos conflitos cotidianos e do trabalho para diminuir sua agudização e manifestação. O Estado articula desigualmente interesses e conflitos e nele predominam os interesses das classes dominantes. Não é o instrumento rígido dessas classes, nem tampouco é totalmente autônomo em relação a elas. As lutas das frações da burguesia se refletem nas políticas sociais, assim como as lutas das classes dominadas.

Entendendo o Estado como o lugar onde se movimentam as relações sociais dinâmicas e contraditórias, Oliveira, H. (1988, p. 14) afirma que "o Estado é, pois, primordialmente um aspecto inerente ou co-constitutivo das relações sociais de dominação que articula contraditoriamente a sociedade, resguardando e organizando a dominação nela exercida [...]". Por sua vez, a sua própria contraditoriedade possibilita a articulação das forças populares em direção à conquista dos direitos sociais.

A partir das colocações anteriores, fica claro que a ação do Estado se situa num contexto de luta, em que o mesmo se caracteriza como um Estado burguês, não sendo, porém, um mero reflexo dos setores dominantes. É a partir dessa concepção que alguns autores analisam o Estado como uma relação de forças para onde convergem interesses contraditórios, interesses da burguesia e do proletariado (Oliveira, F. apud Yazbek, 1991, p. 78). Ele não se constitui num bloco monolítico (Costa, A. M., 1989, p. 21), pois ostenta relativa autonomia, o que lhe permite o atendimento de algumas exigências populares, desde que não se constituam em entraves ao processo de acumulação e legitimação do poder. Oliveira, F. (1987, p. 21) vê mais longe e ressalta que o Estado é um espaço dialético de lutas,

> na medida em que as classes sociais o tomam como tal e se organizam para intervir nele. Quer dizer, somente de forma organizada, somente através de sujeitos coletivos é possível aceitar esse desafio, encarar o Estado como uma relação dialética entre classes e intervir nele, tentando utilizá-lo como uma forte alavanca de transformação da sociedade.

Nesse particular, o Estado é um campo de batalha, onde a organização popular tem um papel significativo, no sentido de fazer valer os interesses da população, os quais não são ganhos aleatórios, mas conquistas reais, fruto das lutas sociais.

A partir da concepção do Estado enquanto espaço permeado pelas lutas sociais, as instituições se configuram também como espaço contraditório de expressão de interesses antagônicos e luta de classes, ou seja, as instituições expressam diferentes funções em face da dinâmica da relação de classes. Tais funções são definidas e redefinidas segundo a correlação de forças sociais, conforme atesta Serra (1987a, p. 33) ao afirmar que

> o poder institucional adquire feições diferenciadas como resultante do embate entre os grupos de dominação ou instituintes e os grupos dominados ou instituídos. Isso significa que, em função da correlação de forças, em determinado momento histórico, há maior ou menor força do poder institucional e, consequentemente, maior ou menor expressão das forças anti-institucionais.

Segundo o entendimento de Souza, M. L. (1985, p. 42), a compreensão das instituições passa pelo entendimento do processo histórico que as produz, ou seja,

> as instituições surgem sempre a partir de determinadas demandas e, como no confronto entre classes os grupos privilegiados têm mais poder para fazerem valer suas demandas, são dominantemente as soluções para responder a essas demandas que emergem como instituições, mescladas a supostos interesses dos demais grupos sociais. Assim, são aceitas pela coletividade que se crê protegida contra alguns obstáculos vivenciados. Valores, normas, ideologias, assim como práticas institucionalizadas, têm, pois, este caráter que, em geral, esconde a defesa específica da ordem social assumida como função principal.

A afirmação anterior ressalta o papel das instituições na legitimação do poder instituído mediante a ideologia do consenso, incorporada pelas classes populares e expressa nos seus hábitos, valores e concepções de mundo, o que contribui não só para o consentimento da população para a dominação, como também para a reprodução dessa dominação. Para tanto, o Estado, através das instituições, cria e recria mecanismos de universalização do particular, imposto como vontade coletiva, paralelamente à formulação de medidas de incorporação de interesses das classes populares com o objetivo de desmobilização dessas classes e, consequentemente, de consolidação do desenvolvimento do capital.

Segundo Oliveira, H. (1988, p. 68), "como instrumento de políticas sociais, as instituições organizam-se para atender categorias especiais de clientela, que se formam conforme o problema que se apresenta num determinado contexto econômico, social e político". Dessa maneira, as instituições são caracterizadas como espaço político, situadas no contexto das relações sociais, modificando-se de acordo com as mudanças nas correlações de forças.

Reforçando o pensamento acima, Faleiros (1985, p. 121) afirma que

> a instituição é um espaço político de atuação onde os problemas que afetam o conjunto das classes dominadas são parcializados, abstraídos, analisados, separados, classificados por categorias que fragmentam estas classes em setores de velhos, menores, acidentados. O espaço político de controle e manutenção da força de trabalho é também um lugar de competição e luta, [...] vinculado ao desenvolvimento da hegemonia da classe dominante. Esse campo de luta é que constitui o espaço institucional, fazendo das instituições processos dinâmicos e não respostas mecânicas aos tipos de ameaça e ao processo de acumulação de capital.

Nesse sentido, é necessário que se supere "a perspectiva de análise que as identifica como blocos monolíticos, compreendendo-as como expressão e palco das lutas sociais e do confronto de interesses de classes" (Yazbek et al., 1984, p. 80). Ressalta-se, aqui, a questão de se situar a instituição como espaço de luta de classes, atravessada por interesses divergentes, isto é, como um espaço de competição e não, simplesmente, um instrumento utilizado em favor dos interesses da acumulação capitalista.

Sartim (1992, p. 172), reafirmando as colocações anteriores, ressalta que as instituições

> são lugares privilegiados de defesa da cidadania, são espaços contraditórios, políticos, de competição e de luta pelos direitos

daqueles situados à margem da estrutura de mando. Atuar nesta direção significa que a ação do Serviço Social se torna, por vezes, incompatível com as exigências fundamentais ou estratégicas da instituição: (servir às necessidades capitalistas), mas este é o grande desafio.

Nesse sentido, as classes dominadas devem se apropriar desse espaço para concretizar seus interesses, realizando sua cidadania, através das suas formas de organização, aproveitando o quadro de contradições institucionais para reverter a correlação de forças a seu favor. A autora destaca, também, a ação do Serviço Social na instituição, ressaltando o desafio de se efetivar uma prática voltada às demandas populares, visto que o interesse fundamental das instituições é servir aos objetivos capitalistas. Sendo a instituição esse espaço contraditório, torna-se necessário que o assistente social trabalhe as contradições, na busca de desenvolver uma nova prática que se contraponha à dominante, evitando que a instituição se reduza a mero mecanismo de controle.

Em igual linha de pensamento, Menegasso (1989, p. 303) afirma que as instituições não podem ser consideradas apenas como instrumentos de dominação de uma classe sobre a outra, e que

> os profissionais nas instituições cumprem a sua função fazendo a opção por estarem a serviço da superestrutura, responsáveis pela reprodução das relações sociais de produção e, consequentemente, pela manutenção e fortalecimento do sistema, ou por estarem a serviço da classe subalterna.

Nessa perspectiva, Carvalho et al. (1984, p. 125) entendem, também, que a prática do Serviço Social se encontra condicionada à dinâmica contraditória das instituições, "o que efetivamente configura possibilidades e limites para a ação profissional no processo das relações de classe". Inserido nessa dinâmica contraditória, o Serviço Social é perpassado pelas contradições sociais, o que lhe permite a possibilidade de optar por um compromisso com os interesses de sua clientela, assumindo um posicionamento político e ideológico que se evidencie na sua ação profissional. Essa questão coloca para os profissionais a necessidade de compreensão crítica da instituição "enquanto espaço de luta de classe, onde o cliente também pode deter uma parcela do poder, devendo a ação profissional atuar a partir dessas contradições, no sentido de fortalecer o poder da clientela no quadro institucional" (Silva e Silva, 1984, p. 114).

É importante ter claro que esse processo se desenvolve numa correlação de forças construída historicamente, através das lutas sociais, que suscitam novas relações a partir de mudanças na estrutura institucional, geradas pelo poder de pressão popular na exigência de respostas às suas reivindicações. Para Faleiros (1985, p. 69),

> com essa pressão, vários profissionais estão mudando suas formas de relação na aliança entre eles e a clientela. Buscam utilizar-se das instituições não para submeter a clientela, mas para poder vincular-se a alguma problemática que as organizações populares se colocam.

Ainda em relação à prática profissional, Maciel e Cardoso (1989, p. 170) assinalam que ela vem se efetuando predominantemente no nível de prestação de serviços oferecidos pelo Estado, servindo a interesses divergentes, visto que, de um lado, atende às demandas dos grupos dominantes e, de outro, responde às necessidades da população. Dessa forma, fica evidenciada a impossibilidade de se compreender a prática do Serviço Social sem situá-la no contexto contraditório das instituições, espaço privilegiado da ação profissional. Sendo assim, "é nesse processo que se inscreve essa prática profissional e sua possibilidade de ampliação do espaço ocupacional" (Frota e Sassaki, 1992, p. 92).

As instituições aparecem, ainda, como "canal de expressão das Políticas Sociais do Estado, tendo como função viabilizar estas políticas, além de controlar os `desvios' e `anomalias' sociais geradas pelo sistema" (Santos e Andrade, 1985, p. 18). Através das políticas sociais, as instituições setorializam o social, dando uma visão parcial dos problemas que afetam a população, procurando controlar a participação popular, apresentando-se como solução para os problemas sociais.

Nessa perspectiva, Raichelis (1991, p. 99-100) entende que, na implementação das políticas sociais,

> o Estado e as instituições sociais têm se pautado por uma visão fragmentada da totalidade social. As políticas sociais são concebidas setorialmente, enquanto expressões parciais da realidade, como se o social fosse o meio somatório dos setores de educação, saúde, habitação etc. Desconsidera-se o social enquanto totalidade histórica que articula, dinâmica e contraditoriamente, um complexo processo de relações e determinações.

Nessa perspectiva, os usuários dos serviços sociais são caracterizados pelo problema que apresentam, como se não estivessem inseridos no contexto global das questões sociais. Assim, o Estado implementa as políticas sociais de forma fragmentada, repassando a ideia de que os problemas sociais não possuem uma inter-relação, para, desse modo, obter o controle social.

De acordo com Cunha et al. (1985, p. 21), as políticas sociais são uma das estratégias do Estado capitalista para obter o controle social e manter a hegemonia da classe dominante, mas tais políticas "funcionam (em determinada conjuntura) também como uma resposta às pressões populares, que trazem à tona a realidade de exploração e miséria da classe trabalhadora". O Estado utiliza, assim, as políticas sociais como forma de regular as questões sociais, procurando controlar os setores populares e amortecer as tensões sociais que possam ameaçar o sistema de dominação. Além dessa função de controle, as políticas sociais também representam, conforme os autores, resposta a pressões populares em face do contexto de miséria e exploração em que vive a classe trabalhadora. Fica, portanto, claro o caráter político-ideológico que assumem essas medidas de política social, pois relegam a um plano secundário o atendimento às reais necessidades da população.

Segundo Cançado et al. (1985, p. 11), as políticas sociais

> tentam neutralizar os conflitos através de processos burocráticos, convênios, cadastramento, mutirões e outras ações, criadas como mecanismos de mediação com as lutas da população, o que deixa os movimentos populares vulneráveis à cooptação e instrumentalização pela classe que detém o poder.

Mais uma vez fica evidente que a implementação das políticas sociais visa a anular os focos do conflito social, repassando a ideia de que o problema está sendo resolvido, o que significa, muitas vezes, a cooptação de movimentos contestadores que ameaçam o pacto de dominação.

As políticas sociais são caracterizadas como essencialmente econômicas, visto que atendem às necessidades de reprodução da força de trabalho e são utilizadas em função dos interesses do processo de acumulação capitalista; secundariamente, são político-ideológicas, na medida em que reforçam o controle social; e, por último, são sociais, já que absorvem determinadas demandas das classes trabalhadoras (Minas Gerais, 1985, p. 9). Isso posto, pode-se constatar que a principal função das políticas sociais é a valorização e a reprodução da força de trabalho dentro das condições exigidas pelo capital. Nesse sentido, Moisés (1987, p. 72) afirma que "as políticas sociais do Estado são insuficientes porque acentuam e aprofundam as carências, porque elas dizem respeito apenas à lógica da reprodução da força de trabalho enquanto peça do mecanismo de produção". O sistema precisa manter a força de trabalho apta a produzir, concedendo certas vantagens sociais somente para determinadas camadas da classe trabalhadora, enquanto os trabalhadores excluídos da regular relação capital x trabalho são atingidos apenas com um mínimo de benefícios sociais. Assim entendidas, as políticas sociais são desfavoráveis aos setores populares, servindo primordialmente para "garantir a reprodução da força de trabalho e, ao mesmo tempo, esvaziar os focos de conflito social, de forma a preservar e incrementar o processo de desenvolvimento capitalista" (Yazbek et al., 1984, p. 54).

Contribuindo com as reflexões anteriores, alguns autores destacam a função social das políticas sociais inseridas nessa relação capital x trabalho, constituindo-se palco de lutas entre as classes sociais fundamentais da sociedade (Costa, A. M., 1989, p. 20), aparecendo como resposta às questões sociais originadas da referida relação (Corrêa e Ramalho, 1989, p. 23). Nessa perspectiva, elas tanto podem servir ao trabalho como ao capital (Pereira e Potyara, 1989, p. 20), embora atendam fundamentalmente aos interesses do capital. Fica evidenciada, novamente, a perspectiva de análise que considera o Estado como um campo de confronto de interesses. Logo, as políticas sociais refletem as contradições presentes no interior dos aparelhos do Estado, expressando a correlação de forças presentes na sociedade civil, as lutas entre as diferentes classes sociais pela conquista de seus interesses, sendo as políticas sociais expressão desses interesses. Dessa forma, "a política social, necessariamente, expressa, revela, as contradições fundamentais que a nossa sociedade apresenta" (Santos, L., 1980, p. 314).

Bertão e Orenha (1989, p. 42) entendem que, se por um lado, as políticas sociais são utilizadas "como mecanismos de intervenção no controle da contradição entre capital e trabalho, de outro lado, essas políticas representam, ao longo da história, para o movimento popular, espaço de articulação e ampliação do atendimento de suas necessidades e reivindicações". Nesse sentido, as políticas sociais se constituem espaço de extensão dos direitos sociais dos setores populares, obtidos através da organização e da força da pressão coletiva que exercem sobre o Estado. As políticas sociais começam a ser concebidas como "formas de realização dos direitos sociais e, consequentemente, da cidadania" (Sposati et al., 1985a, p. 36), sendo fruto da conquista dos setores populares, não podendo, portanto, ser vistas como mero assistencialismo.

No contexto das políticas sociais, os autores situam a assistência social, caracterizada enquanto uma das políticas sociais desenvolvidas pelo Estado ou dando feição a determinada política. Nesse sentido, é importante destacar a centralidade que a temática assume no debate dos assistentes sociais, sendo a assistência social resgatada, no âmbito do esforço de ruptura com o conservadorismo, como elemento de identidade profissional para o Serviço Social.[33]

Yazbek (1991, p. 79) destaca a questão do mecanismo assistencial presente nas políticas sociais brasileiras, o qual "reitera a subalternidade dos subalternos e que busca dar conta da desigualdade e da exclusão". A assistência se caracteriza, assim, como medida compensatória destinada àqueles excluídos social e economicamente da sociedade. Contudo, Sposati et al. (1985a, p. 36) acreditam que "se o assistencial é ótica do Estado, o direito e extensão da cidadania, em contrapartida, são as garantias buscadas pela população". O Estado repassa a assistência como uma concessão à população, de forma paternalista, destinando para cada camada uma política específica. Contudo, apesar dessa concepção repassada pelo Estado, não é mais possível negar a prática da assistência, mas sim vislumbrá-la como elemento capaz de contribuir para o avanço da cidadania em seu sentido pleno (Oliveira, H., 1992, p. 31), compreendendo-a en-

33. Entendemos que Marilda Iamamoto e, posteriormente, Aldaíza Sposati, Carmelita Yazbek, Potyara Pereira e outras constituem referências na configuração da assistência social como elemento da identidade do Serviço Social. Veja o item 2.5 do Capítulo 2.

quanto espaço contraditório, campo de lutas pela conquista de direitos sociais. Nesse sentido, Yazbek (1991, p. 77) ressalta que, para os trabalhadores, a assistência se apresenta "como um modo de acesso a recursos necessários à sua manutenção e, muitas vezes, à sua própria sobrevivência". Isso posto, a assistência vem se realizando através da distribuição de serviços e bens de consumo, em que são utilizados vários mecanismos, como ajuda aos desempregados (seguro-desemprego), serviços comunitários, auxílios financeiros etc. É necessário que se ressalte que, em face do crescente processo de exploração que vêm sofrendo as classes populares, verifica-se que a assistência social vem alcançando um universo bem maior, estendendo-se, também, às camadas da classe trabalhadora inseridas no mercado de trabalho, representando "um complemento do salário do trabalhador" (Camargo, A. M., 1992, p. 30).

Mota (1991, p. 85) corrobora com o pensamento de Yazbek, acrescentando que a assistência configura "uma determinada pedagogia, que procura reduzir oposições e interesses antagônicos de classe em colaboracionismo de classe. A ajuda não passa pois de uma suposta colaboração das classes dominantes para com as classes subalternizadas". Essa suposta colaboração se dá em face das ameaças contidas no avanço das pressões populares, como mecanismo que contribua para amenização dos conflitos sociais. A assistência social, historicamente, vem se ajustando aos contextos político-ideológicos da sociedade brasileira. Porém, a sua característica básica de medida compensatória de ajuda destinada aos pobres, aos mais carentes, tem permanecido, sendo que essa forma assistencialista que o Estado utiliza no trato com os setores populares não tem diminuído as desigualdades sociais; pelo contrário, muitas vezes, tem-nas intensificado.

A assistência social é, portanto, um espaço contraditório, devendo ser considerada conforme o momento histórico, expresso pelas diferentes conjunturas. Entendida como resultante da contradição básica existente na sociedade em decorrência do conflito capital x trabalho (Amazonas, 1985a, p. 9), caracteriza-se "como uma área indefinida, fragmentada, permeada por mecanismos clientelistas [...] favorecendo os interesses da acumulação capitalista em detrimento à atenção das necessidades sociais" (Medeiros e Silva, 1992, p. 33). Como resultado da correlação de forças, a assistência tem servido muito mais aos interesses de grupos econômicos do que aos interesses da população, pois só uma pequena parte dos recursos públicos é destinada ao atendimento das necessidades populares. Em síntese, a assistência social, apesar de responder, em primeira instância, aos interesses capitalistas, não pode ser considerada como instrumento que é utilizado exclusivamente em função dos referidos interesses, mas como espaço que se define historicamente pela correlação de forças sociais.

Na literatura estudada, encontram-se, também, reflexões sobre a atuação profissional do assistente social em sua relação com a assistência social. Neste particular, Yazbek (1991, p. 77) entende que é preciso repensar a assistência como uma questão central para o Serviço Social na atualidade.

> Persistente no exercício profissional dos assistentes sociais, mediação fundamental de sua prática, a assistência vem se colocando cada vez mais como objeto prioritário de análise e discussão no debate que se trava na categoria e na sociedade acerca das políticas sociais brasileiras.

A autora reconhece que, durante algum tempo, os assistentes sociais negam o trabalho vinculado à assistência como espaço de prática profissional, em decorrência da perspectiva funcionalista que coloca a assistência como ajuda ao cliente, o que tem sido denominado de assistencialismo. Hoje, porém, a assistência social já está sendo amplamente discutida enquanto espaço privilegiado da prática profissional, na perspectiva de realização da cidadania.

Carvalho et al. (1984, p. 127) analisam essa questão a partir do entendimento de Iamamoto sobre a indefinição da profissão, a qual se encontra relacionada à recusa da categoria em se assumir como profissional da assistência, "pelo próprio limite de sua análise circunscrito à ideologia assistencialista, que não permite aos assistentes sociais perceberem a significação social da assistência, no sentido de superar o assistencialismo pela luta em torno da questão da cidadania". Historicamente, o assistente social vem desenvolvendo na sociedade brasileira uma prática aleatória, burocratizada, baseada numa visão funcionalista da sociedade, que contribui para o aprofundamento das relações desiguais. Entretanto, tal qual o Estado e suas políticas, a prática profissional também é contraditória: o assistente social está colocado entre as demandas do poder e as demandas dos setores populares, podendo optar por desenvolver sua ação numa ou noutra direção. A perspectiva que se coloca, hoje, para os profissionais que pretendem desenvolver uma prática na ótica dos interesses populares é a de superação da perspectiva assistencialista pelo reconhecimento dos direitos sociais da população, sendo que o assistente social pode realizar uma ação educativa junto às classes populares nesse sentido.

A partir das considerações apresentadas pelos autores citados, constata-se que as categorias teóricas — Estado, Instituição e Política Social — são analisadas, particularmente, no contexto das relações antagônicas das classes sociais da sociedade capitalista enquanto produto da correlação de forças sociais. Nesse sentido, o Estado, a instituição e a política social são concebidos no contexto das relações de forças entre classes sociais na luta pela conquista de seus interesses. O destaque que alguns autores atribuem à dimensão autoritária e instrumentalista dos conceitos estudados situa-se, sobretudo, numa conjuntura em que o Estado, no Brasil, evidencia, de modo marcante, sua face autoritária e repressiva, principalmente em determinados períodos da ditadura militar.

A instituição, entendida enquanto espaço contraditório permeado pelas tensões e conflitos sociais, aparece como espaço de viabilização das políticas sociais e da prática profissional do Serviço Social, colocando também a possibilidade de opção que permita construir e desenvolver um projeto profissional em apoio aos segmentos subordinados da sociedade.

A compreensão dos segmentos sociais considerados subordinados e explorados na sociedade, polo eleito para o estabelecimento de uma aliança capaz de gerar o projeto profissional do Serviço Social aqui considerado, se faz pela análise que os autores desenvolvem ao construírem as categorias teóricas classes sociais, classes populares e movimentos populares, consideradas a seguir.

2.2 *Classes sociais, classes populares e movimentos populares*

2.2.1 Rumos teóricos do campo categorial

A divisão da sociedade e sua estruturação em classes se constitui num dos problemas fundamentais para as Ciências Sociais.

Entende-se que é na teoria marxista que se encontra o campo mais fértil para o estudo da concepção e do desenvolvimento das classes sociais, na medida em que essa teoria se distingue das demais por superar os seguintes aspectos preconizados pelas outras:

- conceber as classes como simples categorias nominais construídas a partir de um esquema lógico-formal aplicável a qualquer sociedade;
- admitir que a estrutura de classes decorre de mera diferença de renda, nível educacional, prestígio etc., quando, na realidade, esses são os efeitos mais visíveis de determinadas estruturas de classes;

- tomar a magnitude da fortuna e riqueza dos membros de uma sociedade como o elemento fundamental da estrutura de classes (Cueva, 1987, p. 83-84).

Ao contrário desses pressupostos, a teoria marxista sustenta que o problema das classes sociais não pode ser estudado senão a partir de uma teoria geral da sociedade e da história, e que o movimento da estrutura social só pode ser pensado a partir da estruturação da sociedade em categorias opostas (Oliveira, F., 1987, p. 8).

Marx demonstra, na sua obra mestra, *O capital*, que o movimento é algo intrínseco às estruturas e é o caráter antagônico dos interesses sustentados pelas classes sociais que constitui a base para a transformação da sociedade.

A crítica mais presente à teoria marxista das classes sociais considera-a insuficientemente elaborada, uma vez que, ignorando[34] o elemento subjetivo na constituição das classes, apoia-se em critérios essencialmente objetivos, partindo do pressuposto de que as forças produtivas e as relações de produção constituem a base que determina a estrutura, a divisão de classes, a consciência, a ideologia e a cultura.[35] Entretanto, o que essa crítica parece ignorar é que o próprio Marx, ao mesmo tempo em que destaca o papel das classes na produção, aponta sua consciência como elemento fundamental para que se transformem em "sujeitos históricos".

Entendendo as razões dessa crítica, Oliveira, F. (1987, p. 9-12) aponta como possíveis riscos na aplicação do método marxista ao estudo das classes sociais:

- não saber captar a multiplicidade de determinações que constituem o concreto;

34. Chega mesmo a ser indicado que a parte do terceiro volume de *O capital*, em que Marx trata das classes sociais, é abruptamente interrompida, esquecendo-se de outras obras de Marx e de outros marxistas clássicos e contemporâneos que se ocupam da mesma questão.

35. Sobre essas críticas, veja-se Gurvitch (1966).

- aplicar mecanicamente o método, no propósito de tornar transparente o que não o é, pelo uso ideológico do discurso político ou por tomar o marxismo como uma técnica de construção de "modelos", o que se opõe à própria identidade do método que coloca como exigência rigoroso estudo das situações concretas.

O autor lembra também que a divisão da sociedade em classes não é um dado, um pressuposto, mas o produto das relações antagônicas e de seus movimentos de re-produção, razão por que, à medida que o sistema capitalista se torna mais transparente, as classes sociais se tornam mais complexas, dificultando o reconhecimento do seu perfil. Assim, Oliveira reconhece que o problema fundamental na utilização da teoria marxista das classes sociais é o privilegiamento da esfera da produção, ou seja, da infraestrutura como determinante, enquanto a política é colocada no distante plano da superestrutura, concebida como um simples reflexo da infraestrutura. Importa, pois, considerar que as classes não se constituem em si, nem mesmo para si, mas para as outras e que a consciência de classe não é "autoconsciência", mas o resultado da consciência que, reciprocamente, as classes têm entre si. Segundo o autor, esse re-conhecimento ocorre no espaço da política, o que significa dizer que a constituição das classes se processa no movimento complexo da produção e da re-produção, fundando-se, simultaneamente, no operariado e na burguesia, num movimento de "subjetividade da objetividade".

Essa reflexão conduz ao entendimento de que a complexidade das relações de produção e das relações sociais não nos permite falar de "classes puras" e que o estudo das classes sociais só se completa quando partimos de três perspectivas:

- o plano de fundo teórico mais geral e abstrato;
- o plano da materialidade sobre o qual se identificam as classes na realidade concreta;
- o plano de reconhecimento recíproco das classes.

No presente estudo, interessa, sobretudo, situar a categoria povo no âmbito das classes sociais, posto que é com ela que o Projeto Profissional de Ruptura do Serviço Social se diz comprometido.

Numa análise histórica, tanto a teoria como a prática do Serviço Social nos países dependentes têm colocado a categoria povo como uma realidade inquestionável com participação decisiva nos processos revolucionários. Na América Latina, essa participação em momentos de ruptura tem sido ressaltada, pelo menos, a partir da revolução mexicana de 1910.

O conceito de povo se refere a um conjunto heterogêneo de classes e camadas subordinadas, cuja unificação se dá mais pela subordinação política e pela pobreza do que pela inserção comum no processo de produção, como é o caso do proletariado (Vilas, 1986, p. 80). Daí se falar em campo popular constituído por classes e grupos que existem no âmbito das relações de produção/circulação, seja por sua situação na estrutura produtiva, seja por sua relação com ela, de modo que sua expressão enquanto povo se dá pelo enfrentamento dessas classes e frações de classes em relação às contradições decorrentes. Os interesses fundamentais desse conjunto social decorrem, portanto, da reação à subordinação, o que os transforma nos protagonistas do que poderia se denominar de bloco popular, sendo que, na América Latina, esse bloco inclui o proletariado, o campesinato, a pequena burguesia, as camadas médias, o variado contingente dos que constituem o setor "informal" da economia (denominados por alguns autores de subproletariado), os desempregados etc.

A categoria popular é muitas vezes referenciada com termos como *marginais*, *pobres*, *carentes*, *dominados*, que realçam sempre conotações negativas e carências: são os que não possuem casa, educação, saúde, trabalho etc.

Todavia, há que se entender que o popular não é só caracterizado por carências, mas é portador, também, de contribuições como o folclore, a medicina natural, as tradições culinárias, uma forma própria de entender as relações entre o público e o privado, ou seja, é portador de "cultura popular" (Palma, 1987, p. 57).

Não restam dúvidas de que, por estar incorporado a uma sociedade concreta, sob a hegemonia do capitalismo, o campo popular é atravessado por valores e concepções da ideologia dominante.

O popular se organiza em torno de um conjunto de práticas que se combinam para permitir a reprodução da família trabalhadora na América Latina, vivendo pemanentemente em condições de salário insuficiente e instável. Essas práticas não podem ser reduzidas a uma dimensão puramente econômica, pois incluem, além do trabalho assalariado e do trabalho informal, o desenvolvimento de estratégias de sobrevivência, reivindicações por consumo coletivo, delinquência etc. Isso significa que, se o popular se estrutura sobre práticas variadas em torno das necessidades básicas, todavia, não se esgota aí, referindo-se, também, às instituições, relações, culturas e às formas pelas quais o povo se organiza e toma consciência de sua situação. Em síntese, o popular se constitui em um conjunto amplo e variado de opiniões, práticas, conhecimentos acumulados, folclore, organizações, tradições, pobreza, necessidades (id., p. 66).

O trabalho assalariado, por referir-se a uma prática central do capitalismo, é considerado por Palma como o núcleo do popular. Mas aí também se incluem os trabalhadores informais, os variados grupos de trabalhadores do campo, a pequena burguesia, os pequenos proprietários urbanos e rurais, as camadas médias, os desempregados etc.

O importante é ressaltar que o próprio conceito de popular já contém, em si, um componente político e que essa categoria se expressa na luta político-ideológica, fazendo com que a sua constituição, enquanto classe, se dê na realidade da história como resultado das lutas que as classes dominadas desenvolvem para resistir à exploração econômica, à opressão política, à pobreza, à imposição cultural e à subordinação colonial e imperialista. Nesse processo é que se constituem em sujeito político no interior do sistema de dominação, até construir sua identidade enquanto povo, o que significa que só na prática social o popular se transforma em sujeito social coletivo.

O tipo de inserção nas relações econômicas é uma variável importante, todavia não suficiente para explicar as ações coletivas que vão permitir a constituição das classes e do bloco popular, em particular. Conforme Palma (id., p. 77-85), esse processo se desenvolve, simultaneamente, em vários espaços:

- no espaço do cotidiano, onde são articuladas as experiências particulares, constituindo as organizações de base que se voltam, sobretudo, para a resolução de problemas particulares;
- no espaço do setorial que articula os "movimentos sociais", operários, de bairros, feministas, indigenistas, de negros etc., que objetivam melhorar a inserção de um segmento na ordem social, constituindo as centrais e confederações;
- no espaço societal representado pelos movimentos populares, que, articulados com organizações partidárias, são convocados para impulsionar um projeto nacional.

Ainda segundo Palma (id., p. 88-89), apesar da importância dos três níveis de experiência especificados, se não houver a capacidade política partidária para propor e impulsionar um projeto societal de desenvolvimento alternativo, as experiências de base não serão capazes de promover diretamente a transformação social, o que significa que o cotidiano popular não constitui nem impulsiona, diretamente, um projeto de transformação social. É necessário que as experiências aí desenvolvidas sejam reconhecidas por uma organização partidária popular, o que não significa, necessariamente, os partidos políticos que temos conhecido na América Latina nos últimos cinquenta anos.

Ao se admitir que, objetivamente, a inserção no mundo da produção não é suficiente para explicar o popular, até porque elementos outros como a formação cultural, religiosa, étnica e política são também determinantes na constituição desse conjunto heterogêneo, é logo realçada uma questão fundamental: qual é seu verdadeiro potencial político? Daí, decorrem outras questões: é possível se falar em unidade diante de tanta heterogeneidade? Em que termos e circunstâncias se pode verificar essa unidade? É possível a convergência para a construção de uma visão própria de mundo e de um projeto único de sociedade? Que projeto seria esse? Em resumo: Para onde caminham as organizações populares? Para a resolução de problemas imediatos ou para a transformação da sociedade? No segundo caso, que tipo de transformação?

As reflexões até aqui desenvolvidas permitem perceber que as respostas a essas e a outras questões só podem ser encontradas a partir de uma profunda análise do processo histórico de cada formação econômico-social. Todavia, as formulações mais comumente identificadas nos levam a perceber a existência de, pelo menos, quatro posturas ante a questão do popular:

- os que obscurecem a ação dos setores e grupos que constituem o popular, preferindo enfatizar a passividade das massas ou sua acomodação;
- os que caracterizam as práticas populares como predominantemente defensivas e de caráter conjuntural e transitório, isto é, reduzem suas lutas a meras reivindicações que se esgotam em si mesmas;
- os que identificam, nas práticas populares, elementos conjunturais e transitórios, que também se articulam, em diversas conjunturas, com diferentes forças, constituindo um processo de organização popular mais amplo, capaz de se articular com questões estruturais em direção à transformação social;

- os que consideram as práticas populares como, necessariamente, portadoras de um novo modo de organização e de ação transformadora, isto é, como portadoras, mesmo que embrionariamente, de aportes decisivos que contêm potencialmente a superação do *status quo*.

Entende-se, por conseguinte, que a complexidade do popular só pode ser desvendada na concretude e especificidade do desenvolvimento histórico de cada formação econômico-social. Nessa perspectiva, o que se verifica é que o processo de expansão capitalista, no Brasil, acelerado após o golpe militar de 1964, passa a constituir uma sociedade extremamente diversificada, identificando-se vasto contigente de assalariados, uma imensa massa à margem do setor formal da economia ou desempregada, uma distribuição da renda extremamente desigual e concentrada nos polos de riqueza, além de interesses burgueses diversificados e classes médias numerosas. Estamos, então, diante de uma sociedade de massa constituída em uma estrutura social heterogênea, débil, em que as classes enfrentam fortes entraves estruturais e conjunturais para a construção de sua identidade.

Trata-se, pois, de uma sociedade de capitalismo subdesenvolvido e dependente, que engendra um enorme contingente de força de trabalho, de reserva, não permitindo ao proletariado se completar, enquanto classe, pela sua profunda submissão real e formal ao capital, e onde um enorme conjunto de trabalhadores do "setor informal" atribui ares de intermitência e de autonomia a esse proletariado. Nesse mesmo contexto, as classes médias se ampliam na estrutura social em decorrência do processo de concentração e centralização do capital, assumindo uma posição de substituição e, ao mesmo tempo, de controle do trabalho produtivo, emergindo como um "falso sujeito", pela sua submissão real ao capital e ao Estado, firmando-se, ao mesmo tempo, como consumidores privilegiados. Registra-se, ainda, nesse quadro, ampla competição entre as burguesias, em face dos fundos e dos incentivos oferecidos pelo Estado com o privilegiamento da burguesia internacional oligopólica.

A complexidade e a heterogeneidade dessa estrutura social precisam ser pensadas através do movimento dessa própria estrutura, a partir da divisão da sociedade em categorias opostas. Trata-se de captar um movimento que é interno às estruturas e o caráter antagônico dos interesses que constituem a base que permite pensar na possibilidade de transformação e de produção das próprias classes.[36] Nesse sentido, enquanto existem classes que resultam de uma transformação (aristocracia se transformando em burguesia), há outras que são produzidas (o operariado) (Oliveira, F., 1987, p. 9-10). Importa, então, entender que a divisão da sociedade em classes não é um pressuposto, mas o produto das relações antagônicas e de seus movimentos de reprodução. Nesse processo, ganha destaque a dimensão política como essencial, pois gera a necessidade de um reconhecimento recíproco das classes entre si do entendimento de que, devido à complexidade do perfil das classes resultantes do desenvolvimento do capitalismo, não é possível se pensar em classes puras.

Por outro lado, devido à especificidade do desenvolvimento do capitalismo nos países dependentes, onde a massa crescente de explorados não se constitui tanto de operários, mas muito mais dos que se vinculam ao crescente setor de serviços, estratégico para o capitalismo, vem sendo questionado o conceito clássico de classes sociais. Novas contradições são postas, na medida em que a maioria da população trabalhadora não se constitui em operários, além de se registrar grande estratificação no interior desse grupo.

Coloca-se, aqui, uma questão: como têm sido vistos, pelo pensamento sociológico, no Brasil, os trabalhadores, os operá-

36. Essa lógica é analisada por Marx na sua obra *O capital* e em muitos outros dos seus escritos, constituindo o fundamento de sua proposta revolucionária.

rios, os subalternos, os habitantes de periferias, favelas e subúrbios, os migrantes, os mobilizados em sindicatos e os participantes de movimentos sociais urbanos, enquanto corpo de pessoas e grupos que formam, para o pensamento sociológico, uma "categoria", uma estrutura ou uma "prática coletiva", nas suas relações com outros grupos que lhes são antagônicos? Quem nos oferece uma reflexão nesse sentido são Sader e Paoli, que destacam a visibilidade pública desses setores e a importância que adquirem no cenário político contemporâneo brasileiro.

Os autores citados reconhecem que, para o estudo desses grupos, vem se questionando o conceito de classes sociais, verificando-se o que classificam como ruptura no sistema explicativo sobre a dinâmica das classes no Brasil. O que se busca é uma explicação que faça aparecer os trabalhadores na sociedade e na história, de modo a expressar a representação que se vem construindo sobre estes e os movimentos populares. Para Sader e Paoli (1986, p. 42) a explicação pretendida se expressa, historicamente, no pensamento sociológico no Brasil, através de dois paradigmas que se denominam representações instituídas e representações instituintes.

As representações instituídas são expressas pela tradição do pensamento historicamente formulado, na sociedade brasileira, sobre as populações subalternas, seu lugar, a natureza de sua presença e as possibilidades e limites de suas ações. Nessa perspectiva, as classes são analisadas a partir de fora.

É na Primeira República que se constrói, pela primeira vez, uma representação sistemática sobre os trabalhadores, os dominados da sociedade brasileira, através de autores representativos do período, como Oliveira Viana, Azevedo Amaral e Alberto Torres. Esses autores constroem uma representação do povo e do caráter popular que perdura, na atualidade, na figura construída das camadas populares. A heterogeneidade cultural, étnica e regional do povo passa a ser seu traço mais marcante, heterogeneidade essa que impediria a construção de sua identidade como povo único e singular, com evidente repercussão na sua capacidade de ação política coletiva. Isso passa a exigir uma intervenção de fora para possibilitar a incorporação e a organização do povo disperso, devido à sua falta crônica de aptidão para integração entre si e com o resto da sociedade, ou seja, à inexistência da vocação para a solidariedade e para a universalidade.

É sobre essas bases que se tenta justificar a intervenção do Estado getulista, numa compreensão das classes populares como objeto, a partir de uma visão construída fora delas, fora de suas relações sociais concretas e vividas, fazendo com que sua heterogeneidade seja vista de modo negativo, como ausência de aptidão para a prática coletiva. O Estado passa a ser percebido como espaço unificador, através do qual se daria a homogeneização da sociedade desagregada pela heterogeneidade das diferenciações culturais, étnicas e regionais.

Mais recentemente, sobretudo a partir da década de 1960, um conjunto de autores acadêmicos, entre eles Juarez Rubens Brandão Lopes, Alain Touraine, Fernando Henrique Cardoso, Leôncio Martins Rodrigues, José Albertino Rodrigues e Azis Simão constroem a imagem sociológica dos trabalhadores urbanos e fabris como classe social, ou seja, como sujeito. Esses autores destacam a diversidade interna dos trabalhadores como obstáculo ao seu reconhecimento como classe real; todavia, reconhecem que o que os unifica é a consciência de mobilidade que é impulsionada pela mudança do universo rural para o universo urbano (Sader e Paoli, id., p. 48-49).

Na perspectiva desses autores, os trabalhadores não são anulados enquanto classe social na dinâmica da sociedade, embora se apresentem despreparados, sendo o processo tardio e desigual da industrialização assumido como a determinação mais geral dessa situação. Na medida em que a transformação histórica é percebida, ainda com base num raciocínio fechado, a classe é constituída a partir de um fator externo. Daí aparece novamente o Estado como rearticulação dos interesses de classe, automatizando-se diante desses interesses sociais. Nessa perspectiva, as classes aparecem como criatura do Estado (id., p. 51).

Finalmente, na busca de compreender os trabalhadores enquanto sujeitos históricos, principalmente nas décadas de 1960 e 1970, começa a se estruturar o que Sader e Paoli denominam de representações instituintes. Esse paradigma coloca outra possibilidade para a compreensão da dinâmica de classes na sociedade brasileira, partindo da questão: como uma sociedade diversa e plural pode gerar transformações históricas? Ao criticar o paradigma do Estado enquanto campo de constituição de classes, as práticas sociais passam a assumir novos significados, anteriormente obscurecidos pela lógica institucional. "O cotidiano, antes opaco espaço da repetição, passa a ser visto como lugar de luta, onde se produz a dominação e a resistência a ela" (id., p. 52-53).

Na realidade brasileira, a construção dessa concepção política sobre a sociedade decorre de um movimento social que se dá no âmbito de um Estado repressor, permitindo que o Estado seja repensado a partir de seu autoritarismo, de modo que não é mais visto como o único intérprete da sociedade, permitindo o redimensionamento das classes populares. Dá-se o rompimento com a figura instituída de "classe atrasada" e "pouco adequada" às tarefas históricas.

Sader e Paoli apontam como representantes dessa nova construção, entre outros, Francisco Weffort, José Álvaro Moisés, J. Sérgio Leite Lopes, Eunice Durham, Vera Pereira, C. Vesenti, E. De Decca e Marilena Chaui.

É a erupção grevista, a partir de 1978, que permite que os trabalhadores sejam observados enquanto sujeitos dotados de impulsão própria, rompendo-se com a explicação de raízes estruturais da subordinação política dos trabalhadores, fazendo-os emergir como ator capaz de alterar o próprio cenário político.

Passam a ser identificados não mais a partir de um lugar na estrutura, mas de suas práticas, e são estudados não pela sua ausência, mas pela sua presença na dinâmica da sociedade.

A partir dessa nova visão, o termo "classes populares", apesar de toda a sua imprecisão, vem se firmando no lugar da clássica delimitação das fronteiras entre classes, frações, categorias sociais. A ênfase se desloca para o campo da compreensão específica da prática dos atores sociais em movimento (id., p. 59), produzindo o alargamento do espaço da política na medida em que um novo sujeito emerge de um espaço exterior ao Estado na fábrica, no bairro, nas ruas, de modo que o econômico e o político, o espontâneo e o consciente, a produção e o consumo se articulam através de um coletivo de atores múltiplos, mas integrais.

O exposto sugere que se pode falar em classes populares, apesar da imprecisão conceitual do termo, como expressão útil para captar a homogeneidade possível a esse imenso conjunto de pessoas que se situam nos patamares sociais e econômicos inferiores no âmbito do sistema capitalista vigente no Brasil.

2.2.2 As categorias no contexto do Serviço Social

Na bibliografia do Serviço Social, as categorias "classes sociais", "classes populares" e "movimentos populares" constituem elementos teóricos significativos no processo de construção da proposta de ação profissional que enfoca a questão do vínculo do Serviço Social com sua clientela. Pode-se dizer que a categoria classes sociais é a referência básica para se pensar o preconizado vínculo da profissão com os setores populares. Ou seja, essa categoria é fundamental no desvelamento da dimensão política da profissão e um marco que separa a ruptura do conservadorismo.

Embora sendo uma categoria teórica central no âmbito do esforço de ruptura do Serviço Social, os estudos mais sistemáticos sobre ela são poucos. Verifica-se que não foi dedicada maior atenção ao desenvolvimento de estudos sobre a formação das classes sociais no Brasil, a não ser as referências que aparecem, especificamente, no tocante à classe operária, em se tratando das obras sobre o Serviço Social de empresa, com destaque às contribuições de Ana Elizabete Mota.

Em termos da abordagem do jogo das classes nas relações sociais, no Brasil, mais uma vez o livro de Iamamoto e Carvalho (1982) é uma referência fundamental.

É constatada, ainda, na análise da literatura, a ausência de maiores esforços de reconstrução do conceito de classes sociais a partir da realidade brasileira, predominando um trato marcadamente bipolarizado: dominantes-dominados.

Quanto à questão do popular, apesar de estar muito presente no discurso dos assistentes sociais, identificando, inclusive, o caráter da heterogeneidade de sua composição, não existem estudos aprofundados sobre essa questão, no sentido de compreender sua composição e seu projeto político na realidade brasileira.[37] O que se verifica é uma tendência a tratar o campo popular como um bloco homogêneo, necessariamente progressista. O projeto político de sociedade, vinculado aos setores populares, apesar de, via de regra, ser qualificado como histórico, não é muitas vezes explicitado, nem contextualizado, trabalhando-se com a ideia do compromisso com os setores populares, sem qualificar o popular e o seu projeto.

No que se refere aos movimentos populares, verifica-se que a literatura do Serviço Social absorve as tendências das Ciências Sociais, na década de 1980, assumindo principalmente a matriz

37. A respeito dessa questão, foi desenvolvido um projeto específico de investigação sob o título: "As classes sociais, o popular e o projeto popular na realidade brasileira", cujos resultados finais estão sendo sistematizados e serviram de fundamentação para o presente estudo, principalmente para os grupos categoriais tratados nos subitens 2.1 e 2.2 deste capítulo.

de explicação estrutural que enfatiza o caráter de classe dos movimentos sociais e seu potencial transformador, percebendo-os como determinados pelas contradições fundamentais do sistema capitalista, principalmente na sua fase monopolista. Mais recentemente, porém, essa literatura vem se aproximando das abordagens culturalistas, evidenciando maiores preocupações com a questão da cultura e do cotidiano dos movimentos.

De uma forma ou de outra, as formulações sobre movimentos sociais, no interior do Serviço Social, levam a percebê-los como instância de representação política das classes populares e, como tais, como sujeitos da transformação social.

Partindo-se agora para a análise da literatura do Serviço Social, os autores estudados, utilizando-se de abordagens marxistas sobre classes sociais, ao se referirem à formação histórica das classes sociais no contexto da dinâmica da penetração e expansão capitalista na sociedade brasileira, verificam que esse processo vem se desenvolvendo, historicamente, caracterizado pela dependência em face do capitalismo imperialista internacional. Desse modo, a formação e a composição das classes sociais, no Brasil, expressa a estrutura de países pertencentes ao bloco periférico, marcados pela exploração e dependência econômica e subordinação política, que se reflete na sua estrutura de classes, cujas especificidades diferem das classes sociais em países onde a penetração do sistema capitalista ocorre de forma diversa.

Segundo Martinelli, M. L. (1989b, p. 20), "a história do capitalismo é a história das classes sociais", uma vez que as classes "constituem o elemento fundamental para se compreender tanto o capitalismo em si mesmo considerado quanto a marcha histórica da humanidade, profundamente relacionada com seus conflitos, antagonismos e lutas", numa determinada formação social.

A partir do exposto, evidencia-se a impossibilidade de análise da estrutura de classes no Brasil, mediante a aplicação mecânica do clássico modelo europeu. A esse respeito, Rico (1987, p. 35), ao refletir sobre o surgimento das classes sociais, sobretudo da classe operária, afirma que a origem social inicia-se com o elemento indígena, sendo, posteriormente, complementada pelos escravos africanos e pelos imigrantes europeus. Essas diferentes categorias apresentam, como aspecto comum, o ajustamento ao esquema produtivo vigente. Nesse sentido, a emergência do processo de industrialização, em detrimento do setor agrícola, libera um grande contingente de mão de obra para o setor industrial, o que, para o trabalhador brasileiro, implica mudança de nível social. "Num contexto em que não ocorreu uma fase pré-capitalista de acumulação de capital, o capitalismo e suas consequentes alterações não teve o mesmo impacto" (id., p. 16). De forma que se, "na Europa, a formação da classe operária esteve intensamente ligada a lutas reivindicatórias e a uma aspiração de mudança social", no Brasil, ela significou a possibilidade de ascensão social em face da aquisição de uma profissão, embora com pouca ou nenhuma qualificação.

O acirramento do processo urbano-industrial e suas variações, nas diferentes etapas históricas, desencadeia toda uma série de alterações na formação e composição das classes sociais, ocasionando o surgimento de diversos segmentos no interior dessas. Segundo Lima, S. A. (1979, p. 25),

> a modernização do setor agrícola libera mão-de-obra, que se dirige para as cidades na forma de movimentos migratórios. Grande parte dessa população não vai ser incorporada pela indústria que, nesta fase de seu avanço, caracteriza-se pela utilização de uma tecnologia poupadora de mão-de-obra, [determinando o surgimento] de uma população urbana marginal, como produto de um complexo de fatores sociais, demográficos e tecnológicos, próprios de uma fase de transição que ocorre numa etapa de domínio do capital monopolista num quadro de economia dependente.

De modo que, numa mesma formação social, passam a coexistir classes, frações de classes e grupos que expressam o capitalismo moderno, formas arcaicas de produção e demais formas criadas pelos grupos a fim de reproduzirem as condições de existência.

Segundo Fernandes, F. S. apud Munhoz (1985, p. 10-11),

> o capitalismo se desenvolveu na América Latina sem ter condições de crescimento autossustentado e de um desenvolvimento com autonomia. Em consequência, classes e relações de classes carecem de dimensões estruturais e de dinamismos societários que são essenciais para a integração, a estabilidade e a transformação equilibradas da ordem social inerente à sociedade de classes.

Fernandes enfatiza a relação existente entre a formação das classes sociais e o sistema de produção, ao destacar que, no caso específico da América Latina, por esta apresentar um quadro de subdesenvolvimento em virtude do capitalismo dependente, não é possível a estruturação e o dinamismo de elementos essenciais à sociedade de classes.

No que se refere à compreensão das classes populares, elas são entendidas como fração da classe trabalhadora, identificadas a partir de elementos comuns: a exclusão político-econômica e a precariedade da sobrevivência. As classes populares apresentam segmentações, em razão da existência de diversidades quanto à reprodução das condições de existência (Souza, M. L., 1989, p. 23). Refletindo sobre a composição do popular na sociedade brasileira, Wanderley (s.d., p. 10-11) aponta, inicialmente, os trabalhadores inseridos diretamente no processo produtivo, seguidos dos chamados trabalhadores improdutivos, dos desempregados e dos subempregados que formam um primeiro conjunto das classes populares. Como segundo conjunto, aponta o camponês que, embora não sendo ainda um operário típico do capitalismo, está gradativamente sendo incorporado pelo sistema mediante comercialização e produção. E, como terceiro conjunto, apresenta os setores denominados marginais, que englobam os subempregados, os biscateiros, os mendigos, as prostitutas etc.

No que se refere à denominação das classes populares, identifica-se uma diversidade de terminologias utilizadas pelos autores como "classe dominada", "classe trabalhadora", "classe subalternizada", "camadas ou setores populares" e "setores oprimidos". Esses termos são utilizados para realçar determinados aspectos de um conceito utilizado para pensar os grupos sociais excluídos.

Um grupo de autores, que utiliza o termo "classe dominada", considera-o como expressão do conjunto da população submetida ao jogo do capital, nas suas diferentes manifestações, associado à exclusão econômica e à subordinação política e ideológica. A classe dominada, segundo Faleiros (1985, p. 34), é composta por operários, camponeses, marginais e vastos setores dos trabalhadores autônomos. A divisão dessas classes em categorias, em face da problemática que passam a apresentar para o sistema, num determinado momento, apresenta-se como uma forma de ocultação de sua pertinência às classes dominadas (id., p. 34). Na mesma perspectiva, Freire (1987, p. 28) utiliza o termo "classe dominada" para designar a população destituída dos meios de produção e do poder de gestão sobre os bens produzidos. A dominação é entendida, portanto, como decorrência de um processo de estratificação valorativa, segundo as posições ocupadas e papéis desempenhados ao nível da hierarquia e da produção.

Para alguns autores, a expressão "classe trabalhadora" refere-se à camada populacional inserida no esquema produtivo mediante a venda da força de trabalho. Apresenta-se diretamente relacionada à produção de bens, numa relação contraditória que determina a condição de exploração. Para outros, "classe trabalhadora" é entendida como a população caracterizada pela exploração, subordinação e exclusão em relação à estrutura político-econômica. É a população cujo cotidiano expressa crescente índice de pauperização "impulsionada pelo processo intensivo da industrialização" (Raichelis, 1988, p. 50-51). Mediante a espoliação rural e urbana, a classe trabalhadora é impelida a "confinar-se nas periferias onde proliferam os loteamentos clandestinos, favelas e habitações precárias, sem a menor infraestrutura urbana e desprovida da rede de serviços de consumo coletivos básicos".

No interior da classe trabalhadora encontram-se diferentes frações de classes formadas pelo operariado, pelo trabalhador rural, pelo chamado setor informal, composto por vendedores ambulantes, biscateiros, empregadas domésticas e pessoas que buscam estratégias para sobreviver ao desemprego e ao subemprego.

A expressão "classes subalternas" é utilizada por um outro grupo de autores para definir o conjunto dos desprovidos dos bens e serviços sociais, que vivenciam uma situação de exclusão e subordinação política, ideológica e cultural; as classes subalternas constituem o chamado lumpemproletariado, caracterizado pelas extremas condições de miséria. Para Dias, M. E. (1982, p. 78), o termo "subalterno" mostra-se inadequado, uma vez que "possui conotação passiva". Daí a opção da autora pela expressão "classe subalternizada", a qual "indica o movimento histórico de dominação a ela imposto pelas classes hegemônicas". Sposati et al. (1985a, p. 28) também optam pelo termo classe subalternizada por considerá-lo "como uma modalidade histórica de dominação que pode ser rompida" e por permitir "superar a possível excludência de outras formas de inserção no processo produtivo e de consumo que o conceito de proletariado possa sugerir", uma vez que, "embora sendo um conceito preciso, enquanto luta de classes, deve ser historizado de forma a dar conta das heterogeneidades dos segmentos da força de trabalho tanto a nível da produção, quanto da reprodução das condições de vida".

Outro grupo de autores utiliza a denominação "classes populares", referindo-se ao conjunto da classe explorada que partilha da exclusão econômica, social e política e é altamente afetado pela espoliação urbana. Constitui-se em segmentos heterogêneos dos setores populares, como operários, ambulantes, biscateiros, empregados do comércio e de todos os ramos de pequenos serviços, pequenos comerciantes e funcionários públicos. As classes populares constituem-se, como já foi discutido anteriormente, em um conceito bem mais amplo, visto que consegue englobar diferentes categorias sociais, geradas na dinâmica da estrutura de classes na sociedade brasileira. Configura-se como "um conceito rico e complexo, porque todas essas categorias fazem parte desse conjunto heterogêneo, mas que possui interesses em comum" (Wanderley, s.d., p. 10-11), para os quais pode convergir o seu processo organizativo.

O termo "oprimido" é utilizado por alguns autores para designar a subordinação política, econômica, ideológica e cultural direcionada ao conjunto das classes dominadas, a partir de um processo histórico de subalternização inerente às estruturas periféricas, dependentes.

Independentemente dos termos utilizados, todos os autores se situam no mesmo campo de análise, e o conceito de classes populares remete à questão da correlação de forças, como expressão dos antagonismos entre as classes, indicando a possibilidade histórica de superação da exploração e da opressão.

Diante do exposto, verifica-se que, apesar da variação quanto às denominações utilizadas, há uma aproximação entre as concepções apresentadas pelos autores, expressa na identificação de grupos sociais, inseridos num processo histórico de exclusão no nível político, econômico e social, materializando-se na exclusão do consumo e usufruto dos bens e serviços sociais, o que determina o surgimento de diversidades no interior da classe a que pertencem. No entendimento de grande parte dos autores, o conceito de classes populares consegue abranger as diversidades geradas no âmbito das classes sociais ante o acirramento da exploração econômica, da subordinação política, visto que essa noção extrapola o nível de inserção no processo produtivo, a fim de englobar e explicar a heterogeneidade caracterizada pela busca de estratégias de reprodução, de sobrevivência e de resistência à dominação.

Nesse sentido, destaca-se a questão do policlassismo presente no interior das classes populares em decorrência da sua heterogeneidade, formada por "frações de classes dominadas, principalmente do lumpemproletariado e, com menor frequência, da pequena burguesia", concentradas, sobretudo, nas periferias urbanas, duramente "afetadas por problemas comuns do atual estágio do capitalismo monopolista, quais sejam, a exclusão econômica e política, a precariedade das condições de existência" (Ammann, 1987b, p. 13-14). Isto significa dizer que as classes populares são compostas por vários segmentos que podem diferenciar-se entre si, mas que também se articulam, podendo constituir um fator de unidade em torno das condições comuns de exclusão, exploração e subordinação a que são submetidos.

O caráter policlassista das classes populares é apontado por Souza, M. L. (1989, p. 65), que afirma serem elas compostas "por operários industriais, trabalhadores em serviço, camponeses e a massa marginal". Para a autora, essa heterogeneidade,

> condicionada pelas situações conjunturais que vão se impondo à população, é perpassada por situações comuns mais gerais de reprodução da existência. Sendo assim, as vivências comuns de necessidades cotidianas, determinadas por essas condições de existência, recriam situações de identidade e recompõem a unidade da população porque buscam raízes históricas profundas, que são as raízes das condições de exploração do homem.

Ainda em relação ao caráter policlassista das classes populares, Cardoso et al. (1989, p. 13) afirmam que "o proletariado representa uma fração da classe dominada, que engloba também uma multidão de camponeses, pobres da cidade e do campo, biscateiros, trabalhadores sazonais etc., identificados muito mais pela pobreza e subordinação política do que pela inserção no processo produtivo como proletários". Isso posto, verifica-se que há uma grande diversidade de segmentos cuja formação não pode ser simplesmente determinada por sua inserção no sistema produtivo, como é o caso do proletariado, que, enquanto classe, mantém uma relação antagônica com a classe burguesa, manifestando a contradição fundamental do sistema capitalista. Dessa forma, o que os autores admitem é que, além de sua inserção no sistema produtivo, as classes dominadas são explicadas, principalmente, por sua condição de subordinação e exploração econômica e política na sociedade. Os referidos autores acrescentam, ainda, que esses

> grupos, subordinados e explorados, constituem-se povo na luta para resistir à exploração econômica e à opressão política, à pobreza, ao absolutismo, à imposição cultural e à subordinação colonial ou imperialista, num processo de constituição enquanto sujeito político que não ocorre à margem do sistema de dominação, mas dentro de, e no qual expressam sua identidade de povo e sua vontade de libertação. (Id., p. 13)

Percebe-se que é nessa luta que essas frações se identificam como classe social, postas à margem do sistema dominante, no qual vão se constituindo em sujeito político, unindo forças para combater seus opressores.

Nessa mesma linha analítica, Luz (1980, p. 128), ao se referir às classes trabalhadoras, diz que utiliza

> a expressão classes assim no plural, para especificar que há mais de uma classe, às vezes com interesses sociais diversos, que vivem apenas de seu trabalho: camponeses, operários agrícolas, operários urbanos, comerciários, todos vivendo sob as mesmas relações

sociais, delas sofrendo os mesmos efeitos, embora pertençam a diferentes segmentos sociais dos trabalhadores.

Mais uma vez, constata-se a indicação do caráter policlassista presente na constituição das denominadas classes populares, compostas, como já foi ressaltado, por diversas camadas, as quais possuem seu espaço próprio, trazendo em si suas especificidades. Nesse sentido, a autora enfatiza que seu interesse

> é mostrar como esse conjunto social é majoritário, por um lado, e como, por outro lado, a população não é um conjunto homogêneo, uma comunidade abstrata, mas um composto social diversificado de classes e camadas sociais, em que as necessidades e os interesses econômicos, políticos e sociais são diversos. (Id., ibid.)

Constata-se, assim, que, apesar de as classes sociais subordinadas viverem em condições sociais, políticas e econômicas bastante comuns, elas são marcadas, também, por contradições internas determinadas por interesses divergentes. Estas contradições influenciam, necessariamente, o desenvolvimento das lutas populares, repercutindo nas decisões e na organização de classe.

A caracterização de classes populares apresentada pelos autores coloca em evidência toda uma gama de segmentos que se diferenciam entre si, o que faz com que a formação das classes populares não possa ser explicada apenas pela sua inserção no processo produtivo, mas devem ser considerados outros elementos presentes na realidade desses grupos como a formação cultural, religiosa, étnica, social e política.

Percebe-se, ainda, que essa heterogeneidade das classes populares provoca algumas contradições internas, em consequência da diversidade de interesses, o que pode, em determinados momentos, afetar a unidade em termos das lutas concretas. Isto significa, muitas vezes, o esfacelamento das lutas populares.

É importante, assim, que se faça uma reflexão sobre as possíveis determinações deste caráter policlassista que marca as classes populares. Assim, pergunta-se sobre a sua implicação nas decisões e na organização da classe, questionando-se: até que ponto essa heterogeneidade interfere, de fato, no avanço ou recuo das lutas populares? É possível obter-se unidade entre esses diversos segmentos, e em que nível se daria essa unidade? Apesar de compartilharem situação semelhante de exclusão social, política e econômica, as classes populares convergiriam para um projeto único de sociedade?

As questões indicadas acima colocam a problemática das relações que se dão no interior de uma classe, o que se reveste de maior relevância quando se refere a um campo profundamente heterogêneo, como é o caso do que aqui se vem denominando de classes populares.

Carvalho (1987, p. 52), ao tomar como referência de análise a questão da heterogeneidade, no contexto brasileiro de redemocratização, na conjuntura da Nova República, coloca em destaque a atuação do Serviço Social a partir da relação contraditória do Estado com a referida classe, afirmando que

> o Serviço Social trabalha com diferentes frações da classe trabalhadora: com o operariado, com o trabalhador rural, sendo que hoje, na realidade da sociedade brasileira, uma parcela significativa de nossa clientela é o chamado setor informal — biscateiros, empregadas domésticas, homens e mulheres que criam estratégias de sobrevivência frente ao desemprego, ao subemprego.

A autora diz, ainda, que essa é uma clientela heterogênea, diversificada no interior da classe trabalhadora, o que permite a identificação de duas categorias básicas de clientela em termos de potencial político para o Serviço Social:

- uma formada pelos setores organizados da classe trabalhadora, ligada aos movimentos sociais rurais, urbanos, sindicais, afirmando-se como força política em níveis distintos e exercendo pressão direta sobre o Estado através da organização popular;

- uma outra formada por setores da classe trabalhadora que não estão no processo de organização política, por se encontrarem desordenados, desarticulados enquanto sujeitos sociais, não se configurando como força social. A pressão que este setor exerce sobre o Estado se dá através da situação de miséria em que vivem (id., p. 53).

Pelo exposto, pode-se evidenciar que as classes trabalhadoras possuem segmentos bastante diversificados, que expressam interesses diversos e que, na relação Estado/Serviço Social, vêm determinando demandas diferenciadas de acordo com o seu nível de organização na sociedade. Em relação à organização de determinados setores da classe trabalhadora, surge a presença dos movimentos sociais, que, segundo Carvalho (id., p. 55), colocam para o Serviço Social "uma demanda de apoio às suas lutas, que, de acordo com a natureza e a amplitude dos movimentos sociais, vão desde lutas corporativas até lutas mais amplas". Assim, assinala a autora que a Assistência Social vem se colocando para os movimentos sociais numa perspectiva política e coletiva, sendo questionada a visão de seu resgate pelo Estado como dádiva ou doação do poder público. Dessa forma, os movimentos sociais buscam resgatar os direitos sociais da classe trabalhadora, na perspectiva de resgate da própria cidadania. Carvalho (id., p. 56) destaca, porém, a questão da redefinição das estratégias de luta dos movimentos sociais em face da nova estratégia estabelecida pelo Estado da Nova República no seu enfrentamento com os mesmos, ou seja, assumir as bandeiras de lutas desses movimentos, institucionalizando algumas de suas demandas. Com isso, o Estado procura paralisar a mobilização, cooptando os movimentos sociais. Nesse sentido, a autora ressalta que "o apoio que o Serviço Social precisa dar hoje aos movimentos sociais é muito no sentido de ajudá-los a aproveitar o espaço conquistado dentro do Estado. E aproveitar as próprias políticas sociais sem perder sua autonomia, sem perder sua perspectiva de classe". Essa postura implica um compromisso com as lutas populares, uma redefinição da profissão, rompendo com as ações assistencialistas e reconhecendo o direito das classes trabalhadoras. Além do que, os assistentes sociais, no exercício da prática profissional, se defrontam com demandas dos setores desorganizados expressas pela busca do atendimento de necessidades imediatas.

Pelo exposto, verifica-se que os movimentos sociais populares se constituem na expressão política das classes populares e, apesar do controle a que estão sujeitas, estas têm ampliado seu espaço de expressão na sociedade brasileira. E a luta dos movimentos sociais em torno de demandas de serviços sociais tem oportunizado a tomada de consciência de direitos sociais e reforçado a necessidade de organização, contribuindo, dessa forma, para a conscientização política das classes subalternizadas (Almeida, T. G. 1984, p. 28-29).

Para Santana (1985, p. 129) os movimentos sociais ressurgem com maior força na década de 1980, devido à diversidade de interesses, nas lutas e reivindicações da população, em que se verifica a exigência da democracia, mesmo nas organizações de massa, como os sindicatos e partidos políticos. Assim,

> os movimentos sociais populares reemergem e consolidam-se, na década de 80, profundamente marcados pela diversidade de interesses e especificidades das lutas e reivindicações, como também pela busca de autonomia dos grupos de base, resultante da crescente confiança dos grupos populares em sua própria força e atuação, onde a exigência de democracia, de baixo para cima, torna-se um projeto de participação "da base" mesmo em organizações propriamente de massas como os sindicatos e os partidos políticos.

Santana (id., p. 129-130) destaca, ainda, a existência de duas vertentes que caracterizam a diversidade e a emergência dos movimentos sociais. A primeira engloba os movimentos que visam à satisfação das necessidades básicas da população; e a segunda engloba os movimentos que expressam e reivindicam os interesses de grupos ou categorias sociais e profissionais.

É importante destacar que,

> paulatina e progressivamente, a despeito do caráter imediatista de algumas reivindicações, a própria dinâmica dos movimentos, em seus avanços e recuos, derrotas e vitórias, converte-se no espaço onde a consciência crítica emerge, conduzindo ou reconduzindo os movimentos a mudarem ou acrescentarem as suas intenções às práticas de origem [...]. (Id., p. 133-134)

Dessa forma, o que se tem verificado em nossa história recente, no nível dos movimentos sociais, é que, apesar de muitos apresentarem caráter imediato, das suas derrotas e vitórias, eles têm, por vezes, se convertido num espaço de consciência crítica, o que vem possibilitar a reformulação e mudança dos seus objetivos e práticas de origem.

A luta dos movimentos sociais populares apresenta-se vinculada à perspectiva de resgate da cidadania, na qual, segundo Iamamoto (1987, p. 40),

> os movimentos sociais, englobando uma parcela significativa dos trabalhadores do setor informal da economia e desempregados, categorias nem sempre contempladas pelo movimento sindical, aparecem como uma nova forma de construção e reconhecimento da cidadania, tendo como principal interlocutor o Estado.

Fica patente que essa parcela da classe trabalhadora do setor informal (como biscateiros e ambulantes) e os desempregados, geralmente habitantes da periferia das cidades, possuem um nível de vida bastante deteriorado, sendo que os mesmos são, cada vez mais, afastados da vida social, econômica e política do país. A partir dessa situação, parcelas desses segmentos vão tomando consciência do seu estado de pauperização, organizando-se nos movimentos sociais, através de ações reivindicatórias e coletivas, cujo alvo principal é o Estado. Nesse processo de luta, torna-se cada vez mais claro, para esses movimentos, a perspectiva da cidadania, em termos de direitos sociais básicos: moradia, assistência médica, água, luz, transporte, dentre outros. Dessa forma, Moisés (1987, p. 65) admite que

> a contribuição fundamental dos movimentos sociais é a de buscar redefinir, ampliar e, de certa forma, radicalizar a luta pela extensão da cidadania e inscrever, pela primeira vez na história, a noção de cidadão — contra a relação soberanos/súditos, típica do Estado absolutista.

É importante focalizar outro aspecto dos movimentos sociais populares, destacado por alguns autores, que é o potencial transformador que ostentam. Nesse particular, Wanderley (1986, p. 11) acredita que

> o grande projeto do movimento popular é negar esse sistema e lutar pela construção de um outro. Mas isso não está claro na consciência da maioria do movimento popular e, sim, de setores e lideranças. Ele hoje luta pela sua própria sobrevivência: comer, morar, ter saúde. Dar esse passo qualitativo para a construção de um projeto de uma nova sociedade é o vetor, o norte desse movimento popular.

Isso significa que, embora a questão da transformação social não esteja claramente definida na consciência da maioria dos participantes do movimento popular, perpassa a produção de grande parte dos autores a ideia de que possivelmente com a prática cotidiana de luta dos movimentos venham assumir o projeto de transformação da sociedade brasileira, senão que no momento seria ilusório acreditar que o movimento popular, como um todo, se mobilize, com perspectivas e objetivos concretos de transformação social.

Nessa direção, cabe verificar o entendimento de Moisés (1987, p. 71), ao afirmar que

> falar em movimentos sociais não é apenas falar na luta de resistência, contra o capitalismo, de demandas, de reivindicações, mas é falar na capacidade positiva que esses movimentos têm de vincular e articular as suas formas de resistência com as estratégias de transformação da sociedade. O que, em última análise, esses movimentos colocam é a insuficiência do capitalismo, aquilo que a teoria deixou muito claro mas que, pela prática, somos convidados a ir muito mais fundo.

O autor acredita que os movimentos sociais trazem em si o germe de uma nova cultura popular, as condições para a formação de uma nova identidade, para a constituição dos sujeitos coletivos. Em suma, os movimentos sociais, através de suas práticas, denunciam a insuficiência do capitalismo. Porém, é necessário que se ressalte que, no Brasil, apesar dos constantes avanços obtidos pelos movimentos, o que se constata é que eles ainda não atingiram um nível considerável de amadurecimento político, embora já tenha havido, em alguns momentos, questionamentos ao sistema vigente.

A partir da reflexão desenvolvida, verifica-se que as categorias classes sociais, classes populares e movimentos sociais assumem uma centralidade relevante, enquanto elementos teóricos de fundamentação do projeto profissional que tem por fundamento o compromisso com o que considera interesses populares.

A análise da literatura evidencia que há uma especificidade no desenvolvimento histórico do capitalismo no país, a qual engendra uma estrutura social marcada pela heterogeneidade, o que permite a construção da categoria denominada classes populares, constituída por diferentes segmentos, os quais são designados pelos diferentes autores por denominações diversificadas, tendo, porém, como ponto de convergência a subordinação política e a exploração econômica. Assim, para os autores, as classes designadas sob uma grande variedade de termos partilham uma situação de exclusão do processo de consumo e utilização dos bens e serviços que circulam na sociedade e são excluídas do processo de decisão política. Como tal, são concebidas enquanto sujeitos históricos inseridos no contexto da luta de classes, em oposição ao Estado e às classes dominantes.

Esses setores explorados e subordinados se apresentam, enquanto clientela do Serviço Social, ora organizados em movimentos, ora como indivíduos desprovidos de condições mínimas de sobrevivência. Os movimentos sociais populares, nesse contexto, situam-se como a expressão política das classes populares e como espaço privilegiado para a ação profissional que se diz comprometida com os interesses e necessidades dessas classes.

Mesmo destacando seu caráter heterogêneo, não podendo, portanto, ser portadores de uma perspectiva unitária, a maioria dos autores expressam uma visão otimista dos movimentos sociais populares, enfatizando sua importância para o resgate da cidadania e seu potencial transformador quando considerados enquanto sujeito coletivo, situando-se como elemento capaz de desenvolver o germe de uma nova cultura e de uma nova identidade social, bem como capaz de inserir-se como agente do processo de transformação social.

A compreensão do Estado, instituição, políticas sociais, classes sociais, classes populares e movimentos sociais, enquanto categorias teóricas, é complementada, nos textos estudados, pelo conceito de transformação social que é a seguir considerado na sua articulação com o Serviço Social.

2.3 *Transformação social e Serviço Social*

2.3.1 Rumos teóricos do campo categorial

Procurando considerar os rumos teóricos da categoria transformação social, identificam-se duas perspectivas que merecem ser consideradas como referências para a compreensão das abordagens que a literatura do Serviço Social apresenta no que se refere a essa categoria: uma primeira, que destaca a dimensão ampla e abrangente do processo transformador nos diferentes âmbitos da vida social. Uma segunda, que enfatiza o contexto democrático como exigência fundamental desse processo.

Considerando a primeira perspectiva, a transformação social é compreendida, explicitamente, como um processo histórico, que deriva da luta política de grupos sociais organizados. Essa concepção extrapola o entendimento da transformação social enquanto mera modificação das relações de produção, ou seja, a transformação das relações sociais extrapola o âmbito do econômico, visto que se estende a todos os níveis que compõem a totalidade social.

A totalidade social destaca-se como uma das categorias básicas para o entendimento da transformação, a qual se expressa na relação dialética entre o econômico e o político, representados pela infraestrutura e pela superestrutura, em cuja relação se identifica a determinação do econômico, sem que essa determinação anule a ação ativa da superestrutura no processo de constituição da história. Essa relação, que se dá num movimento dialético, se pauta por antagonismos e contradições geradoras de tensão, criando a possibilidade da transformação social.

A falta de entendimento da organicidade e da relação dialética entre a infraestrutura e a superestrutura tem dado margem ao surgimento de posições dualistas, no seio do próprio marxismo, quando da análise da totalidade social. Essas posições expressam um visão mecânica da relação infraestrutura e superestrutura, ora centrada na base econômica, ora nas manifestações superestruturais, dando, a cada um desses elementos, um trato autônomo, isolado e até absoluto. O economicismo e o voluntarismo são considerados as duas formas mais significativas desse equívoco.

O economicismo se expressa como a corrente que absolutiza a determinação da infraestrutura sobre a totalidade social, vendo a superestrutura como expressão meramente reflexa do econômico, enquanto o voluntarismo enfatiza o poder da vontade no processo de intervenção na realidade, por entender a superestrutura como capaz, por si só, de transformar a realidade. Ambas as posições parcializam e dicotomizam os elementos constitutivos da totalidade social e, consequentemente, do processo de transformação.

Procurando combater posições que reduzem o marxismo a uma postura mecanicista, Gramsci se apresenta como a figura contemporânea mais expressiva que recupera e desenvolve a noção de dialética entre os elementos da totalidade social, ao construir seu conceito de bloco histórico, enquanto uma totalidade concreta, expressa pela articulação das forças sociais numa dada conjuntura.

> A partir da formulação do conceito de bloco histórico, se conclui que, para Gramsci, a transformação social é um processo global, decorrente da relação dialética do econômico e do político-ideológico, através da luta política que estabelece o vínculo orgânico entre esses dois elementos, o que implica uma transformação simultânea da estrutura econômica e da política na construção de um novo bloco histórico, onde a transformação do modo de produção implica em alterar o modo de pensar dos homens. (Silva e Silva, 1986, p. 29)

É, portanto, fundamental para Gramsci apud Gruppi (1980, p. 2) a redefinição das estratégias de luta política, tendo em vista a transformação social, que se dá através de uma relação dialética entre a infraestrutura e a superestrutura. Essa relação é permeada por contradições e antagonismos, sendo as categorias hegemonia e intelectual orgânico fundamentais para compreender essa relação na análise gramsciana.

Analisando o conceito de hegemonia em Gramsci, verifica-se que, para esse autor, a hegemonia do proletariado possui um profundo valor filosófico, visto que representa o estabelecimento de uma nova estrutura econômica, de uma nova direção ideológica e cultural. Vista sob esse prisma, a hegemonia do proletariado incide não somente sobre a base econômica, mas também atinge o nível da moral, do conhecimento e da filosofia. Logo, para Gramsci, a revolução, a transformação da estrutura social requer uma reforma intelectual e moral. Isto é, a transformação social se realiza numa constante relação entre a estrutura econômica e social e a consciência dos homens.

Partindo do entendimento de que a transformação social, enquanto processo, se inicia a partir da direção ideológica, constata-se que a tomada do poder por si só não conduz a modificações profundas numa dada estrutura social. Muda-se o sistema econômico, porém permanecem as relações sociais e concepções de mundo pertinentes ao esquema de dominação. A transformação, num contexto de totalidade histórico-social, implica uma nova formação ideológica, que, por sua vez, remete a nova cultura, a novos valores, a novas concepções de mundo construídas no âmbito da luta das classes organizadas. Nessa ótica, percebe-se a hegemonia como um processo que se gesta e se desenvolve no bojo dessas lutas, numa relação dialética entre consenso e força, a qual se direciona a uma revolução cultural e moral. Cabe salientar, no entanto, que a hegemonia, embora se configure como um processo de reforma intelectual e moral, desenvolvido anteriormente à tomada do poder político, não se apresenta dissociada desse último, visto que se efetiva paralelamente a profundas alterações político-econômicas.

Isto posto, verifica-se que a ideologia se constitui numa categoria essencial para o entendimento do processo hegemônico, a qual, na concepção gramsciana, assume o significado de uma concepção de mundo que se expressa nas mais diversas manifestações da vida individual e coletiva. Assim, a transformação ideológica é a base da hegemonia, podendo uma classe formular uma ideologia própria antes da tomada do poder, constituindo-se, portanto, a ideologia, um instrumento de dominação ou de libertação.

Nesse processo, destaca-se a função do intelectual orgânico, definida pela sua atuação junto a um projeto político de classe e pelas repercussões dessa atuação no processo hegemônico. Define-se ainda pelo seu papel de articulador das massas no sentido de formação e fortalecimento de alianças entre diferentes frações de classes, a partir de questões concretas que se desenvolvem na dinâmica social.

No que tange à categoria intelectual orgânico, cabe ressaltar que o partido político assume, no pensamento de Gramsci, um papel de destaque, sendo entendido como "o intelectual coletivo, que não se confunde com o partido político no seu sentido estrito de uma organização que exerce a ação política estatal, mas abrange toda ação político-ideológica que se dá no interior da sociedade civil (escola, sindicatos, meios de difusão etc.)" (Silva e Silva, 1986, p. 40).

Verifica-se que a concepção do partido, segundo Gramsci, recebe uma conotação mais ampla, visto que extrapola o seu entendimento enquanto espaço restrito a ações de cunho partidário, para se constituir em articulador de forças que buscam a transformação da sociedade e a garantia de organização política, a fim de conhecer a dominação e construir uma identidade de classe, ou seja, o partido assume, então, uma função educativa permanente. Nesse sentido, o partido assume a responsabilidade de efetivar a reforma intelectual e moral sugerida por Gramsci, assim como de formar uma vontade coletiva.

Percebe-se, dessa forma, que, para Gramsci apud Macciocchi (1980, p. 132) o intelectual orgânico, enquanto um elemento do bloco histórico, representa um fator de unidade entre infraestrutura e superestrutura, sendo que a desagregação da hegemonia da classe dominante cria possibilidade de se formar novo sistema hegemônico, dando lugar à transformação da velha sociedade com o surgimento de um novo bloco histórico. Nesse processo, o proletariado deve compor-se com as demais camadas oprimidas, bem como demonstrar capacidade de assegurar a hegemonia no âmbito dessas novas alianças, a fim de desestruturar a frente ideológica do bloco dominante.

Nesse aspecto, destaca-se que "diferentemente de uma simples aliança de classes e forças sociais, a formação de um bloco histórico implica uma transformação dos papéis sociais respectivos no interior da aliança e uma modificação das formas de poder e da política" isto é, uma modificação "[...] das relações dialéticas e orgânicas entre intelectuais e povo, dirigentes e dirigidos, governantes e governados, todas as coisas ligadas à necessidade de uma nova prática estatal, de um novo tipo de Estado" (Buci-Glucksmann, 1978, p. 136).

Desse modo, a formação de alianças implica uma mudança de relações, ou seja, implica não somente compor as alianças, mas também transformar as formas de pensar e agir dos grupos aliados, para que não se repitam as mesmas formas de relações existentes no capitalismo. Percebe-se que esta mudança é profundamente relevante para que se construa um novo modelo de Estado, baseado em novas formas de poder.

O exposto evidencia que, a partir do pensamento de Gramsci, os conceitos de totalidade social, bloco histórico, hegemonia, ideologia e intelectual orgânico se apresentam como categorias explicativas da práxis transformadora. Essa é concebida enquanto processo histórico decorrente da luta política dos grupos sociais organizados, numa relação dialética entre infraestrutura e superestrutura, na perspectiva de construção de um novo bloco histórico, em que a modificação das relações de produção implica a criação de uma nova ideologia que passará a constituir a hegemonia da classe dominada.

A segunda perspectiva se situa no debate contemporâneo sobre a questão do socialismo, destacando a democracia como uma via para o processo da transformação social, com ênfase nas lutas pelo redimensionamento do Estado e pela superação das formas autoritárias de poder, para que a população tenha acesso ao exercício pleno da cidadania. Pensar a transformação da sociedade no contexto atual implica a construção de uma

> sociedade em que a igualdade no plano econômico e social e a democracia no plano político estejam implantadas em medida maior do que o estão presentemente, e poderiam sê-lo mesmo no futuro [nos limites do atual regime], nas sociedades em que o capitalismo está mais avançado. Nenhum país que tenha, de alguma forma, abolido o capitalismo pode ser considerado socialista se não estiver agora proporcionando ao conjunto de seus trabalhadores igualdade e democracia, em medida significativamente mais alta do que os países capitalistas mais adiantados. (Singer, 1985, p. 23)

Partindo dessa reflexão, pode-se inferir que, no debate atual, a questão da transformação social implica, necessariamente, a questão da democracia e se constrói a partir de um amplo processo de desenvolvimento da cidadania, o que pressupõe a conquista de direitos, pelo atendimento às demandas da população. Assim, à medida que a classe trabalhadora obtém conquistas no interior da sociedade capitalista, gera mudanças na mesma, considerando que, a partir dessas mudanças, novas demandas vão se colocando e, consequentemente, novos interesses históricos também vão se estruturando.

Um aspecto destacado, nessa perspectiva, refere-se à questão da representação e participação popular na direção do processo democrático, o que "significa lutar para criar, no âmbito da democracia, mesmo que em caráter parcial, os processos de participação que são típicos de uma revolução. Ou seja, para quem quer realmente mudar a sociedade, o caminho é mais participação, ou seja, mais democracia, e não menos" (Weffort, 1984, p. 113). Assim a representação e a participação direta são elementos imprescindíveis para a realização da democracia, permitindo o seu avanço e preparando-a para que se constitua num espaço de transformação social. Isso "supõe também alterações drásticas na política econômica, redimensionando o funcionamento da economia para atender às demandas populares" (id., p. 130). Nesse sentido, percebe-se que a democracia deve contribuir para a erradicação das profundas desigualdades sociais que impossibilitam à maioria da população o acesso à cidadania.

Observa-se que o processo democrático, como viabilizador da transformação social, remete à formação de uma nova consciência social e de um novo combate político, no sentido de superação de todas as formas de dominação nos diversos níveis que compõem a estrutura social. Ou seja, em todas as situações vivenciadas no cotidiano dos diferentes grupos,

> os proletários e oprimidos negam a ordem social capitalista, sua teia de espoliação econômica, de dominação social e cultural etc. Essa negação contém a contraface positiva da relação contraditória dos proletários e oprimidos com o capitalismo e põe na cena histórica as forças sociais da revolução democrática que escapam ao controle burguês. São tais forças que equacionam positivamente os elementos da mudança em avanço [...]. (Fernandes, 1986b, p. 118)

Nesse sentido, é fundamental a luta dos trabalhadores em prol de seus interesses, de forma independente, tendo em vista a obtenção de autonomia no contexto da sociedade civil, bem como o controle do aparato estatal.

Cabe destacar que, no processo de formação de uma sociedade democrática na perspectiva transformadora, um aspecto importante refere-se à descentralização do Estado, ou seja, ao redimensionamento do Estado, o qual deve ser direcionado ao atendimento das demandas e dos interesses populares. Segundo Singer (1985, p. 71), o novo Estado tem que ser descentralizado, de tal forma que as decisões finais sejam tomadas pela classe trabalhadora. O instrumento para a conquista do Estado deve ser uma ampla frente de massas, composta por diversas correntes, sendo que "à medida que conquista algum poder, a nível local ou de empresa ou de sindicato, o utilize de imediato para subordiná-lo ao conjunto de cidadãos sobre o qual ele é exercido". Fica claro que a luta pela modificação das estruturas sociais deve ser uma prática de libertação, a qual precisa ser claramente expressa nas relações internas dessa frente de massas. Nessa direção, a questão central gira em torno da transformação do poder, antes mesmo da sua conquista.

Nessa perspectiva, a transformação social, enquanto um fenômeno democrático, implica se "construir um novo Estado, e, construindo um novo Estado, abrir caminho para uma nova democracia" (Weffort, 1984, p. 109). É necessário, portanto, transformar o Estado, para que represente, de forma igualitária, os interesses dos diversos segmentos que compõem a sociedade. Nesse sentido, Ianni (1984, p. 18) afirma que

> toda luta pela democracia, portanto toda luta contra formas autoritárias de poder, no limite, é uma luta através da qual os muitos singulares que constituem uma nação lutam para expressar-se, para espelhar-se, para ver-se na fisionomia do Estado e para sentirem que o Estado representa, em alguma medida, os muitos singulares que formam uma nação.

Em síntese, o Estado precisa emergir da sociedade civil e ser direcionado aos interesses daqueles a quem é negado o direito ao trabalho, educação, habitação, saúde, alimentação etc., buscando tornar o povo consciente e participativo das decisões nacionais. Torna-se necessário, portanto, combater e romper as relações autoritárias de poder expressas nas diferentes instituições sociais em nível cultural, ideológico etc., as quais são reproduzidas cotidianamente nas relações que os homens mantêm entre si. Evidencia-se, dessa forma, a importância da criação de uma nova ética política, uma nova prática política, baseada nos princípios da democracia, o que pressupõe a vivência da cidadania.

A partir dessa análise, é possível conceber a transformação social enquanto um processo de construção da democracia, o qual viabiliza o redimensionamento do Estado e da economia, para atender aos interesses da coletividade, o que possibilita uma ampla participação da população nas decisões políticas, assegurando-lhe o direito ao exercício pleno da cidadania.

As reflexões acima nos permitem inferir que a nebulosidade do debate contemporâneo sobre a questão da transformação social aponta para, pelo menos, duas perspectivas:

- uma que admite que a construção de uma sociedade de democracia de massa, capaz de assegurar o pleno exercício dos direitos civis, políticos e sociais, portanto, da cidadania, implica, necessariamente, a superação do modo de produção capitalista;
- outra que admite que essa sociedade democrática pode decorrer da transformação do próprio sistema de produção capitalista, ou seja, decorreria da implantação de um "capitalismo social".

O certo é que, contemporaneamente, não cabe afirmar que as utopias estão mortas, nem que alcançamos o fim da história, todavia, questões centrais ligadas à configuração de qualquer sistema produtivo moderno, como a privatização ou socialização dos meios de produção e a questão do mercado, constituem objeto não consensual no debate sobre a transformação social. Um aspecto central, também, nesse debate, que parece menos controvertido, é o entendimento de que a evolução tecnológica já alcançada pela humanidade deve ser apropriada por essa nova sociedade democrática, como condição de garantia e de expansão dos direitos sociais.

2.3.2 As categorias no contexto do Serviço Social

A literatura do Serviço Social, considerada no presente estudo, permitiu identificar que a categoria teórica transformação social constitui-se em elemento central nas formulações dos autores que defendem uma prática profissional comprometida com os interesses populares. Representa a mediação privilegiada de aproximação do Serviço Social com o marxismo, sendo fundamental, também, para o desvelamento da dimensão política da profissão.

Em que pese a centralidade dessa categoria teórica para o esforço de ruptura no Serviço Social, a literatura evidencia muitas referências ao termo, mas pouca teorização sobre seu conteúdo.

Embora se identifiquem referências à visão clássica do conceito que situa a transformação social no âmbito do econômico/modo de produção, é evidente a influência maior de Gramsci, que lança novas luzes para pensar a transformação social em todos os planos (econômico e político-ideológico), na literatura do Serviço Social. Assim é que essa categoria é construída a partir de outras como práxis, hegemonia, ideologia e intelectual orgânico e remete a outros conceitos como participação, organização e mobilização. Além do que o processo de produção de conhecimento é apontado como condição necessária para sua efetivação e os movimentos sociais são destacados como sujeito social do processo.

No contexto do Serviço Social, merece destaque o livro de Carvalho, *A questão da transformação e o trabalho social* (1986b), que influencia e amplia a reflexão sobre essa categoria teórica.

A maioria dos autores denota, como entendimento dominante, a transformação social percebida enquanto categoria histórica inscrita no contexto das relações sociais contraditórias, enquanto processo de mudança nas relações sociais capitalistas. Nesse sentido, destacam, predominantemente, a perspectiva da transformação enquanto um processo decorrente da correlação de forças, configurada num momento conjuntural, historicamente construído, a partir das lutas políticas das classes sociais. Com esse entendimento, a transformação social configura-se como processo resultante das lutas sociais, fundamentadas na formação de alianças entre os vários segmentos da classe dominada, a fim de fortalecer o poder popular e o seu potencial de enfrentamento ao poder da classe dominante.

Alguns autores destacam a contribuição da produção do conhecimento no processo de transformação social. Nesse sentido, Kameyama (1989, p. 100) assinala que o conhecimento tem como objetivo a transformação da prática social, enfatizando, porém, que a teoria, por si só, não produz a transformação do mundo, podendo colaborar com o processo transformador, na medida em que haja um envolvimento, uma identificação, através de atos concretos daqueles que buscam a transformação social.

> Esta ação efetiva de transformação é a prática entendida como atividade racional e social dos homens na transformação da natureza e da sociedade. Essa prática se efetiva na produção material, na atividade social e política e na investigação (o que chamamos de prática do conhecimento).

A autora chama a atenção para a importância da unidade indissolúvel entre teoria e prática, formando "aspectos inseparáveis do processo de conhecimento [...] levando em conta que a teoria não só se nutre na prática social e histórica, como também representa uma força transformadora que indica à prática os caminhos da transformação" (id., p. 101). Isso posto, verifica-se a preocupação com a produção de novos conhecimentos que desvelem as relações sociais, e que possibilitem a construção de uma nova ordem. Só se podem combater as ideias, os valores de uma dada sociedade que aliena e explora o homem, com a construção de novas ideias. Contudo, o conhecimento sem a ação dos homens não produz transformação. É necessário, então, que haja comprometimento nas ações com a construção dessa nova sociedade.

Segundo Souza, J. F. (1988, p. 70),

> a transformação das atuais relações sociais e a construção/consolidação de outras só são possíveis através da práxis dos explo-

rados/oprimidos, seus aliados, seus intelectuais orgânicos e intelectuais comprometidos com a hegemonia popular, com autênticas lideranças revolucionárias.

Entretanto, o autor ressalta que o problema que se coloca é a produção de um conhecimento que sirva à transformação social, que modifique as atuais relações, acreditando que somente a produção de um novo conhecimento pode contribuir efetivamente para a subjugação dos atuais conhecimentos e o surgimento de novas relações sociais. Com esse entendimento, aponta a necessidade de um conhecimento unificado, em que conhecimento científico e conhecimento popular se unam, para formar uma nova cultura popular, visto que, isolados, ambos não conseguem dar conta do processo de transformação social.

Nesse processo, a práxis se destaca como categoria explicativa da transformação social. Segundo Arcoverde (1985, p. 131), "as comunidades se conscientizam em si mesmas, a partir de sua práxis cotidiana, a partir dos projetos individuais e coletivos levados adiante". A autora prossegue, admitindo que a práxis faz-se presente na realidade de forma objetiva e concreta, sendo necessário entender que, para efetivação da práxis, é fundamental a existência da intencionalidade da ação, pressupondo-se a intervenção da consciência do profissional e da clientela (id., p. 139).

Essa questão é destacada, ainda, por Munhoz (1985, p. 58-59), quando explicita que "num embate que se estabelece entre teoria e prática como polos antagônicos, surge sempre a expressão práxis como redentora do antagonismo e conciliadora da contradição [...]".

No contexto dessas reflexões, Guimarães, G. (1990, p. 165) afirma que

> a unidade dialética que compreende o processo ação-reflexão, que acontece num movimento contínuo e permanente, é o ponto básico da atitude que é estar consciente de algo. [...] A práxis

> pressupõe sua interação com a realidade, esta se "desvela" diante do sujeito, pois ele passa a conhecê-la na sua complexidade e passa a agir sobre ela.

Dessa forma, a práxis é compreendida como um processo de ação-reflexão, que pressupõe uma relação com a realidade, conhecendo-a e agindo sobre ela.

Outra categoria teórica relacionada à transformação social é a da hegemonia, que, segundo Coutinho (1991, p. 10), está articulada "à formação do que Gramsci chama 'vontade coletiva' nacional-popular, vontade que, segundo ele, transcende os limites da simples consciência de classe". O autor prossegue, entendendo que, para Gramsci, essa vontade coletiva aponta para a formação de um bloco histórico, cujos interesses são diversificados, porém articulados. Assim, numa dada sociedade, a hegemonia se baseia na diversidade mas não deve ser confundida com ecletismo, pois hegemonia implica pluralismo (id., p. 16). Vale dizer que a formação dessa vontade coletiva não pressupõe a homogeneidade de pensamento, mas a articulação de ideias e interesses diversificados, contudo, não polarizados ou contrapostos.

Hegemonia pressupõe, dessa forma, "adesão e convencimentos expressos, fundamentalmente, na práxis social" (ABESS, 1991, p. 140), devendo ser levada em consideração, principalmente, a qualidade dessas adesões, ou seja, a força efetiva que possuem os que aderem a determinado projeto político, para conduzir a prática social na perspectiva que desejam.

Santana (1985, p. 45) explicita o conceito de hegemonia trabalhado por Gramsci, que o entende

> como um processo que se dá no interior da luta de classes, o qual envolve as relações no interior das classes e entre elas, especificando relações de direção e de domínio de frações de classes sobre grupos afins, ou de classes sociais entre si. Portanto, dentro

da perspectiva gramsciana, o exercício da hegemonia se manifesta de dois modos: direção intelectual e moral e domínio.

Assim, o processo hegemônico envolve as relações de dominação e direção das frações de classe e das classes sociais entre si.

Para Menegasso (1989, p. 306-307), a hegemonia da classe dominante se dá através da direção cultural e ideológica, que vem abranger todos os níveis da sociedade, sendo que o discurso ideológico faz-se a partir do conhecimento e é mantido devido às lacunas existentes neste conhecimento, em que o movimento de constituição do contradiscurso faz-se a partir das reflexões críticas acerca do senso comum. Dessa forma, verifica-se que a hegemonia de uma classe sobre outra pressupõe a luta pelo domínio da ideologia, que se verifica no contexto da luta política entre as classes. Para que se desenvolva um processo de contra-hegemonia pelas classes subordinadas, pressupõe-se a participação política que vise à transformação da estrutura de classes, a partir das relações sociais de produção.

É mister destacar que, no processo da luta de classes, a ideologia funciona como instrumento imprescindível no que tange à manutenção ou às mudanças ao nível do *status quo*, vindo demonstrar a importância dessa categoria teórica para a compreensão do processo de transformação social, visto que os autores não percebem esse processo limitado ao campo econômico, mas o incluem também no campo ideológico.

Percebe-se, entre os autores que trabalham a ideologia, a influência da teoria gramsciana. Nesse aspecto, Carvalho (1986b, p. 40) destaca que "para a classe dominada que como tal está privada da propriedade e do acesso ao aparato estatal, a ação ideológica é decisiva no seu projeto de libertação, desde que no seu interior existam as condições objetivas de transformação". A autora acrescenta ainda que

> a ideologia em situações e momentos diversos da luta de classes é configurada na sua capacidade cognoscitiva, enquanto con-

cepção de mundo que unifica pensamento e ação, e na sua função mistificadora como forma de dominação que separa pensamento e vida. Assim, a ideologia está sempre presente no processo de luta de classes, tanto na manutenção e reprodução do domínio como na luta pela libertação.

As reflexões de Carvalho evidenciam que a ideologia apresenta uma dupla conotação, já que pode ser utilizada como mecanismo de manutenção e reprodução da dominação como também pode constituir-se em instrumento de libertação a partir da desmistificação de ideias, aspirações e representações historicamente impostas pela classe dominante como suporte para a dominação. Esse processo de desmistificação é mediado pelos intelectuais orgânicos comprometidos com a construção de "uma nova correlação de forças, uma nova hegemonia no 'bloco histórico' da transformação" (Faleiros, 1985, p. 55).

Santana (1985, p. 44-45) destaca a existência de pensamentos espontâneos que, baseados no senso comum, podem se transformar num pensamento único a partir de uma nova perspectiva de criticidade política, por meio de um processo de reformulação em nível intelectual e moral, ficando, assim, estabelecida a possibilidade de uma contra-ideologia ou de uma ideologia das classes subalternas. É a partir daí que a autora reflete sobre as funções da ideologia, enfatizando principalmente o seu papel de ocultação das contradições existentes na sociedade e de instrumento do projeto político de libertação quando vinculada às classes subalternas. Assim,

> as funções da ideologia na constituição do processo hegemônico das classes fundamentais, quando se vincula à classe social burguesa, tem o papel de ocultar as contradições que atravessam o seu projeto econômico e político para o conjunto da sociedade e, quando se vincula às classes expropriadas e subalternizadas torna-se um instrumento no seu projeto político de libertação [...].

A ideologia, nesse sentido, "possui um papel decisivo na constituição da classe e na sua luta, exercendo funções específicas de organização e coesão de classe. É através da ideologia que uma classe se aglutina, se articula, formando um bloco compacto". Portanto, "a ação ideológica constitui para o proletariado a possibilidade de, existindo as condições objetivas de transformação no bloco histórico, iniciar a construção de sua hegemonia, ainda na sociedade capitalista" (Carvalho, 1986b, p. 37-39).

Diante do exposto, evidencia-se que a ideologia se configura como elemento presente nos diferentes níveis da sociedade, a partir de uma construção e reconstrução histórica, expressando uma concepção de mundo. O resgate desse processo para a perspectiva da transformação social implica a realização de uma prática vinculada aos setores populares, em que a desmistificação das concepções historicamente instituídas favoreça o fortalecimento de uma nova concepção de mundo que possibilite a construção histórica de uma nova hegemonia.

Numa tentativa de compreensão do processo da transformação social, alguns autores referenciam o conceito de intelectual orgânico, considerando que sua função se volta para a construção da vontade coletiva das camadas populares, numa ação conjunta entre estas e os intelectuais.

A partir dos autores estudados, é possível verificar que o conceito de intelectual orgânico se fundamenta nas formulações gramscianas. Segundo Santana (1985, p. 46-47), "os intelectuais assumem efetivamente a função de manter a vinculação, de manter a estrutura e a superestrutura, função a partir da qual podem contribuir para manutenção ou alteração das condições hegemônicas no interior do bloco histórico [...]". O seu entendimento de intelectual é, portanto, gramsciano, referindo-se àqueles que dão consistência às ideologias, ligadas à função social de cada grupo existente na sociedade, ou seja, as funções de intelectual se vinculam aos interesses das duas classes fundamentais identificadas nas formações sociais capitalistas.

Por sua vez, Nicolau (1984, p. 7) destaca que a organicidade dos intelectuais depende do vínculo efetivo, estabelecido a partir de sua militância, podendo o intelectual orgânico estar ligado à classe hegemônica ou ligado ao projeto revolucionário da classe proletária, afirmando que "o que vai definir a organicidade do intelectual a uma dessas classes é o seu vínculo efetivo, sua militância, seja inserido num projeto conservador da classe hegemônica, ou num projeto revolucionário da classe que aspira à hegemonia".

Durante a década de 1980, quando a visão sobre o potencial transformador dos movimentos sociais é ainda muito otimista, refletindo sobre o processo de transformação social, um grupo de autores destaca a perspectiva de os movimentos sociais representarem o sujeito coletivo privilegiado a partir de um processo de construção dos setores populares como classe hegemônica. Nessa direção, Wanderley (1986, p. 12-13) destaca a necessidade de se pensar a transformação social a partir da sociedade civil, do fortalecimento do movimento popular, e não somente a partir do Estado. Assim, o autor entende que o movimento popular é o novo sujeito dessa transformação da sociedade, cujas práticas, ao nível de associações de moradores, de sindicatos, mesmo sendo desenvolvidas em projetos pequenos, já apontam para o horizonte de uma nova sociedade. Dessa forma, é preciso observar o potencial desses movimentos, as reformas que gradativamente vão realizando na sociedade.

Contribuindo com as colocações anteriores, Rocha, L. (1989, p. 17) afirma que "ao pensarmos numa perspectiva de transformação social, fica evidenciado que os movimentos sociais populares podem se constituir sujeitos dessa transformação na medida em que representam uma das formas de resistência da classe dominada à situação de exploração imposta pelo modo de produção capitalista". O que se observa, pela colocação da autora, é que esses movimentos despontam na sociedade como uma força que se opõe à exploração de classe, às desigualdades sociais. Nesse sentido, os movimentos sociais populares vão se impondo, através de suas lutas, estimulando a participação das camadas populares, que podem, nesse processo, adquirir consciência de classe.

Segundo Moisés (1987, p. 71-72), falar em movimentos sociais não significa "apenas falar na luta de resistência contra o capitalismo, de demandas, de reivindicações, mas é falar na capacidade positiva que esses movimentos têm de vincular e articular as suas formas de resistência com as estratégias de transformação da sociedade". Continuando na sua reflexão, o autor diz que a constituição positiva de alternativas requer um projeto alternativo de sociedade, o qual

> não pode nascer, senão nas experiências já existentes, senão no que há de profundo, de rico nesta nova cultura popular e democrática que está no cerne dos movimentos sociais. Mas esse projeto alternativo tem que se colocar desde logo em face do poder do Estado, em face às alianças que se consolidam por cima, dando força às políticas sociais do Estado.

Isso posto, percebe-se que, segundo o autor, o movimento social possui um papel fundamental no processo de transformação social, a partir das práticas concretas que vem realizando, com possibilidades de formação de consciências mais críticas, através de um processo de aprendizagem e luta.

Conforme Vargas (1989, p. 13-14),

> os problemas da consciência social da organização, a participação, a mobilização etc., como dimensões inerentes à práxis do movimento popular, assumem relevância, enquanto expressão de uma dinâmica reflexiva crítica e criadora, capaz de orientar um processo de transformação. No processo de constituição de um projeto alternativo "contra-hegemônico", a confrontação com a relação acumulação-dominação implica uma dinâmica de reordenação dos setores populares, com o fim de ir gerando novas

formas de expressão e de poder, que permitam ir nucleando em torno de uma nova "ordem política", o consentimento, a participação e a articulação das classes e forças sociais subordinadas.

Pelo exposto, entende-se ser necessário que o homem apreenda as questões inerentes à relação capital/força de trabalho e, dialeticamente, inicie um processo de apreensão-reflexão, através do qual vá descobrindo e produzindo categorias que poderão oferecer elementos explicativos e desvendadores do contexto das relações sociais dominantes.

Na produção do Serviço Social, identificam-se, também, proposições que enfatizam a questão da aliança entre profissionais e movimentos sociais, na perspectiva de romper com a dominação. Nesse sentido, Vargas (1989, p. 25) enfatiza que, no âmbito dos problemas da consciência social, da organização etc., enquanto dimensões próprias da práxis do movimento social, "cabe destacar a ação que cumpre o profissional crítico desempenhar em sua relação com os setores populares para participar ativa e criadoramente no processo de definição de um projeto alternativo, como um fato cotidiano que se ajusta a si mesmo às variações da dinâmica das condições sociais". O assistente social não deve ficar alheio ao processo de luta que se desenvolve na sociedade, mas deve contribuir efetivamente para os movimentos populares, onde o seu papel não deve ser o de um benfeitor, nem o de um líder autoritário, ou meramente o de um cumpridor de tarefas, mas o de um sujeito envolvido na dinâmica das relações capitalistas e, dessa forma, preocupado com a construção de um projeto político de cunho transformador. Nessa perspectiva, a participação do assistente social se coloca no nível do desenvolvimento de ações dentro e fora do âmbito institucional, orientado no sentido de criar alternativas que não sejam manipuladoras, mas que contribuam para que os setores populares se libertem da dominação ideológica, da estagnação, da fragmentação em que se encontram, para se transformar em forças sociais com condições de estimular o movimento popular autêntico.

Pelo exposto, ao procurarem articular a ação do Serviço Social com o processo da transformação social, os autores estudados expressam uma ênfase à exigência da prática profissional crítica, articulada a uma luta da categoria dos assistentes sociais com outras categorias profissionais e com os movimentos populares. Nesse sentido, situam-se, enquanto segmento da classe trabalhadora, no processo das lutas na sociedade civil, com destaque para a necessidade de efetivação de alianças e, aqui, a organização profissional é assumida como estratégia de apoio a uma prática profissional crítica. Não restam dúvidas de que, ao expressarem essa perspectiva, alguns autores diluem, nas suas formulações, as fronteiras entre ação profissional e militância política.

Ilustrando essa perspectiva, Fonseca, C. (1989, p. 13) assinala que as reais demandas da população

> só poderão ser conquistadas no quadro de uma nova correlação de forças, onde os trabalhadores detenham efetivamente o poder político e econômico. Isto quer dizer, em outras palavras, na unidade dos assistentes sociais com a classe operária, com os trabalhadores em geral na luta pela construção de uma nova sociedade: a sociedade socialista.

Fica claro que os reais interesses da população só se concretizarão a partir de mudanças na correlação de forças, quando os trabalhadores poderão alcançar a hegemonia enquanto classe. Nesse sentido, os assistentes sociais devem se aliar à classe trabalhadora, comprometendo-se com suas lutas de forma efetiva, tendo como objetivo a construção de uma nova sociedade.

Segundo Serra (in Serra et al. 1987, p. 78), não se pode ter um discurso de transformação como profissional e, no embate de forças, estabelecer alianças com setores que não desenvolvem sua prática conforme os interesses das classes populares.

> Temos que somar com aqueles que querem real e concretamente a transformação da sociedade, apesar dos limites e das possibi-

> lidades, a curto, a médio e a longo prazo. Portanto, temos que nos aliar e respaldar os setores populares da categoria que realmente estão levando uma prática nessa perspectiva.

A autora chama a atenção para a questão da coerência profissional, visto que há profissionais com um discurso crítico que propõem o apoio aos setores populares, quando a sua prática revela um posicionamento contraditório. A autora aponta, então, para a necessidade de aliança com os setores populares e todos aqueles que desejam concretamente a transformação da sociedade.

Outras referências feitas à transformação social estão contidas nos relatórios dos grupos do V CBAS, os quais apontam a perspectiva de uma transformação social direcionada pelos setores populares e de um Serviço Social transformador (ANAS, 1987, p. 117). Entretanto, não fica claro o que é esse Serviço Social transformador.

A tendência de maior expressividade no material analisado enfatiza o papel ativo do assistente social no processo transformador, a partir do resgate das dimensões político-ideológicas da profissão, ou seja, os assistentes sociais podem contribuir na luta dos trabalhadores na perspectiva da transformação social, desde que assumam, de forma consciente, a dimensão política da prática profissional e façam opção pelo projeto político das classes trabalhadoras (Sousa, L. E., 1991, p. 100). Nessa perspectiva, a prática profissional se coloca como aliada, no sentido de que o compromisso com a transformação social remeta a um engajamento no processo político que passe pela ação de um partido político, bem como pela inserção em entidades representativas da classe trabalhadora. Isto é, a articulação do assistente social com os setores populares, enquanto mediador, passa, necessariamente, pelo seu engajamento a movimentos populares, associações, sindicatos, no sentido de apoiar diretamente as lutas dos trabalhadores.

No interior dessa discussão, identifica-se, na literatura do Serviço Social, a frequente atribuição do papel de intelectual orgânico ao assistente social, cuja prática deve se associar à construção de um projeto hegemônico que, no âmbito da sociedade civil, se efetiva mediante luta de classes e frações de classes.

Nessa direção, observa-se que

> os trabalhadores sociais, enquanto profissionais, parecem ter uma função intelectual em termos de estimular e apoiar a luta dos dominados no interior do seu processo de organização política. Assim, o nível de organicidade dessa sua função intelectual se define a partir das exigências das lutas dos dominados numa dada realidade, num dado momento histórico específico e das possibilidades efetivas e reais de exercício da ação profissional numa dada correlação de forças. (Carvalho, 1986b, p. 274)

A partir dessa colocação, a autora chama atenção para a necessidade de que se esteja atento para não incorrer em tendências voluntaristas, orientadas pelo mito do compromisso que enfatiza o poder da vontade na intervenção na realidade social. Nessa perspectiva, a transformação social se apresentaria como um processo que se realiza no domínio político-ideológico, expressando uma visão idealista da realidade social, partindo do princípio de que a história muda através da ação da consciência, cujo fator determinante é a vontade, "seja a vontade de um grupo de vanguarda, seja a vontade de um líder carismático que consiga desenvolver um ideal revolucionário" (id., p. 31).

Com essa reflexão, a autora aponta a possibilidade de alianças entre profissionais e população, no sentido de apoio às suas demandas sem, contudo, atribuir papel direto e imediato à profissão no processo de transformação social, o que, via de regra, circunscreve aos profissionais a perspectiva de uma mediação privilegiada nesse processo, a partir de uma postura vanguardista e voluntarista.

No interior do Serviço Social, o voluntarismo impregna a tese "[...] que sustenta, a nível de princípio, a dimensão necessariamente 'transformadora ou revolucionária' da atividade profissional". Essa tese,

> ao considerar o Assistente Social como "agente de transformação", não reconhece, nem elucida, o verdadeiro caráter dessa prática na sociedade atual. Ao superestimar a eficácia política da atividade profissional, subestima o lugar das organizações políticas das classes sociais no processo de transformação da sociedade, enquanto sujeitos da história; por outro lado, parece desconhecer a realidade do mercado de trabalho. (Iamamoto e Carvalho, 1986, p. 74)

Em que pese o destaque que a literatura do Serviço Social empresta à categoria transformação social, há que se considerar, ainda, os limites e as restrições às abordagens desenvolvidas. Trata-se de abordagens genéricas que pouca relevância atribuem à questão das mediações entre a concepção mais geral do processo político da transformação social e a prática do Serviço Social. Isso faz com que a compreensão das mediações seja a grande lacuna nas elaborações do Serviço Social nos anos 1980/1990. Na própria literatura, encontram-se referências ao que se denomina confusão entre prática profissional e prática política ou, ainda, diluição de fronteiras entre ação profissional e militância política, com consequente superdimensionamento das atribuições profissionais, no que se refere ao processo de transformação social.

Corroborando com este entendimento, Cornelly (1980, p. 274) assinala que o Serviço Social não é transformador, enquanto profissão. "Como profissão, dentro do sistema, nós não somos transformadores. Profissões não são transformadoras. Entretanto, a gente não pode esquecer que a luta de classes se verifica também no seio da institucionalidade burguesa." Fica posto, então, que nenhuma profissão pode atribuir a si a função de instância mediadora desse processo: o que o profissional pode e deve fazer é defender os interesses dos trabalhadores contribuindo com sua luta.

Evidencia-se, então, que "a transformação social não é prerrogativa do assistente social" (Santos, M., 1989, p. 42). Ela não se faz via categoria profissional, mas através da luta da classe trabalhadora. "Assim, as classes trabalhadoras organizadamente é que farão ruir o sistema num longo processo de tomada de consciência coletiva" (Minas Gerais, 1985, p. 9). Nesse particular, os instrumentos utilizados no processo de transformação social são "as organizações de trabalhadores em torno de seus interesses específicos, econômicos e políticos como os sindicatos, partidos e/ou outros, como forma correta de operar mudanças" (id., p. 9). Assim sendo, verifica-se que a transformação social ocorrerá a partir da participação do homem enquanto ser social, sujeito coletivo, nas lutas cotidianas, onde desenvolve sua autonomia, sua consciência crítica.

Considerando a reflexão dos autores, a transformação social expressa, para a maioria deles, a possibilidade de mudanças profundas numa dada formação social, situada historicamente, tanto no nível de sua estrutura como de sua conjuntura. Além disso, enquanto processo, decorre da ação consciente e organizada dos setores subalternos da sociedade. Nessa direção, a transformação social exige a produção de um conhecimento capaz de fundamentar o seu processo, o que implica a unidade inseparável entre teoria e prática.

O sujeito coletivo, privilegiado do processo de transformação social, apontado na literatura do Serviço Social, são, sem dúvida, os movimentos sociais populares, entendidos como novos sujeitos desse processo, a partir das lutas que vêm promovendo na sociedade.

3. A proposta metodológica de ruptura

O projeto profissional, objeto do presente estudo, foi configurado pela identificação, na literatura do Serviço Social, no

Brasil, de dois elementos constitutivos: as categorias teóricas de fundamentação, consideradas no item anterior, e a proposta de ação.

No âmbito do que se denomina proposta de ação, o esforço de resgate do Projeto Profissional de Ruptura se dá em termos metodológicos e operativos. Consideram-se propostas de ação as formulações que expressam indicações referentes ao *que fazer* profissional, sendo possível identificar que as propostas apresentadas se articulam com as três dimensões configurativas da profissão: a dimensão acadêmica, a organizativa e a de intervenção na realidade social junto às instituições estatais, empresas privadas e movimentos sociais.

Essas dimensões são expressas de forma articulada, de modo que a prática de intervenção que se orienta, segundo os autores, por um compromisso com os setores populares, tem por base um determinado projeto de formação profissional e realça a necessidade da participação efetiva da categoria no processo de organização da sociedade. As propostas de ação configuradas por essas três dimensões apresentam-se como respostas profissionais a demandas sociais postas em determinadas conjunturas sócio-econômico-políticas.

A proposta aqui considerada deve ser compreendida no contexto de sua emergência e consolidação, com destaque especial à década de 1980 que, conforme vimos anteriormente, apresenta um contexto político e intelectual favorável e estimulador do esforço de ruptura com a tradição conservadora, até então hegemônica no Serviço Social.[38]

No que se refere ao material bibliográfico — a partir do qual se procura configurar uma proposta de ruptura — convém ressaltar sua configuração heterogênea, quanto ao nível de elaboração: tem-se desde teses apresentadas pela base da categoria

38. Retome o Capítulo 1: Contextualizando o Serviço Social na conjuntura brasileira e, especificamente, o item 1 deste Capítulo 3.

em congressos até artigos, livros, conferências. O que se tenta buscar, nesse material, é a expressão dos autores quanto ao "que" e ao "como" fazer profissional, denotando-se dificuldade de viabilização metodológica dessa proposta, dada a debilidade de sua base teórica e às exigências da perspectiva dialética que rompe com os esquemas preestabelecidos, configurados em modelos normativos. Destaca-se, também, a dificuldade, muito presente no esforço de ruptura do Serviço Social, de estabelecer as devidas mediações no que diz respeito à operacionalização do Projeto Profissional.

O material analisado permite sistematizar a proposta de ação, a partir de dois aspectos configurativos: através da identificação de eixos articuladores em torno da proposta; indicação de condições ou exigências consideradas, pelos autores, como necessárias para efetivação da proposta de ação apresentada, além do que são feitas algumas referências a instrumental e procedimentos técnicos.

3.1 Eixos articuladores

Em termos do esforço de resgate operativo e metodológico, o que se denomina de eixos articuladores da prática profissional de ruptura são, na verdade, *eixos estratégicos*, por constituírem estratégias básicas que os autores propõem para viabilizar, operativamente, o Projeto Profissional de Ruptura.

Convém ressaltar que tais eixos articuladores, embora apresentem especificidades, não podem ser considerados isoladamente, mas de forma articulada e complementar, no que se refere à sua formulação e à operacionalização da ação profissional. Por outro lado, verifica-se que, de fato, esses eixos configuram tendências que se expressam, com maior ou menor intensidade, em determinados momentos. Nesse sentido, parece que os eixos Formação de alianças, Educação popular e Investigação-ação se apresentam com maior expressividade na primeira metade dos anos 1980 e que o destaque do eixo Redefinição da prática da assistência, como estratégia profissional privilegiada, se dá, predominantemente, no final dos anos 1980 e nos anos 1990.

3.1.1 Formação de alianças

Numa análise dos eixos de per si, identifica-se que o eixo articulador mais realçado pelos autores, na literatura dos anos 1980, é o que preconiza a prática de formação de alianças do profissional com a clientela, com outros profissionais, com movimentos sociais e com organizações dos trabalhadores, enfatizando a necessidade de os assistentes sociais superarem a setorialização e, consequentemente, a fragmentação das políticas sociais, via uma prática de alianças. É o que explicita Ruiz (1988, p. 110) ao se referir à necessidade de se

> procurar ultrapasar el aislamiento, las sectorizaciones en que si mantienen los servicios sociales de las diferentes acciones del trabajador social, a través de la efectivación de alianzas con otros profesionales en el espacio de una misma agencia e de otras agencias, bien como las agencias de clases subalternas y populares o integrando-las a los movimientos populares.

Assim, é destacada a importância do trabalho interprofissional numa mesma instituição, bem como entre outras instituições, propiciando alianças entre os profissionais e as classes sociais subalternas organizadas. Nesse sentido, "assistente social e cliente são participantes ativos da relação profissional e, nesse processo, é necessário a dialetização crítica do conhecimento de ambos" (Padilha, 1985, p. 40).

Analisando o pensamento de determinados autores, percebe-se que a formação de alianças dos assistentes sociais com a clientela e com outros profissionais é colocada na perspectiva de uma ação coletiva que visa a um processo de organização e mobilização dos assistentes sociais enquanto categoria profissional, de forma que suas ações tenham reflexo na constituição de sujeitos coletivos, uma vez que "somente a ação conjugada dos profissionais e instituições introduzirá efeitos transformadores a nível do coletivo. Como tarefa urgente, propõe-se a adoção de estratégias que rompam com o isolamento e a setorialização em que se mantêm os serviços sociais" (Oliveira, H., 1988, p. 202).

Entre as estratégias a serem adotadas pelo assistente social, destaca-se a necessidade de se conhecer, cada vez mais, as relações de poder que se estabelecem entre o profissional/clientela e os outros profissionais, a fim de que se instaure um poder compartilhado, entendendo-se que

> favorecer o poder da população é o assistente social confrontar-se com a inteligência e o potencial criativo desta população para que ambos cresçam na relação de saber e poder. Cabe-lhe conquistar o espaço profissional junto às equipes, apresentando propostas concretas de ação, desenvolvendo-as com competência [...]. (Menegasso, 1989, p. 296)

A questão da formação de alianças, com base na correlação de forças, reflete uma proposta de prática vinculada aos interesses da população, voltada para a perspectiva da transformação social. Essa aliança, segundo os autores, deve-se consolidar tanto no interior das instituições como no âmbito da sociedade civil, através do apoio às lutas dos movimentos sociais populares.

Uma prática, com base na correlação de forças sociais, supõe, segundo Souza, M. L. (1982, p. 93-94), conhecer o contexto social visto que "pensar possibilidades transformadoras através do Serviço Social é pensar no desenvolvimento de uma ação que leve em conta os limites a que está submetido. O conhecimento desses limites deve ser condição para o equacionamento das estratégias de ação profissional", de modo a direcionar as ações para a problemática da clientela. E, afirma a autora, que "isto é possível na medida em que se tem explicitamente [...] presentes alternativas de ação que levem em consideração a realidade própria do Serviço Social, a realidade própria da população cliente" (Souza, M. L. 1982, p. 97). No âmbito do conhecimento do contexto social, Sartim (1985, p. 105) ressalta como fundamental que o assistente social conheça as relações de poder que se estabelecem na instituição, entre população, profissional e empregador, para que se possa exercer um contrapoder, através de uma prática que permita o desdobramento das contradições. Entende que a ação do Serviço Social, de prestação de serviços numa perspectiva popular, produz efeitos ideológicos no sentido de fortalecer a participação e a organização coletiva, possibilitando alteração de normas na gestão e distribuição de recursos para as camadas populares. A assistência social é, então, colocada como espaço para avanços de consciência e organização, para reivindicação de direitos e apropriação de bens e serviços pelos grupos populares.

É na perspectiva da aliança que se coloca a possibilidade de vínculo orgânico dos assistentes sociais com as lutas populares, buscando contribuir para formação de consciência e identidade de classe. Convém ressaltar, segundo análise de Faleiros (1986, p. 98), que a atuação do assistente social nesse sentido não significa que ele seja o porta-voz ou orientador de um projeto de classe. Ao contrário, "significa um compromisso com esse projeto, considerando que é na constituição de um bloco histórico novo e hegemônico que se podem transformar as relações sociais". Dessa forma, Faleiros (1986, p. 74) entende que "a vinculação orgânica do trabalhador social com as classes subalternas dá-se num processo de alianças nas quais os limites e as possibilidades de sua atuação se vão definindo histórica e praticamente em cada conjuntura". Isso implica a compreensão dos limites a que a prática profissional se encontra submetida, como condição necessária para a formulação de estratégias e táticas de ação a partir da realidade do Serviço Social e dos setores populares que se constituem sua clientela. É importante destacar que esse processo representa "no interior do meio profissional uma busca de novas fontes de legitimidade e reconhecimento do Serviço Social, voltadas para o estabelecimento de vínculos orgânicos com os setores populares" (Raichelis, 1988, p. 82), considerando que a constituição teórica e prática da profissão se efetivará na medida em que a mesma se vincule, das formas mais diversas possíveis, aos movimentos sociais de sua clientela e da sociedade civil. Daí a necessidade de "articular a sua prática, mesmo institucional, às formas possíveis de ação junto à clientela, não só enquanto ator institucional, mas enquanto classe dominada, enquanto classe explorada, enquanto classe proletária e subalterna".

É necessária a afirmação de uma aliança com as classes populares como um compromisso com suas causas e suas lutas, numa busca de superação do paternalismo. Trata-se de uma aliança que

> se expressa por uma proposta pedagógica fundamentada numa perspectiva libertadora, o que significa um compromisso com os seus interesses e objetivos, pautado na visão gramsciana do intelectual orgânico que tem uma contribuição concreta a oferecer ao processo de mobilização e organização das classes populares. (Silva e Silva e Souza, 1984, p. 57)

A partir dessas colocações, constata-se que a prática de alianças remete ao que Mota (1987a, p. 117) define como a necessidade de compreensão de que "a ação pode negar a dominação na medida em que assume com as classes populares a tarefa de construir um projeto político alternativo que não se restringe ao âmbito institucional". Dessa forma, "a prática profissional requer uma constante atenção por parte do sujeito da profissão em termos de redefinição política de sua intervenção".

Para alguns autores, a formação de alianças com os setores populares privilegia a prática profissional do Serviço Social, junto aos movimentos sociais populares (Kleinschmidt e Silva, J., 1984, p. 29). Assim, o Serviço Social, inserido na perspectiva da libertação, deve trabalhar com os conflitos reais das relações sociais, cuja expressão mais significativa se encontra nos movimentos populares que se constituem a alternativa de prática mais viável na postura transformadora (id., p. 70-71).

Verifica-se que as indicações apresentadas com relação ao eixo da formação de alianças apontam para o desenvolvimento de uma prática na perspectiva de ampliação do espaço de atuação profissional, junto aos movimentos sociais. Contribuem, assim, para ampliar o espaço político das classes populares, tendo em vista o fortalecimento do processo organizativo dessas classes, mediante uma ação educativa e de mobilização e extensão da sua participação, nos níveis institucional e social, o que significa contribuir para a construção de uma contra-hegemonia. Nesse sentido, observa-se que as propostas de ação apresentadas apontam, de alguma forma, para a transformação das relações institucionais e, num sentido mais amplo, das relações sociais, a partir de alterações na dinâmica da correlação de forças que venham fortalecer a atuação dos setores populares.

3.1.2 Educação popular

O segundo eixo articulador de propostas de ação profissional é o da educação popular, no sentido de o assistente social colocar sua prática a serviço das demandas das classes populares. Nessa direção, o assistente social se propõe a trabalhar com as classes populares, viabilizando reflexões acerca do seu dia a dia, contribuindo para a sistematização do saber popular como forma de resistência e luta.

Segundo Santana (1985, p. 176), a educação popular apresenta-se como uma tendência alternativa de intervenção profissional do Serviço Social no nível da produção dos conhecimentos e da prática voltada para as classes populares, afirmando que

> os intelectuais devem participar das práticas de educação popular contribuindo com o seu saber específico, informações e interpretações que, a partir das questões colocadas pelas e nas situações objetivas de vida das classes subalternas, explicitam e fortalecem o saber popular. (Id., p. 201)

A prática de educação popular tem por objetivo viabilizar um processo reflexivo acerca do cotidiano dos setores populares, de modo a contribuir para a construção de um saber popular que venha a possibilitar uma forma de resistência ao processo hegemônico das classes dominantes. O assistente social não assume papel de gestor do processo, mas de co-participante do processo, sendo que assistente social/cliente assumem a postura de educadores e educandos.

A indicação desse eixo articulador da prática profissional vem reafirmar a importância de uma leitura crítica da realidade na qual o assistente social e os sujeitos com os quais trabalha estão inseridos, e destaca a construção do conhecimento como tarefa coletiva. Assim é que

> nas ações educativas, os assistentes sociais pretendem não apenas transmitir informações, esclarecer ou orientar as pessoas e os grupos a partir de posições pré-definidas, mas examinar essas posições, referendando a validade da produção coletiva de conhecimento, respeitando a autonomia dos participantes. (Arcoverde, 1985, p. 153)

A ação educativa se baseia, portanto, numa ação-reflexão desenvolvida junto à população, de modo a contribuir para a sua organização/participação.

Tal ênfase no processo de participação/organização leva-nos a identificar o fortalecimento da participação e o processo organizativo como estratégias de ação privilegiada na prática junto aos setores populares. Com isso, torna-se necessário que se explicite o entendimento da participação vista em sua dimensão política de luta pela hegemonia das classes populares, enquanto trabalho de conscientização e organização, visando à conquista de espaços políticos.

Autores que, de alguma forma, colocam a educação popular como eixo articulador da prática do Serviço Social, também admitem a necessidade da clarificação da opção política que deve direcionar a transformação social, no contexto de um processo reflexivo e crítico sobre as relações sociais (APASAM, 1979, p. 104), entendendo que, para que se chegue a uma práxis de libertação, é necessário considerar a transformação como objetivo, o que se dará no contexto de uma educação libertadora (Kruse, 1986, p. 100).

Para Menegasso et al. (1985, p. 11)

> as ações a serem desenvolvidas junto aos grupos populares, pelo Serviço Social, deverão ser de enfoque educativo e de natureza participativa, cooperando com os sujeitos da experiência a um desenvolvimento pessoal, adequado às suas necessidades humanas, o que contribuirá significativamente para as transformações sociais que se fazem necessárias.

Esses autores destacam a questão de que se trabalhe diretamente na esfera pessoal, para que se alcancem modificações nas outras esferas: social, política, econômica e cultural. Percebe-se, assim, a necessidade de trabalhar, também, junto aos indivíduos que, através dos diversos mecanismos utilizados para repassar a ideologia dominante, interiorizam os valores, as normas de conduta, o modo de pensar da classe dominante. Nesse sentido, torna-se fundamental o desenvolvimento da prática educativa, eminentemente política, colocando-a a serviço da concretização de um novo projeto social. Logo, "o educativo não é o tradicional, o formal, o erudito, mas é a produção de conhecimentos necessários para a prática cotidiana de profissionais comprometidos com a transformação e não com a renovação de velhas práticas" (Queiroz, 1992, p. 122).

A prática profissional, na perspectiva da educação popular, ocorre de forma dialética, considerando a questão da troca de saber, para que assistente social e população possam assumir o papel de educadores e educandos, a partir da compreensão do saber como "uma construção cotidiana e coletiva" (Dias, M. E. 1982, p. 75). Nesse sentido, o assistente social, em vez de dirigir o processo educativo, busca uma reflexão conjunta acerca do cotidiano da população, mediante a socialização do conhecimento e o apoio às lutas e reivindicações populares.

Observa-se que os autores que apontam essa perspectiva entendem a educação popular como uma ação conscientizadora, considerando que o Serviço Social é concebido como uma "profissão de caráter social e educativo que trabalha com comportamentos e valores" (Sousa, L., 1991, p. 123). Dessa forma, "a educação popular, ao valorizar o conhecimento da clientela, estimula a sua organização, numa verdadeira integração entre teoria e prática", uma vez que "a prática educativa do assistente social facilita a comunicação interpessoal, incentiva atividades de autoajuda e ajuda mútua, e favorece a tomada de consciência a respeito da necessidade de reformas" (Oliva, 1988, p. 92). Nesse sentido, Kleinschmidt e Silva, J. (1984, p. 30) entendem a educação popular como "expressão e afirmação de um poder popular na eleição de propostas e prioridades sociais e políticas, que resultam na reflexão e na ação organizada dos setores populares". Falcão (1981, p. 20) assinala que essa prática "encontra-se articulada à ação do Serviço Social, num sentido amplo, visto que se constitui uma prática educativa voltada para a construção de um saber que alimenta a prática social das camadas populares", considerando que a educação popular encontra-se presente em todos os programas voltados às camadas populares.

Autores como Raichelis (1988, p. 154) consideram a possibilidade de desenvolvimento da prática de educação popular no interior das instituições, mediante a prestação de serviços assistenciais, partindo do entendimento da prática profissional do Serviço Social como uma prática política, perpassada por dimensões ideológicas e educativas. A esse respeito, a autora afirma que

> por considerar o conteúdo político inerente à prática profissional, na medida em que influi e orienta a consciência popular, é que não se pode desvincular o papel educativo do Serviço Social da prestação do serviço material que mediatiza a sua relação com os setores populares,

considerando que

> o Serviço Social, ao longo do seu desenvolvimento histórico, enquanto prática profissional, sempre realizou uma ação educativa junto às classes populares, na medida em que a sua intervenção interfere nas concepções, comportamentos e representações da população acerca de si própria, do Estado e da Sociedade.

Assim, a autora, a partir do pensamento de Palma, ressalta que o assistente social, enquanto profissional qualificado, desenvolve todo um processo de prestação de serviços e, dialeticamente articulado a essa ação, realiza a educação social e política dos grupos. Tal concepção revela a impossibilidade de separar instâncias da prática, uma vez que a dimensão política do Serviço Social materializa-se na prestação de serviços, isto é, mediante a prestação de serviços é que o assistente social pode desenvolver o seu papel político de educador social. Isto supõe que "a pedagogia do Serviço Social" não é algo exterior à prestação de serviços, mas algo que lhe empresta sentido e direção (Raichelis, 1991, p. 104).

Verifica-se, portanto, que a prática educativa se apresenta como um aspecto significativo da prática profissional que se coloca em defesa dos setores populares, no sentido de levar esses setores a se autoperceberem, a elaborarem sua própria concepção de mundo. Dessa forma, a prática pedagógica consiste

> num conjunto de estratégias e táticas políticas no sentido de adesão de uma classe na luta hegemônica, caracterizando-se, portanto, como uma ação eminentemente política e ideológica, cujos efeitos se expressam sobretudo em nível de processo de organização política no amplo processo de luta de classes. (Abreu apud Rocha, 1989, p. 18)

3.1.3 Investigação-ação

O terceiro eixo articulador das propostas de ação, identificado na literatura do Serviço Social, é a investigação-ação que se situa no contexto de uma prática educativa, com destaque ao esforço de investigação e construção de um saber, desenvolvido em conjunto com a população envolvida.[39]

Ao tomar a educação popular como eixo articulador, o assistente social se coloca como educador popular. Na investigação-ação, coloca-se como investigador que situa o esforço investigativo no âmbito de um processo educativo, o que revela a convergência da educação popular e da investigação-ação, quando percebidas como eixos articuladores da prática do Serviço Social.

---

39. É importante ressaltar que, embora a investigação-ação tenha sido realçada em determinado momento (com destaque na primeira metade dos anos 1980) como estratégia de ação privilegiada no Serviço Social, as formulações são, na sua maioria, genéricas e pouco consistentes teoricamente. Só em 1986 e em 1991 é que saem a primeira e a segunda edição do meu livro *Refletindo a pesquisa participante*, pela Cortez. Esse livro apresenta uma ampla revisão bibliográfica sobre o tema e, na segunda edição, uma análise crítica da utilização da pesquisa-ação pelo Serviço Social (Capítulo 4: Pesquisa participante enquanto opção de prática dos assistentes sociais). Antes desse livro, destaca-se o texto de Santos, L. L. "Notas sobre investigação-ação", in SANTOS, L. L. *Textos de Serviço Social*. São Paulo: Cortez, 1982. p. 161-166.

Em nível de América Latina, a investigação-ação já vem sendo assimilada como estratégia de trabalho, desde a década de 1970. Em dezembro de 1978, o Centro Latino Americano de Trabajo Social (CELATS) realiza uma jornada sobre esse tema, para a qual Santos, L. L. elabora o texto "Notas sobre a investigação-ação". Esse texto contribui muito para a divulgação dessa modalidade de investigação junto aos assistentes sociais brasileiros, apresentando ideias-chaves, resgatando investigação-ação, também conhecida como investigação participante, investigação militante, investigação comprometida etc.; enquanto "corrente que se propunha superar as deformações acadêmicas, procurando uma relação mais estreita entre a teoria e a ação, entre a prática e o conhecimento" (Santos, L. L. 1982, p. 161-162). A autora admite, ainda, que, "na investigação-ação trabalha-se para armar ideológica e intelectualmente as classes exploradas da sociedade, para que assumam conscientemente seu papel como agentes da história".

Mesmo ressaltando todo esse potencial, Santos, L. L. (id., p. 163) admite que são limitados os resultados que podem ser exibidos como produto da investigação-ação, devendo, todavia, ser assumida como espaço a ser conquistado, enquanto "uma maneira distinta de produzir conhecimentos e ações", posto que não só produz conhecimentos, mas utiliza-os para dinamizar, dirigir e vitalizar ações concretas. Nesse sentido, Santos situa a investigação-ação como uma opção política, visto que o conhecimento é produzido para realizar a transformação da realidade concreta, tendo essa modalidade de investigação surgido por iniciativa de intelectuais da classe média, com vistas a se tornarem orgânicos às necessidades históricas de mudanças (id., p. 166).

Ressaltando os aspectos positivos da investigação-ação, Santos, L. L. (id., p. 165) destaca a possibilidade de maior aproximação dos investigadores em relação à realidade concreta dos setores populares, inserindo-se na dinâmica das forças sociais em movimento, contribuindo, também, para a superação de níveis genéricos no que se refere aos elementos conceituais de interpretação da realidade. Além do mais, "a investigação-ação é um nível que permite escolher melhor a própria instância de intervenção do assistente social", na medida em que contribui para a explicitação de aspectos da prática real com os grupos sociais, tais como aspectos cotidianos, valorativos, subjetivos, ideológicos que, embora não sejam isolados da perspectiva de luta de classes, exigem um nível particular de explicação.

A investigação-ação para o Serviço Social é importante, na medida em que proporciona aos profissionais "conhecimento sobre as formas de organização da população, fornecendo, assim, elementos para o apoio ao seu fortalecimento organizativo enquanto proposta de ação a ser desenvolvida" (Silva e Silva e Souza, 1984, p. 20). Nessa visão, partimos do pressuposto de que toda pesquisa supõe uma construção de categorias para análise da realidade, mediante processo contínuo de crítica e autocrítica, o qual se configura estrutural e historicamente, o que supõe que "o saber técnico seja colocado a serviço da população, sendo o conhecimento um produto coletivo, resultante de um processo de reflexão sobre os dados do cotidiano, situando-os no processo histórico e nas suas relações com a totalidade social contraditória". Assim, a investigação se configura como um processo contínuo, que coloca como exigência a aliança com os setores populares. Trata-se de uma prática voltada para o desenvolvimento de

> um trabalho de participação coletiva no qual a população se constitui em sujeito do processo e o profissional se propõe a estabelecer uma aliança comprometida em apoiar as suas lutas e reivindicações, tentando contribuir para sua mobilização e seu avanço organizativo. (Id., p. 30).

A esse processo associa-se a valorização do saber popular mediante o esforço da reflexão-ação.

Assim, na perspectiva da investigação-ação, a metodologia de trabalho não é preestabelecida, mas construída no processo, com a participação da população, e "a transformação social não é vista como resolução de alguns problemas, nem tampouco como reformas dentro do sistema capitalista, mas, sim, como uma real mudança que ocorre a partir das lutas de classes, num determinado momento histórico [...]" (Tofik, 1981, p. 144), implicando um compromisso do investigador com a transformação social, que é concebida como objetivo da prática. Entende-se que o profissional deve ter sempre em mente, ao se relacionar com a população, evitar a manipulação e a tendência de impor o seu saber. Souza, J. (1988, p. 76) destaca, também, a importância da pesquisa-participante como um dos instrumentos a contribuir com o processo que combina a pesquisa científica e a ação política "na medida em que permite produzir o conhecimento adequado à transformação social e à construção/consolidação de novas relações sociais". Nesse sentido, a pesquisa se apresentà como um instrumento fundamental para aprofundar o conhecimento da realidade, possibilitando uma capacidade crítica para questionar e até modificar essa realidade.

A perspectiva da investigação-ação é também articulada à dimensão acadêmica, no sentido de levar ao "processo de formação profissional aspectos como o caráter teórico-prático da profissão e os princípios éticos e humanísticos a partir de uma concepção global e crítica da realidade, considerando as particularidades regionais e locais e assumindo, como referência básica, o homem como ser histórico de uma realidade em que as relações sociais emergem das condições materiais produzidas pela dinâmica da sociedade" (Silva e Silva, 1984, p. 108-109). Nessa perspectiva, a investigação-ação contribui significativamente para o amadurecimento e avanço da profissão, no nível da formação acadêmica e da intervenção, tendo em vista o seu compromisso com os setores populares no âmbito das instituições ou dos movimentos sociais.

3.1.4 Assessoria aos setores populares

O quarto eixo articulador de proposta de ação profissional, identificado na literatura estudada, consiste no desenvolvimento de uma ação em que o assistente social atua como coadjuvante da prática dos setores populares, no sentido de sugerir alternativas concretas de enfrentamento dos conflitos, decorrentes da dinâmica da correlação de forças, tendo em vista o encaminhamento de soluções que viabilizem o atendimento de suas demandas, bem como o seu fortalecimento enquanto classe organizada.

Essa perspectiva de ação coloca como exigência para o assistente social, segundo Maciel e Cardoso (1989, p. 163-164),

> uma elaboração teórica voltada para a prática política na perspectiva de instrumentar a classe subalterna em seu processo de constituição como classe hegemônica, constituindo um pensamento efetivo para o Serviço Social enquanto prática interventiva em seu esforço de superação do pragmatismo.

Para tanto, torna-se necessária a compreensão do movimento contraditório que "abre para o assistente social a possibilidade de colocar-se a serviço de um projeto de classe alternativo àquele para o qual é chamado a intervir" (Iamamoto e Carvalho, 1986, p. 95).

Nessa perspectiva, a assessoria, enquanto eixo articulador da prática do Serviço Social, remete a uma ação de cunho socioeducativo, cujo horizonte é a transformação das relações sociais. Assim, Iamamoto e Carvalho (id., p. 116) ressaltam o cotidiano como expressão concreta das relações sociais e espaço de intervenção dos assistentes sociais, cuja apreensão aponta possibilidades de transformação da realidade social. Nesse sentido, para os autores citados, a prática direta junto aos setores populares propicia condições favoráveis de apreensão do cotidiano. Isso supõe um compromisso político do assistente social, no sentido de solidarizar-se com as lutas dos setores populares, utilizando-se do seu acesso ao cotidiano dos movimentos populares para instrumentalizá-los no seu processo organizativo. Para tanto, é necessário que "o saber seja colocado a serviço da coletividade" (Sousa, L., 1991, p. 35), a fim de fazer avançar o desenvolvimento da capacidade de ação social das classes populares nas situações ligadas ao atendimento de seus interesses e necessidades (Freire, 1987, p. 35). Isso significa capacitar a clientela a pensar e refletir a sua realidade e buscar alternativas de enfrentamento dessa realidade.

Verifica-se que a assessoria se apresenta articulada ao compromisso e ao apoio às organizações populares, sendo, portanto, ressaltada pelos autores a ampliação da participação e o fortalecimento das organizações, mediante um processo de conscientização que viabilize o atendimento, não apenas das necessidades imediatas, mas devendo, a médio e longo prazos, direcionar-se para a possibilidade de hegemonia de classe (id., p. 39). Trata-se do desenvolvimento de uma prática que seja direcionada ao "atendimento das demandas populares e na capacitação para traduzir em propostas e projetos, consistentemente fundamentados, aquilo que a população reivindica" (Raichelis, 1991, p. 198).

Em síntese, a prática profissional desenvolvida na perspectiva da assessoria coloca como objetivos fundamentais, para o Serviço Social, contribuir efetivamente no processo de conscientização, mobilização e organização da população explorada, a fim de capacitá-la para que ela se converta em agente de seu próprio desenvolvimento e sujeito da transformação social (Rico, 1987, p. 101). Nesse sentido, o Serviço Social é considerado na sua inserção no contexto das relações sociais contraditórias. Se, por um lado, essas contradições impõem limites à ação comprometida com os setores populares, por outro, pode favorecer o desenvolvimento dessa ação, a partir do movimento das forças sociais, num dado momento histórico, articulado ao esforço coletivo da categoria organizada, aliada aos setores populares e demais categorias profissionais comprometidas com esses setores, tendo em vista a construção de um projeto político de classe. Isso ressalta a articulação da assessoria com o esforço de uma prática profissional orientada na perspectiva da construção de alianças dos assistentes sociais com sua clientela, colocando-se "a serviço dos interesses e necessidades dos segmentos majoritários da população, consolidando-se junto a estas novas fontes de legitimidade para o Serviço Social" (Iamamoto e Carvalho, 1986, p. 122). Isso supõe, por parte dos profissionais, uma reorientação do conteúdo teórico-metodológico da prática profissional, tendo em vista a produção de conhecimentos que instrumentalizem as classes populares, no sentido de fortalecer a sua organização e viabilizar o atendimento aos seus interesses. Trata-se do redimensionamento de uma prática, dirigida ao resgate, à sistematização e ao fortalecimento do potencial inovador e transformador contido na vivência cotidiana das classes populares, na criação de alternativas concretas de luta e resistência contra o processo de dominação.

3.1.5 Redefinição da prática da Assistência Social

Das reflexões desenvolvidas neste estudo, a redefinição da prática da assistência social pode ser apontada como o quinto eixo articulador de propostas de ação, sugerida por um grupo de autores que veem nela a possibilidade de resgate e reconstrução da identidade do profissional do Serviço Social. Tal resgate se daria mediante um processo de redimensão da assistência social e inscrição da mesma no campo dos direitos sociais, na perspectiva de transformação da correlação de forças institucionais, tendo em vista a ampliação da participação popular no interior das instituições e seu fortalecimento, enquanto grupo organizado.

A assistência social, enquanto estratégia da ação profissional, passa a se constituir num eixo marcante a partir do momento em que, no Serviço Social, se aprofunda a reflexão sobre sua inserção na divisão social do trabalho, no contexto das relações sociais. Aqui, o livro de Iamamoto e Carvalho, *Relações sociais e Serviço Social no Brasil* (1986), é um marco decisivo, ao assumir a possibilidade e a exigência de trabalhar a assistência social, via prestação de serviços, como uma mediação fundamental para o desenvolvimento de uma ação político-educativa, como superação da perspectiva assistencialista. Ou seja, a prestação de serviços e a ação educativa passam a ser concebidas como dimensões articuladas da prática profissional.

Há que se ressaltar que, no Brasil, a partir da segunda metade da década de 1980, determinados espaços acadêmicos[40] passam a desenvolver uma relevante produção teórica sobre a temática da assistência social, analisando-a no interior do Estado brasileiro, enfocando sua vinculação orgânica com o Serviço Social, enquanto ação profissional viabilizadora da assistência social.[41]

Analisando o pensamento dos autores estudados, Raichelis (1988, p. 101) configura a necessidade de organização e mobilização dos profissionais que integram o quadro institucional, no sentido "de reverter a correlação de forças institucionais, colocando no centro da discussão a questão da legitimidade da prestação de serviços dirigidos à população". Dessa forma, a autora coloca a perspectiva de buscar, junto aos setores populares, os novos interlocutores do aparato institucional, capazes de criar novas fontes de legitimidade dos serviços institucionais, o que exige uma profunda revisão das suas diretrizes políticas

40. Entre esses espaços acadêmicos destacam-se a Faculdade de Serviço Social e o Programa de Pós-Graduação em Serviço Social da Pontifícia Universidade Católica de São Paulo e o Núcleo de Estudos e Pesquisas em Políticas Sociais da Universidade de Brasília.

41. Sobre as formulações da assistência social, a partir das relações sociais, na perspectiva da cidadania e como espaço privilegiado de prática para o Serviço Social, veja item 2.5 do Capítulo 2.

e uma organização interna capaz de sustentar coletivamente as propostas emergentes.

A assistência social é compreendida por Carvalho (1987, p. 57) na sua dimensão contraditória, considerando que a mesma apresenta diferentes matizes: se, por um lado, é colocada como demanda do bloco no poder, via Estado, por outro lado, é colocada também como demanda da classe trabalhadora, tanto no seu processo coletivo de luta — numa perspectiva de cidadania — como na busca individualizada de sobrevivência, servindo, portanto, a interesses imediatos e a interesses de classe, no processo de resistência coletiva. Nessa perspectiva, Yazbek (1991, p. 77-78) enfatiza que

> repensar a assistência é uma questão central do Serviço Social contemporâneo. Persistindo no exercício profissional dos assistentes sociais como mediação fundamental de sua prática, a assistência vem-se colocando, cada vez mais, como objeto prioritário de análise e de discussão no debate que se trava na categoria e na sociedade acerca das políticas sociais brasileiras,

sobretudo porque "para os trabalhadores, a assistência e os serviços sociais em geral se configuram como um modo de acesso a recursos necessários para sua manutenção e, muitas vezes, à sua própria sobrevivência". Daí por que a Assistência Social se coloca como reivindicação básica na luta pela construção da cidadania, configurando-se como expressão da relação de classes.

Realçando a colocação anterior, Sposati et al. (1985a, p. 36) entendem a assistência enquanto um instrumento de construção da cidadania, afirmando que "a assistência como forma concreta de acesso a bens e serviços, se constitui num espaço político de luta". Nesse sentido, para o assistente social comprometido com os interesses dos setores populares na perspectiva de redimensão e resgate da assistência social como direito, é colocada a necessidade de

> superar a leitura fetichizada da assistência no Serviço Social, o que é um movimento que vai além da questão profissional. Implica, de um lado, apreender o assistencial como um mecanismo histórico presente nas políticas sociais. De outro, criar estratégias para reverter essas políticas na conjuntura da sociedade brasileira para os interesses populares,

o que, segundo Mota (1991, p. 90), supõe, por parte dos assistentes sociais, a discussão e defesa da publicização dos serviços básicos, o fortalecimento dos fundos públicos e a defesa de interesses sociais e coletivos dos trabalhadores, o que pode apontar para uma possibilidade de suprir o direito à vida dos trabalhadores, negando a prática submissa da ajuda.

Verifica-se que a assistência social é entendida pelos autores citados como um direito do cidadão, podendo configurar-se como um espaço de mobilização, conscientização e organização, rompendo, assim, com a visão tradicionalista da assistência social enquanto ajuda, benesse etc. Nesse sentido, alguns autores destacam a superação do entendimento da ampliação do espaço institucional como "brechas" que, segundo Faleiros (1985, p. 46), "constituem-se processos de correlação de forças, apresentados como descuidos da classe dominante, aos quais o profissional deve estar atento para aproveitá-los". A esse respeito, coloca que "brecha" é a expressão das contradições, das lutas de classes, das relações de poder que acontecem dentro e fora da instituição. "Considerar as 'brechas' apenas no âmbito institucional é incorrer num erro que compromete a ação profissional" (Sousa, L., 1991, p. 97).

A partir do exposto, verifica-se que a prática da assistência social, numa perspectiva mais ampla, remete à compreensão do espaço institucional, enquanto expressão das contradições sociais, o que supõe o seu entendimento também como materialização dessa contradição, emergente no interior das instituições e destina-se ao atendimento de demandas diferenciadas, oriundas do contexto da luta de classes. De forma que cabe ao assistente social, mediante opção política e compromisso com os setores populares, operar a Assistência Social na perspectiva de conscientização e educação política, tendo em vista o fortalecimento das organizações e o avanço da construção do projeto hegemônico dessas classes. Isso significa que a Assistência Social se expressa como um mecanismo concreto, aliado a um trabalho de educação política, tendo como horizonte a transformação social.

3.2 Exigências básicas

O esforço de configuração da proposta de ação profissional apresentada permitiu identificar, além dos eixos estratégicos, determinadas exigências básicas apontadas pelos autores, tendo em vista a operacionalização da proposta, em face do compromisso em relação aos interesses e demandas das classes populares, na perspectiva da transformação social. Nesse sentido, os itens que se seguem foram identificados como condições relevantes para a operacionalização do projeto profissional em apreço.

Na verdade, muitas dessas exigências são condições essenciais para a constituição do Serviço Social enquanto profissão, estando, portanto, sempre presentes no contexto das discussões do Serviço Social brasileiro. Todavia, a questão da pesquisa, da organização profissional e da formação profissional assumem uma centralidade relevante no âmbito do Serviço Social, originando um debate contemporâneo amplo e profundo no contexto de construção do Projeto Profissional de Ruptura. Por isso, atribuímos um tratamento analítico de destaque a essas exigências.

3.2.1 Articulação teoria/prática

A aproximação do Serviço Social com o marxismo confere uma nova dimensão ao velho debate sobre a articulação entre teoria e prática, destacado como uma relação dialética entre conhecimento e ação.

A esse respeito, é ressaltada a necessidade de compreensão da perspectiva teórico-metodológica da prática, resgatando a questão da formação acadêmica, tendo em vista a capacitação do profissional para a compreensão de um universo conceitual básico, permitindo uma identificação explícita dos fundamentos teóricos de sua prática profissional. Trata-se de uma articulação do conhecimento e do domínio da teoria com a prática, numa visão de totalidade. Quiroga (1991, p. 107), em relação à teoria marxiana, afirma que "assumir o pensamento de Marx na sua totalidade significa tomá-lo nas três dimensões de sua proposta: o método dialético, a teoria do valor e a questão da força social das classes e a luta de classes, cujo fim último é a possibilidade de revolução".

Referindo-se ao domínio da teoria no Serviço Social, o texto do CELATS (1985, p. 45) ressalta que predomina, no interior do Serviço Social,

> uma confluência inadequada entre a formação profissional e as Ciências Sociais, onde se encontram elementos extraídos destas, somados, justapostos sem integração dinâmica com uma compreensão essencialmente abstrata e sem tradução operativa na formação e na prática profissionais.

Tal fenômeno se expressa fortemente em relação ao marxismo no Serviço Social, cuja riqueza conceitual tem sido reduzida a conteúdos disciplinares. A esse respeito, Carvalho (1986a, p. 28) assinala a dificuldade em desenvolver, no Serviço Social, um estudo que dê conta da dinâmica das teorias enquanto instrumento de análise do real, isto é, as teorias são configuradas de forma estática, mecânica, sem uma análise que as coloque em movimento, em termos de encaminhamento metodológico para investigação e intervenção na realidade. Em outras palavras, o Serviço Social não vem conseguindo dinamizar as teorias no confronto com a realidade da sociedade brasileira, no sentido de recuperar indicações teórico-metodológicas para análise desta realidade e para o desenvolvimento da prática profissional no contexto das relações sociais.

Diante dessas considerações, verifica-se que a superação da dicotomia teoria/prática implica um avanço do Serviço Social quanto à elaboração de propostas, que devem ser coerentemente fundamentadas e eficazes no nível da formação acadêmica e da intervenção. Fica evidente que, no exercício profissional, não se pode desvincular a teoria da prática, uma vez que é sobre a reflexão da última que se constrói a primeira. Isso implica a necessidade de desenvolvimento de uma prática baseada na unicidade dialética, em que a teoria seja encarada como um processo permanente de construção que pode se fazer e se aprofundar tomando a prática como referência (Silva e Silva e Souza, 1984, p. 57). Dessa forma, "a construção teórica se verifica na prática social, não como uma proposição isolada, mas como um todo em transformação, onde a prática questiona a teoria e a transforma, bem como a teoria contribui para interpretar a realidade, norteando a prática" (Abramides et al., 1980, p. 23). Constata-se, portanto, "que a construção metodológica não está desvinculada da teoria, mas é vista como mediação da teoria e da prática, sendo condicionada aos objetivos propostos" (id., ibid.).

3.2.2 Definição do objeto de intervenção

A análise desenvolvida pelos autores, no que se refere à articulação teoria/prática, evidencia, como outra exigência básica, a definição do objeto de intervenção, considerando que ele é constituído mediante a articulação entre intervenção teórica na realidade e intervenção prática (Weisshaupt, 1985, p. 245). Para esse autor, o objeto, como síntese da teoria e da prática, apresenta-se como "o único componente da prática a partir do qual pode ser questionada a relação entre aqueles elementos", ou seja, o "reconhecimento do objeto na ótica da prática permite a abordagem da questão sob novo enfoque, levando a repensar a relação teoria/prática não como adequação entre duas entidades distintas, mas como um processo orgânico, onde a primeira é um elemento prático da segunda: a sua expressão necessária" (id., p. 24).

Cabe ressaltar, no entanto, conforme realça Lopes, J. B. (1979, p. 23), que o objeto de intervenção é construído mediante um processo comandado pelo conhecimento e condicionado pela realidade, sendo portanto suscetível de transformações ocorridas no âmbito dessa realidade. A autora entende que a questão do objeto e da especificidade do Serviço Social remetem ao conteúdo da relação entre teoria e prática articulada aos fenômenos sociais, nos quais a profissão intervém, sendo, portanto, a partir desses conteúdos que o Serviço Social pode caracterizar e construir seu domínio e nele buscar níveis de competência quanto ao conhecimento produzido e a prática desenvolvida (id., p. 73-74).

A partir do entendimento acima referido, observa-se que a construção do objeto do Serviço Social obedece à dinâmica das relações sociais e requer compreensão crítica dessa dinâmica em que o Serviço Social se insere e desenvolve uma ação que lhe é pertinente enquanto prática específica. Assim é que Karsch (1987, p. 165) afirma que "o objeto da prática profissional do assistente social é construído historicamente" e, por ser "uma construção contínua, muda em alguns aspectos durante o seu percurso".

Cabe ressaltar que, sendo o objeto do Serviço Social construído teórica e praticamente, seus instrumentos de trabalho são também hipóteses provisórias, uma aproximação do particular e do universal para a superação dos conflitos apresentados num dado momento histórico (id., ibid.). Nesse sentido, um grupo de autores coloca como exigência para o Serviço Social, enquanto profissão, a articulação entre o conhecimento produzido e a intervenção empreendida, tendo em vista o resgate de elementos teóricos que fundamentem e redimensionem a sua intervenção. Integrando esse grupo de autores, Silva, M. G. (1982, p. 57) coloca que

> há preocupação por parte de alguns profissionais em reconhecer a necessidade do Serviço Social como profissão, em relação ao objeto de seu conhecimento, aplicar, nas investigações e práticas, determinados modos científicos para obtenção de conhecimentos específicos,

num verdadeiro esforço de superação do caráter genérico, considerando que

> o conteúdo atribuído aos fenômenos sociais, através da relação estabelecida com eles, é que define a especificidade, e só identificando-se a especificidade identifica-se o objeto. Assim, qualquer proposta genérica, como forma única de se conceber a problemática do objeto e da especificidade do Serviço Social, é fechada e irreal. (Lopes, J. B., 1979, p. 30)

3.2.3 Relação sujeito/objeto

Uma outra questão relevante apontada pelos autores diz respeito à relação entre sujeito e objeto, entendida como um elemento configurativo de uma prática cujo principal eixo é o compromisso com os setores populares.

Desses autores, destaca-se Lopes, J. B., (id., p. 24-25), que entende a relação entre sujeito e objeto como uma relação dialética, definida pela forma como o objeto é apreendido pelo sujeito e pelos objetivos que o sujeito pretende alcançar na relação que estabelece com os fenômenos sociais, objetos de conhecimento e de intervenção, o que supõe a compreensão da inserção do sujeito no contexto das relações sociais e no campo das ciências. Nesse mesmo entendimento, Leite, M. C. (1984, p. 32-33) afirma que,

> da relação que se estabelece entre o conhecimento adquirido e a realidade (objeto a que se dirige o sujeito), nasce a dinâmica da investigação, que se orienta, no decorrer do processo, pela teoria. O sujeito, ao observar a realidade, abstrai dela algo importante, uma vez que já possui um contexto teórico que o orienta na investigação.

Dessa forma,

> o objeto do pensamento é sempre uma realidade a ser transformada. A noção de objeto é tomada como algo que se apresenta ao sujeito numa relação de conhecimento enquanto pensado, enquanto termo da atividade cognoscente, sendo, por conseguinte, uma representação de um sujeito individual ou coletivo.

Verifica-se, pelos autores analisados, que a relação sujeito/objeto não se apresenta restrita à relação profissional/objeto de intervenção, visto que se estende à relação das classes populares com a sua realidade, mediante formulação de propostas de ação em que essas classes sejam compreendidas como sujeitos "portadores de uma identidade determinada, de uma cultura comum, de interesses definidos, etc." (Giacomini et al., 1987, p. 18), capazes de intervir na realidade em que se encontram inseridos na perspectiva de sua transformação. Nas palavras de Faleiros (1985, p. 54), "os homens, como sujeitos da história e seus protagonistas, se situam em classes sociais e vão criando seus meios de produção e reprodução, ao mesmo tempo em que se produzem, e se reproduzem a si mesmos". É, portanto, na prática social, que se dá a relação sujeito/objeto: a prática é a transformação de um objeto num produto determinado por uma atividade. Assim,

> a ação profissional desenvolvida na perspectiva libertadora implica numa ação voltada para o homem-sujeito, enquanto agen-

> te do processo de transformação da sociedade, levando esse homem a uma consciência crítica de si mesmo e do mundo à sua volta. (Silva, M. G., 1982, p. 94)

Trata-se de uma prática cujo referencial teórico remete à análise dinâmica das relações sujeito-objeto, à interdependência desses fatores e ao movimento transformador inerente às relações sociais (Abramides et al., 1984, p. 27).

3.2.4 Articulação da prática profissional com a realidade social

Uma outra questão fundamental quanto à elaboração da proposta de ação refere-se à articulação da prática profissional com a realidade. Tal articulação é caracterizada como um elemento configurativo, definidor da coerência e da eficácia de uma prática desenvolvida na perspectiva da transformação social. A exigência de articulação da prática profissional com a realidade social, a nosso ver, coloca a questão da construção das mediações, enquanto um desafio teórico-metodológico do Projeto Profissional de Ruptura, que aponta para a necessidade de reelaboração de categorias a partir da realidade concreta.

Sousa, L. E. (1991, p. 36-44) coloca que é a realidade social que define o profissional que o assistente social deve ser. Sendo ela dinâmica, está constantemente se transformando, o que implica a atualização da formação profissional e a reciclagem dos conhecimentos técnico-científicos, na perspectiva de uma práxis organizada e elaborada de transformação da realidade. Isso supõe o domínio seguro de um método e uma prática baseados numa percepção crítica dessa realidade, cujos determinantes históricos "têm a ver com o próprio desenvolvimento da sociedade, que vai definindo demandas concretas, obrigando a profissão a se rever e, portanto, a reformular a formação de seus profissionais, no sentido de dar suporte a novas demandas" (Quiroga, 1991, p. 84). Nesse sentido, constata-se que a elaboração de uma proposta de ação, voltada para o compromisso com as demandas populares, supõe o conhecimento da realidade nos seus múltiplos aspectos (Abramides et al., 1980, p. 83), considerando-se a estrutura da sociedade, bem como os diferentes momentos conjunturais e suas determinações históricas numa relação com o Estado, e a incidência destas na prática profissional e sua vinculação com os interesses, demandas e lutas dos setores populares. No âmbito da dinâmica social, identifica-se que o próprio desenvolvimento histórico do Serviço Social se mantém articulado com esse movimento, o que implica, para a profissão, o surgimento de novas demandas, a partir da dinâmica da correlação de forças, e coloca, para o profissional, a necessidade de compreensão dessa dinâmica, sua repercussão no nível das instituições e da prática profissional.

Destaco, nesse sentido,

> a necessidade do entendimento de categorias gerais que permitam obter uma visão histórico-estrutural da sociedade, bem como a compreensão dos aspectos econômicos e políticos do sistema social que permita capacitar o profissional na elaboração de um instrumental de análise capaz de orientar na problematização da realidade. (Silva e Silva, 1984, p. 112)

Nesse aspecto, enfatizo "a necessidade do estudo da estrutura social e do movimento conjuntural da realidade histórica, considerando a realidade nacional, regional e local".

O desenvolvimento de uma prática em articulação com a realidade supõe, para alguns autores, a compreensão do cotidiano como espaço de reprodução das relações sociais, sendo que a apreensão do cotidiano supõe o seu desvelamento como condição para o exercício de uma ação educativa que reforce os interesses objetivos das classes populares e potencie, ao mesmo tempo, a prática profissional (CELATS, 1985, p. 61-62).

A prática articulada à realidade é entendida, ainda, como necessidade para o desenvolvimento de uma consciência crítica, considerando que "o ponto de partida teórico e prático para o movimento de conscientização é a própria realidade, a realidade concreta histórica como um todo, e que se manifesta nas particularidades de cada situação" (Faleiros, 1985, p. 99).

Diante do exposto, verifica-se a necessidade de aliar a análise mais geral da sociedade ao nível da estrutura e da conjuntura, com a análise específica das instituições e das políticas sociais e, a partir daí, delimitar estratégias de ação no exercício de uma prática efetivada no âmbito da correlação de forças sociais. Dessa forma, é preciso analisar politicamente os movimentos sociais para resgatar o seu potencial de luta, a fim de configurar propostas de ação articuladas a múltiplas formas de organização emergentes nas lutas dos trabalhadores, na cidade e no campo (Carvalho, 1986a, p. 38).

3.2.5 Pesquisa

A pesquisa também é resgatada como condição básica na construção teórico-metodológica do Projeto Profissional de Ruptura, emergindo, fortemente, no início da década de 1980, no contexto da consolidação da ideia de busca de ruptura com o conservadorismo que, por inspiração do positivista restringe a atuação dos assistentes sociais ao âmbito da intervenção na realidade, ficando para os cientistas sociais a tarefa de produzir conhecimento.

No contexto da ruptura, o assistente social se autoassume também como um cientista social, de modo que a exigência de investigar os fenômenos com os quais se defronta na prática de intervenção, afirma-se, cada vez mais, na medida em que as discussões amadurecem e aprofundam-se, constituindo-se, hoje, um consenso, no debate profissional. Desse modo, a pesquisa passa a se constituir numa demanda, não só no meio acadêmico, mas no contexto da prática institucional, embora desenvolvida com muitos limites, principalmente no âmbito das instituições.

A pesquisa, portanto, passa a ser objeto de interesse, na medida em que a categoria profissional volta a sua preocupação não só para a tarefa de aplicar conhecimentos, mas também de analisar efetivamente as questões de sua prática e os fenômenos sociais com os quais se depara cotidianamente, na perspectiva de superar o pragmatismo e encaminhar a prática profissional. Assim, a pesquisa é assumida como instrumento de trabalho para pensar a realidade.

Resgatando as referências sobre a pesquisa no Serviço Social, Yazbek et al. (1984, p. 65) consideram que a formação profissional supõe, entre outros elementos importantes, "a preparação no campo da investigação como eixo privilegiado para o atendimento da qualificação científica do assistente social e da produção teórica sobre questões pertinentes a seu campo de atuação e a realidade social mais ampla". Os autores deixam evidente a necessidade de o assistente social estar preparado para desenvolver uma prática consequente e colocam a investigação como um eixo fundamental para o aperfeiçoamento de sua qualificação científica. Fica clara a exigência da produção de conhecimentos relativos à área de atuação do profissional, assim como da realidade social mais ampla para que se possa agir, consequentemente, sobre a mesma. Dessa forma, os autores apontam a pesquisa "como um dos instrumentos fundamentais da articulação teoria-prática, do conhecimento da realidade nacional, a nível micro e macroscópico, condição básica para efetivação de um projeto profissional", permitindo uma relação dialética entre teoria e prática, numa dinâmica constante, em que a ação produz o conhecimento e vice-versa.

Uma discussão sobre a produção do conhecimento, no âmbito do Serviço Social, na contemporaneidade, com destaque para os seus desafios, é encontrada em vários artigos publicados nos *Cadernos ABESS* n. 5 (1992), destacando-se o texto de Carvalho (1992), no qual a autora afirma que o debate sobre esse tema "aponta para um momento de maioridade do

Serviço Social, em que ele se coloca como interlocutor no campo das Ciências Sociais e como produtor efetivo do conhecimento" (id., p. 43).

Na sua análise, Carvalho desenvolve uma reflexão sobre o rebatimento, no Serviço Social, de algumas questões filosóficas e epistemológicas em destaque no percurso contemporâneo da pesquisa nas Ciências Sociais, realçando a crise de paradigmas, ou seja, dos modelos analíticos. Essa crise é situada pela autora como algo inerente à natureza das Ciências Sociais relacionada com a complexificação do social, nessa virada do milênio. A autora mostra como essa crise repercute, profundamente, no marxismo, dada a relevância deste na contemporaneidade e à crise do socialismo real, com acusação feita por diferentes analistas da incorrência em análises generalizantes, globalizantes, inadequadas para explicar uma realidade em rápida transformação e o comportamento dos novos sujeitos sociais e suas novas formas de luta, além da crítica feita ao determinismo, presente em versões vulgares do marxismo. É destacada como desafio, hoje, a elaboração de uma síntese das chamadas análises macro e micro.

Carvalho (id., p. 49) compreende que essas questões se rebatem diretamente sobre o Serviço Social, que vem desenvolvendo um esforço recente de aproximação com o marxismo, e coloca que, "nessa busca do novo, os pesquisadores em Ciências Sociais hoje reconhecem e declaram a impossibilidade do pesquisador fechar-se hermeticamente num único paradigma". A comunicação entre paradigmas é apontada como via para explicação da realidade social contemporânea, na direção da síntese entre micro e macro abordagens: que viabilize a relação entre estrutura e sujeito; a interligação entre processos estruturais e práticas sociais e, especificamente, a relação entre enfoques de estrutura e enfoques culturalistas. Seria o que a autora denomina de "guerra ao dogmatismo".

Essas questões, longe de representarem a morte do marxismo, admite Carvalho, colocam a necessidade de sua revitalização, no âmbito das Ciências Sociais e do Serviço Social, recolocando, no debate, a questão do ecletismo.

No contexto da crise dos paradigmas, Carvalho ressalta a polêmica que se vem travando sobre a natureza da pesquisa, enquanto trabalho racional ou intuitivo, ou seja, a polêmica sobre razão/intuição que pode repor, para o Serviço Social, a profunda influência do positivismo que marca sua face conservadora. A autora contextualiza a crise da razão no âmbito da crise da modernidade e da rejeição aos seus padrões de cientificidade, e propõe, como saída, o vínculo entre razão e crítica, sugerido por Habermas, ao configurar o paradigma sujeito/sujeito, no âmbito da hermenêutica. É a ideia da articulação objetividade e subjetividade.

No contexto dessa discussão, Carvalho reafirma ainda a viabilidade e a priorização do marxismo como matriz fecunda para orientar a prática interventiva e a pesquisa no Serviço Social, mas coloca a necessidade de comunicação com outros paradigmas, o que demanda uma interlocução madura e fundamentada com as Ciências Sociais, representando um desafio para os pesquisadores do Serviço Social, na contemporaneidade.

3.2.6 Organização da categoria profissional

Quanto à organização profissional, como apoio estratégico fundamental para uma prática de ruptura que implica, necessariamente, questionar a ordem estabelecida nas instituições e na sociedade, os autores deixam clara a necessidade de a categoria se organizar e se articular com as lutas mais gerais da sociedade, enquanto integrante da classe trabalhadora.

Uma convicção fortemente difundida no interior da categoria nos anos 1980 é a da postura crítica demandada pelo redimensionamento da prática institucional e a necessidade de apoio aos movimentos populares, só podendo ser assumida coletivamente. Assim, o final da década de 1970 e toda a primeira metade da década de 1980 são marcados pela criação de associações profissionais e sindicatos de assistentes sociais em todos os estados brasileiros, culminando com a criação da ANAS, em 1983. As entidades nacionais, já existentes, ABESS e CFAS, se redimensionam e se articulam para apoiarem e participarem da construção de um novo projeto de prática e de formação profissional. Nesse sentido, a categoria profissional não apoia, de fora, o Projeto Profissional de Ruptura, mas transforma sua organização em sujeito ativo, nas instituições, nos movimentos populares e na academia, enquanto participante da construção do novo projeto.

Ao considerarmos a dinâmica histórica das entidades nacionais, verificamos que o CFAS tem uma trajetória marcada pela repressão e pelo controle político-ideológico do Estado, atuando, durante muito tempo, no interior da categoria, especialmente no período da ditadura militar, como uma entidade repressiva, controladora e burocrática que serve, "quase que exclusivamente, aos interesses do governo ditadorial, para emperrar a organização política da categoria" (Sindicato de Assistentes Sociais do Maranhão, 1989, p. 15-16).

No processo de rearticulação da sociedade civil, a partir do final da década de 1970 e início dos anos 1980, quando se verifica grande mobilização dos trabalhadores, constata-se, também, uma tentativa de avanço na organização política dos assistentes sociais. Nesse cenário de redefinição, inicia-se um período de profundas mudanças e redefinições das entidades de Serviço Social, entre elas o CFAS que, juntamente com os Conselhos Regionais, promove um conjunto de eventos

> que colocaram em debate a prática profissional, o Código de Ética e principalmente a concepção de fiscalização (tarefa precípua dos Conselhos), não tendo mais como alvo principal os profissionais, mas as instituições empregadoras dos Assistentes Sociais, caracterizando-se, assim, como instrumento de luta e organização da categoria. (Gonelli, 1991, p. 21)

Nesse contexto, inicia-se, a partir de 1983, um amplo processo de discussão do Código de Ética Profissional (com a participação das demais entidades da categoria), visto que o mesmo não mais atende às questões colocadas para a profissão, diante do momento histórico vivido pela sociedade brasileira. Assim, em 1986, é aprovado um novo Código de Ética Profissional do Assistente Social, ética essa resultante "da inserção da categoria nas lutas da classe trabalhadora e consequentemente de uma nova visão da sociedade brasileira. Neste sentido, a categoria, através de suas organizações, faz uma opção clara por uma prática profissional vinculada aos interesses desta classe" (CFAS, Código de ética, 1986, p. 7).

Entretanto, recentemente, é recolocada a necessidade de revisão do Código de ética de 1986, de modo que o CFAS, juntamente com a ABESS, a ANAS e a SESSUNE, promovem, em 1991, o Seminário Nacional de Ética e Serviço Social, cujo objetivo é debater a ética na relação indivíduo e sociedade com os projetos de transformação social, assim como a ética na formação e no exercício profissional. O referido Seminário aponta a necessidade de uma reformulação no Código de ética vigente, considerando, sobretudo, sua fragilidade enquanto instrumento normativo, e sua inspiração messiânica e voluntarista. Assim, surge um novo texto em 1993, no qual são reafirmados valores fundamentais como liberdade, justiça social, equidade. São também apontados como necessários a ampliação da cidadania, o aprofundamento da democracia, a garantia do pluralismo e a opção por um projeto profissional vinculado ao processo de construção de uma nova ordem societária, sem dominação-exploração de classe, etnia e gênero, sem, contudo, impor a vinculação do profissional a uma determinada classe social.

A ABESS é outra entidade nacional, criada em 1946, com finalidade de definir e coordenar uma política de formação profissional do assistente social, procurando imprimir unidade ao ensino do Serviço Social no Brasil. Até a década de 1960, a

Associação se preocupa com a formação cristã dos assistentes sociais, tendo realizado, até 1967, catorze convenções orientadas pela doutrina católica. "Entretanto, essa temática foi mudando, à medida que a ABESS, principalmente nos últimos anos, foi demonstrando a necessidade de se ampliarem as perspectivas do ensino do Serviço Social, na conjuntura crítica da sociedade brasileira atual" (Yazbek, 1984, p. 32).

A partir de 1975, em suas convenções nacionais, a ABESS passa a propor um novo projeto de formação profissional em articulação com o Projeto Profissional de Ruptura. Esse projeto consolida-se na década de 1980 e, hoje, encontra-se em revisão. Isso atesta que a Associação vem se redimensionando e participando ativamente do esforço de ruptura do Serviço Social.

No que se relaciona à construção da ANAS, esta se dá em pleno processo de rearticulação da sociedade civil e da classe trabalhadora, no final da década de 1970. Inserida nessa conjuntura de lutas e mobilização dos trabalhadores, a categoria de assistentes sociais desenvolve um intenso "processo de discussão interna que os leva à reativação de suas entidades sindicais e pré-sindicais em todo o país, definição e redefinição de princípios e diretrizes básicas norteadoras da prática profissional, bem como do papel de suas entidades representativas na consolidação de sua organização e do projeto alternativo das classes trabalhadoras" (Sindicato de Assistentes Sociais do Maranhão, 1989, p. 16).

Dessa forma, inicia-se, em 1978, a organização nacional dos assistentes sociais, com a realização do I Encontro Nacional de Entidades Sindicais de Assistentes Sociais, em Belo Horizonte, onde é evidenciada a necessidade de efetivação de um trabalho conjunto com todas as agremiações da categoria, assim como de uma atuação intersindical aliada às demais entidades sindicais de diferentes categorias.

O movimento de organização dos assistentes sociais se intensifica com as greves operárias dos trabalhadores metalúrgicos do ABC paulista, ocorridas entre 1977 e 1980, nascendo, assim, um novo sindicalismo, fruto da resistência e da luta contra a ditadura militar, contrapondo-se à estrutura oficial corporativista do sindicalismo brasileiro. Nesse processo, os trabalhadores criam, em 1983, a Central Única dos Trabalhadores (CUT), que se coloca como resposta à necessidade de unificação das lutas desenvolvidas no campo e na cidade, na perspectiva de combater as péssimas condições de vida e de trabalho, assim como o próprio regime de exploração e dominação capitalista.

Com o crescimento do movimento nacional dos assistentes sociais, é realizado, no ano de 1979, o III Encontro Nacional de Entidades Sindicais, quando é criada a Comissão Executiva Nacional de Entidades Sindicais de Assistentes Sociais (CENEAS), que se constitui numa resposta política coerente com o estágio de organização da categoria em nível nacional. A CENEAS trabalha no sentido de articular as entidades sindicais e pré-sindicais, "contribuindo para o fortalecimento das mesmas. Contribuiu para mobilização da categoria encaminhando lutas nacionais unificadas, encaminha e realiza pesquisa do salário mínimo, organiza e dá direção política ao III CBAS" (Carta-tema, 1989-1991, p. 3).

No que diz respeito ao III CBAS, este significa um momento de ruptura da categoria com as posições conservadoras à frente do Congresso, as quais, na época, dirigem o conjunto CFAS/CRAS e organizam os Congressos Brasileiros. Dessa forma, a comissão de honra, composta por representantes oficiais do governo militar, é substituída por outra composta de líderes sindicais, homenageando trabalhadores que lutaram pelas liberdades democráticas. "A chamada 'virada' do III CBAS é decisiva no compromisso político e coletivo da categoria com os setores populares" (Abramides, 1989, p. 34).

Sob a direção da CENEAS, é realizado, em 1982, o IV CBAS, no qual se avalia que a referida Comissão havia cumprido seu papel de articuladora, sendo necessária, porém, a criação de uma entidade sindical nacional, com caráter deliberativo. Nessa perspectiva, decide-se pela realização da I Assembleia Nacional de Assistentes Sociais (I ANAS), que culmina com a fundação da Associação Nacional Pró-Federação dos Assistentes Sociais (ANAS), com o objetivo de unificar as lutas da categoria e fortalecer sua organização, articulada e inserida nas lutas mais gerais dos trabalhadores.

Em 1985, é realizada a II ANAS, na conjuntura da Nova República, momento em que se verifica o aprofundamento da crise econômica e das questões sociais, bem como a generalização da miséria que atinge a maior parte da população. Nesse contexto, o Estado utiliza instrumentos autoritários para reprimir o movimento dos trabalhadores em suas lutas.

A II ANAS é de suma importância na trajetória da organização sindical dos assistentes sociais, visto que "fortaleceu o processo da organização da categoria, elegeu uma diretoria em cima de uma proposta política clara, o que significou armar a ANAS na luta política para o enfrentamento com a Nova República no conjunto da classe trabalhadora, através da CUT" (Abramides e Cabral, 1987, p. 18-19). É, ainda, nessa Assembleia, que a ANAS se filia à CUT, "por entender que essa Central representa um organismo sindical nacional de unificação e centralização das lutas dos trabalhadores, numa perspectiva classista e de combate" (id., p. 18).

A III ANAS ocorre em 1987, quando a entidade é reconhecida como a federação da categoria, legitimada e mantida pelos sindicatos. Nessa assembleia tem lugar a discussão sobre a implantação da nova organização sindical proposta pela CUT, a qual busca romper com a estrutura vigente, sugerindo outra por ramo de atividade econômica. Na IV ANAS, em 1989, são apresentadas as primeiras teses que apontam essa perspectiva de organização para a categoria. Nessas discussões, a categoria reconhece a necessidade de uma nova estrutura organizativa que responda às inquietações dos assistentes sociais. Nesse sentido, o que se constata é o destaque à importância da participação dos assistentes sociais nas entidades sindicais, contribuindo com as dicussões em torno das questões colocadas pelo conjunto da classe trabalhadora, o que reforça a organização da categoria, tendo como indicação uma proposta de prática profissional que sustente o vínculo e o apoio da profissão aos movimentos populares.

Nesse processo de discussão sobre a nova organização dos assistentes sociais, é destacada a necessidade de um trabalho conjunto entre as entidades ligadas ao Serviço Social, no sentido de tratar das questões que envolvem a categoria. Assim, evidencia-se um crescimento na afinidade política entre as direções das entidades, sendo que, a partir do V CBAS, muitos eventos nacionais dos assistentes sociais têm sido organizados conjuntamente pelas entidades nacionais da categoria, tais como o III Encontro de Fiscalização e o XIX Encontro CFAS/CRAS; o I Seminário Nacional sobre Assistência Social; o I Seminário Nacional de Ética; o Seminário sobre a Nova Organização dos Assistentes Sociais na Atual Conjuntura, todos realizados em 1991. Deve-se ressaltar que, nos últimos anos, muitos outros encontros foram realizados sob a direção conjunta dessas entidades, como o V, o VI, e o VII CBAS.

No que se refere aos Congressos organizados pelas entidades, o V CBAS, centrado no tema "O Serviço Social nas relações sociais — movimentos populares e alternativas de políticas sociais", é realizado em 1985, após ampla consulta à categoria, através das entidades sindicais. Segundo seus organizadores, esse congresso "constitui uma oportunidade privilegiada de troca de experiência, de aprofundamento teórico e acumulação de força política na direção de consolidar um novo projeto profissional, coletivamente construído, capaz de contribuir para a explicação da sociedade brasileira e da prática profissional nela inscrita e para a formulação de alternativas profissionais que fortaleçam e subsidiem o avanço das forças sociais que apontam na direção de uma nova sociedade" (Associação Nacional de

Assistentes Sociais, 1987, p. 13). Verifica-se que o temário e os objetivos do referido Congresso evidenciam o compromisso das entidades representativas do Serviço Social em consolidar o projeto profissional vinculado aos setores populares.

O VI CBAS realiza-se no ano de 1989, tendo como tema central: "Serviço Social: as respostas da categoria aos desafios conjunturais". Este evento dá continuidade às discussões sobre a construção de alternativas profissionais, a partir das demandas colocadas nos diferentes momentos conjunturais. Nesse Congresso, seus organizadores reconhecem que o projeto profissional em construção não é consensual, mas é hegemônico, "pois expressa a vontade majoritária da parcela organizada da categoria nas diferentes instâncias nacionais e latino-americanas" (Associação Nacional de Assistentes Sociais, 1991, p. 12).

O VII CBAS, realizado em 1992, tendo como tema central: "Serviço Social e os desafios da `modernidade': os projetos sociopolíticos em confronto na sociedade contemporânea" coloca em discussão os desafios postos pela modernidade e pela crise das utopias, bem como o projeto liberal enquanto alternativa para uma nova ordem mundial. Entre outras questões importantes, as teses apresentadas tratam do resgate do projeto histórico dos setores populares, construído cotidianamente em seus campos de luta social e institucional, e reafirma o projeto profissional em aliança com as classes trabalhadoras.

O exposto sugere que a articulação entre a ABESS, o CFAS e a ANAS tem se assegurado pela construção de um projeto coletivo que vem se mostrando hegemônico: "a consolidação do projeto profissional comprometido e articulado com o projeto social e histórico dos trabalhadores é hoje uma das tarefas precípuas do conjunto de nossas entidades [...]" (Paixão, 1985, p. 8).

Podemos constatar que o dinamismo da organização profissional dos assistentes sociais, enquanto categoria, passa a vivenciar um clima de refluxo a partir do final dos anos 1980 e início dos anos 1990. Nesse contexto, passa a se colocar, para os trabalhadores de modo geral, e para os assistentes sociais, a questão da organização por ramos de atividades. É assumida como meta a aglutinação de atividades afins num mesmo sindicato, para facilitar a relação entre os trabalhadores, contribuindo para uma identificação a partir da situação comum de trabalho, dos problemas que afetam seu cotidiano, como forma de impedir a luta isolada, fragmentada das diversas categorias profissionais e dos trabalhadores de modo geral.

Vem se verificando um certo refluxo na organização popular e sindical, sobretudo a partir do esforço de institucionalização dos movimentos populares no âmbito do processo de redemocratização da Nova República. Aqui, muitos fatores podem ser evocados; entre eles o desaparecimento do inimigo comum, representado pelo autoritarismo que marca a ditadura, a crise econômica que passa a direcionar as lutas para a sobrevivência e o clima de cooptação estabelecido na transição democrática. Esse quadro de crise e refluxo atinge, também, as organizações do Serviço Social como expressão do próprio refluxo do movimento sindical, nesse cenário de redefinição da relação capital/trabalho. Ao se associarem na busca do fortalecimento do sindicato por ramo de produção, muitos sindicatos de assistentes sociais estão sendo desativados, e o movimento estudantil também tem sofrido o rebatimento desse refluxo mais geral.

Não devemos fazer desse quadro mais um motivo para desagregação, até porque as observações continuam apontando para a atuação e a presença destacada de assistentes sociais em partidos políticos de esquerda e em outras organizações, como sindicatos de funcionários públicos, associações docentes e no próprio movimento estudantil. Além do que o "aparente" refluxo pode representar o germe da redefinição.

O certo é que vivemos um momento que precisa ser compreendido em todas as suas dimensões, para que se proceda aos redimensionamentos necessários, como está ocorrendo com relação ao Projeto de Formação Profissional.

3.2.7 Redefinição da formação profissional

Historicamente, a política de formação profissional do assistente social no Brasil tem sido assumida pela ABESS. Até a década de 1960, essa política é fortemente influenciada pelos princípios católicos, tanto no nível da prática quanto da teoria: "Toda visão de homem se dará sob os quadros católicos, tendo como sustentação filosófica o neotomismo. Dada essa postura, teremos um tipo de formação marcadamente clara e definida" (Aguiar, 1985, p. 31).

Durante a década de 1940, são realizadas diversas conferências e encontros, entre eles a Sessão Internacional de Estudos promovida pelo Secretariado Latino-Americano da União Católica Internacional de Serviço Social (UCISS), no ano de 1949, em São Paulo. Nessa Sessão, são reafirmados os princípios católicos norteadores da formação profissional do assistente social no Brasil e na América Latina. Contudo, o Serviço Social brasileiro é marcado também, nesse período, pela influência norte-americana, sendo incorporado à formação profissional o aspecto técnico a partir do qual se dá a construção dos métodos de Serviço Social de caso, grupo e comunidade. Os questionamentos sobre a profissão e os rumos do Movimento de Reconceituação, no Brasil, a partir da segunda metade dos anos 1970 rebatem, fortemente, na formação profissional.

É no contexto da crise e da rearticulação da sociedade civil que a ABESS, a partir de 1975, "em suas Convenções Nacionais, impulsiona e dinamiza o processo de discussão e redefinição do currículo mínimo para o Curso de Serviço Social" (Yazbek, 1984, p. 91).[42] Como base do novo currículo, aprovado pelo CFE em 1982, colocam-se no âmbito da formação profissional os avanços

---

42. Nas convenções de 1975 (Piracicaba), 1977 (Belo Horizonte), 1979 (Natal) e 1981 (Vitória), cuja temática central é a construção de um projeto de formação profissional que expresse o esforço de ruptura que se aprofunda no Serviço Social. Como resultante desse processo, foi aprovada uma proposta de currículo mínimo,

teóricos e políticos vivenciados pela profissão, a partir do Movimento de Reconceituação do Serviço Social: a busca de solidez científica e a expressão de um evidente compromisso de classe, significando um avanço para a profissão, visto que o antigo currículo não respondia, de forma satisfatória, às questões que se colocavam para o Serviço Social. Contudo, ao longo dos últimos anos, o conteúdo da proposta tem sido questionado, no âmbito das escolas e dos encontros da categoria, em que são apontadas lacunas e debilidades no desenvolvimento do "novo" currículo.

Apesar de suas debilidades, verifica-se que esse currículo já viabiliza alternativas de mudanças, materializando a preocupação com as questões básicas que envolvem a formação profissional, como a perspectiva de uma nova proposta de prática profissional, que vem sendo construída historicamente, a qual busca o rompimento com a ideologia dominante e a vinculação da prática profissional aos interesses da clientela do Serviço Social.

A implantação do novo currículo mínimo, obrigatório para todos os cursos de Serviço Social, dá-se de 1982 a 1985. Para acompanhar esse processo, a ABESS desenvolve, nas gestões 1981-1983 e 1983-1985, o "Projeto de investigação: a formação profissional do assistente social no Brasil".[43] Com esse processo investigativo, a ABESS pretende fazer com que a revisão curricular não se reduza a um processo burocrático de definição de grade curricular, mas seja assumida como um processo de formação profissional que procure responder aos desafios postos para o ensino do Serviço Social, ante as exigências históricas da sociedade brasileira. Com a pesquisa, a ABESS busca, também, subsidiar a definição de sua política de ação.

---

na Convenção Nacional de Natal, em 1979, a qual, por sua vez, foi aprovada, em agosto de 1982, pelo Conselho Federal de Educação.

43. Esse projeto encontra-se publicado, na íntegra, na revista *Serviço Social & Sociedade*, São Paulo, n. 14, 1984.

A partir do "Projeto de investigação: a formação profissional do assistente social no Brasil", amplia-se a concepção de formação profissional, inserindo-a no debate sobre a realidade do ensino universitário e da própria sociedade brasileira, entendendo a profissão como historicamente determinada. Nesse sentido, dois pressupostos foram destacados, p. 1º: "a questão da formação profissional do assistente social no Brasil está inserida no quadro geral da problemática universitária, expressando, de modo particular, os questionamentos da educação superior na sociedade brasileira"; 2º: "a formação profissional mantém uma relação com a prática profissional numa dada sociedade, tendo como referência fundamental a realidade social".

Destacam-se, com relação ao primeiro pressuposto, os rebatimentos da crise do ensino universitário brasileiro sobre os cursos de Serviço Social, como também as alternativas de luta, no nível da organização estudantil e docente, pela melhoria do ensino de Serviço Social.

Destaca-se, com relação ao segundo pressuposto, o desenvolvimento profissional compreendido como um fenômeno histórico, como movimento permanente resultante das determinações sociais que apresentam demandas, e das respostas que a profissão, efetivamente, dá às demandas postas.

A proposta, então, é a superação de dois equívocos históricos: uma perspectiva mecanicista que concebe a formação profissional atrelada às demandas do mercado de trabalho (demandas patronais), e uma perspectiva idealista que concebe a formação profissional independente do exercício profissional (Carvalho et al., 1984, p. 117).

Nessa articulação com a realidade, a investigação em apreço destaca, no debate sobre o projeto de profissão, como primeiro aspecto, a direção social desse projeto que é "vinculada aos interesses coletivos das classes subalternas" (id., p. 119). Preconiza a vinculação da profissão com a construção de um projeto de classe, a partir das lutas assumidas pelas classes subalternas no contexto da sociedade brasileira, através de um compromisso real com os interesses coletivos, tendo em vista a construção de uma nova hegemonia.

Outros aspectos apontados como relevantes para a compreensão da formação profissional como um processo amplo são a inserção do Serviço Social na sociedade, a vinculação histórica com a Assistência Social, a relação orgânica com o Estado, a determinação institucional e a disjunção entre intervenção e remuneração. Em suma, no encaminhamento da formação profissional, o Serviço Social deve ser considerado como uma prática político-ideológica, inserida indiretamente no processo produtivo, através de prestação de serviços e numa ação educativa, apresentando uma vinculação orgânica com o Estado, enquanto maior empregador. Como tal, constitui-se numa prática determinada pelo aparato institucional, cuja autonomia relativa se dá pela sua relação direta com a clientela. Apresenta uma aparente indefinição de sua prática institucionalizada pela recusa de assumir a imagem social de profissional da assistência e uma disjunção entre intervenção e remuneração, entre quem demanda e quem recebe os serviços profissionais.

Finalmente, no contexto da vinculação do projeto profissional com a realidade social, é destacado, no âmbito da investigação proposta, em termos da direção social e das condições efetivas do exercício profissional do assistente social no Brasil, a necessidade de considerar a organização profissional como questão substantiva. Assim, a definição de um projeto de profissão requer a conquista de espaço na sociedade civil, sendo essa uma exigência básica. Trata-se, portanto, de desenvolver um trabalho capaz de articular, efetivamente, a formação acadêmica, o exercício profissional e a organização sindical dos assistentes sociais (id., p. 131).

O projeto indica os aspectos considerados problemáticos que configuram questões fundamentais para análise e discussão no quadro geral da realidade do Serviço Social no âmbito da formação profissional, tais como:

- o processo de formulação teórica do Serviço Social, enquanto disciplina profissional, e suas expressões no desenvolvimento da formação profissional, destacando a debilidade teórico-científica da profissão que, por uma tradição historicamente marcada pelo pragmatismo e empirismo enquanto técnica social restrita à execução, não desenvolveu uma tradição de pesquisa;
- necessidade de um balanço crítico das diretrizes da formação profissional, que permitam determinar seus objetivos;
- desarticulação na estrutura curricular definida de forma fragmentada, em função de disciplinas isoladas e não de temas e eixos;
- deficiência nas condições de trabalho em termos de ensino, pesquisa e extensão, considerando a situação de crise da universidade brasileira;
- a questão da relação pedagógica no âmbito da formação profissional, destacando a necessidade de recuperar a questão da origem de classe e do caráter feminino da categoria dos assistentes sociais no Brasil;
- a questão da relação formação profissional/mercado de trabalho, considerando a importância do segundo, sem incorrer no equívoco de atrelar, cegamente, a formação profissional a ele.

As questões fundamentais apontadas acima configuram os elementos relevantes do Projeto de Formação Acadêmica construído em articulação com o Projeto Profissional de Ruptura.

Esse Projeto de Formação Profissional vem sendo reafirmado na literatura especializada, merecendo destaque o artigo de Carvalho, publicado no *Cadernos ABESS*, n. 1, sob o título

"O processo de formação profissional do assistente social na conjuntura brasileira". Nele, a autora situa o Projeto de Formação Profissional que a ABESS vem construindo, desde a segunda metade dos anos 1970, como uma demanda da dinâmica social, e aponta a XXIV Convenção Nacional da ABESS (1981) como explicitação do redimensionamento da entidade para enfrentar as novas questões, colocando, ainda, a necessidade de ampliar a discussão do Projeto no nível das unidades de ensino, envolvendo alunos, professores e supervisores, bem como as entidades organizativas.

Carvalho então problematiza a formação profissional no início da segunda metade dos anos 1980, tomando como referência determinadas premissas analíticas. A concepção de formação profissional é apontada como a primeira premissa analítica, reafirmando-a como processo amplo que envolve preparação científica do quadro profissional, produção de conhecimento e capacitação continuada da categoria para o exercício profissional, não se confundindo com a simples preparação para o emprego.

A segunda premissa analítica apontada é a determinação social da formação profissional, em nível estrutural do capitalismo e em nível conjuntural, o que a situa no contexto das relações sociais.

A terceira premissa analítica é a universidade, enquanto determinação social específica, na qual se desenvolve o projeto educacional. Aqui deve ser considerada a situação de crise e a rearticulação das forças sociais, no interior da universidade.

Uma quarta premissa é a expressão peculiar do enfrentamento de classes no interior do processo de formação profissional (alunos e professores), que coloca num processo de luta por hegemonia diferentes posições.

A quinta premissa analítica é a vinculação orgânica do processo de formação profissional com uma proposta de prática do Serviço Social a partir das demandas sociais postas na conjuntura atual.

A partir dessas premissas analíticas, e, num balanço da formação profissional em curso, Carvalho problematiza o processo de formação profissional dos assistentes sociais, e aponta para os seguintes avanços qualitativos:

- processo de redefinição de currículos, como projeto educacional, num debate envolvendo professores e alunos em muitos casos com efetiva participação da categoria, via organizações representativas;
- participação do Serviço Social no contexto universitário, via movimento docente e discente e atividades de pesquisa e extensão, integrando uma vanguarda progressista no interior da universidade brasileira;
- aumento significativo da produção teórica, através do desenvolvimento de pesquisas, destacando-se a produção científica no interior dos cursos de pós-graduação;
- busca de alternativas de capacitação continuada pelos profissionais diretamente vinculados ao exercício profissional, através de cursos, seminários, assessorias, consultorias, destacando-se os cursos de especialização e aperfeiçoamento;
- avanço do movimento estudantil como força expressiva no Projeto Educacional da Formação Profissional;
- participação das entidades representativas da categoria no processo de redefinição da formação profissional.

Além desses avanços na formação profissional do assistente social, Carvalho aponta, também, questões problemáticas, como:

- a dificuldade básica, de fundo, apontada é a operacionalização, a delimitação, em termos estratégicos, do Projeto do Serviço Social que vem se apresentando como hegemônico na maioria das escolas de Serviço Social, ou seja, o que estamos configurando como o Projeto

Profissional de Ruptura. A dificuldade se expressa em termos de traduzir o discurso no concreto, no que se refere à construção de um instrumental analítico e metodológico, verificando-se um distanciamento entre princípios e processo da formação profissional;

- a segunda dificuldade se refere à questão da direção social do Projeto de Formação Profissional *versus* pluralismo, que coloca a convicção de uma luta pela hegemonia e, ao mesmo tempo, a dificuldade de convivência de posicionamentos divergentes, sendo o equívoco mais frequente a confusão entre pluralismo e ecletismo;
- a terceira questão problemática se refere ao encaminhamento do estudo das teorias das Ciências Sociais e do marxismo, com incorrência no teorismo, representando mera transmissão de conceitos genéricos, sem efetivo resgate da lógica das teorias que fundamenta o quadro conceitual adotado, empobrecendo as teorias enquanto instrumentos de análise do real. Por outro lado, o estudo não dialético do marxismo não tem saído do terreno das abstrações, dificultando a indicação de teorias e metodologias adequadas à realidade brasileira;
- uma quarta dificuldade se refere à produção do conhecimento na pesquisa em Serviço Social, que não vem sendo assumida, efetivamente, como estratégia básica na redefinição do Projeto Educacional do Serviço Social. Há necessidade de maior produção de conhecimento, tanto sobre as questões básicas do Serviço Social, como sobre as questões emergentes no cotidiano do exercício profissional;
- a quinta dificuldade apontada é a questão da capacitação continuada, no que diz respeito à desvinculação entre o ensino e a realidade social, repercutindo na capacitação para o exercício profissional;

- a sexta dificuldade apontada é reduzida à articulação do processo de formação profissional com o processo de organização da categoria na sociedade civil que, à época ainda emergente, tem se limitado concretamente ao nível das entidades nacionais;
- a sétima dificuldade se relaciona com a vinculação dos cursos de pós-graduação com a realidade da profissão na sociedade brasileira;
- finalmente, a oitava dificuldade apontada no processo de formação profissional refere-se a limitações nas condições objetivas de trabalho para a viabilização do Projeto Educacional do Serviço Social, no contexto da crise da universidade brasileira.

Como última parte do texto resgatado, Carvalho destaca, a partir do avanço qualitativo e das dificuldades apontadas, alguns elementos a serem considerados no repensar da formação profissional do assistente social, na conjuntura da segunda metade dos anos 1980, o que inclui o repensar da própria ABESS. Os elementos a serem considerados se referem à compreensão do momento de redemocratização brasileira para desenvolver uma prática relacionada aos interesses da clientela e ao avanço político dos movimentos sociais, com ênfase na pesquisa e na capacitação continuada, de modo a propiciar condições objetivas para formação de assistentes sociais comprometidos e conscientes. Outros aspectos a serem considerados são: delimitar, com referências básicas, uma proposta de Serviço Social que, de fato, configure alternativas de ação profissional na dinâmica contraditória da atual conjuntura brasileira; assumir a investigação como estratégia dinamizadora do processo de formação profissional; trabalhar as teorias como instrumental de análise da realidade brasileira e das distintas formações sociais em nível regional e local; desenvolver uma formação básica que instrumentalize metodologicamente o assistente social para o exercício profissional; desenvolver uma política de capacitação docente como suporte básico na redefinição do processo de formação profissional do assistente social.

Repensando o projeto educacional, resgatado na literatura do Serviço Social, há, ainda, que ser referenciado o "Relatório do momento preliminar de pesquisa — a avaliação da formação profissional do assistente social brasileiro — pós novo currículo/ avanços e desafios", publicado no *Cadernos ABESS*, n. 4 (1991), em que são realçadas a preparação científica e técnica, a produção de conhecimento e a extensão, como elementos fundantes da concepção de formação profissional como processo.

A pesquisa é apresentada, no referido relatório, como realidade incontestável no âmbito do Serviço Social que, assim, rompe com a determinação positivista que limita o assistente social à tarefa da intervenção.

A extensão é configurada como atividade de peso no processo de formação profissional, sobretudo no passado recente, quando o Serviço Social buscava trabalhos alternativos para realização de uma prática vinculada aos setores populares.

No que tange ao esforço de formação continuada, intrínseca à concepção de formação profissional como processo, é destacado o peso dos cursos de especialização, e a existência de um número expressivo de mestres nas unidades de ensino de Serviço Social, evidenciando um desenvolvimento significativo na pós-graduação, no nível de *lato sensu* e *stricto sensu*, no Serviço Social no Brasil.

Dando continuidade ao processo de redimensionamento do Projeto Educacional do Serviço Social no Brasil, a gestão ABESS/ CEDEPSS (1992-1995), por recomendação da XXVIII Convenção Nacional, ocorrida em Londrina, em outubro de 1993, assume a elaboração de um novo Projeto Curricular para os cursos de graduação em Serviço Social, no país, como meta prioritária.

Após dezesseis anos de elaboração e treze de aprovação pelo Conselho Federal de Educação, há um consenso de que o currículo mínimo, em vigor nos cursos de graduação do Serviço Social no país, precisa ser repensado em face das mudanças sociais e científicas ocorridas nas últimas décadas, no âmbito da crise do socialismo real, da crise da universidade, da crise do *Welfare State*, da crise de paradigmas e, sobretudo, em face da globalização e flexibilização da economia mundial, orientada pela ofensiva neoliberal.

No caso brasileiro, coloca-se o desafio do ajuste estrutural e da reforma do Estado como questões conjunturais que afetam a organização da sociedade civil e do Serviço Social, em particular.

É, portanto, no marco das crises e das inovações da contemporaneidade que se coloca a necessidade de reavaliar e redefinir o Projeto de Formação Profissional do Assistente Social, no Brasil. Para isso, a ABESS vem orientando um amplo processo de avaliação da formação profissional, em nível nacional, a partir das unidades de ensino, visando identificar os impasses e qualificar os principais desafios e dilemas impostos à formação profissional na atualidade.[44] Tendo por orientação uma pedagogia centrada nas bases e como eixo dessa avaliação o tema "Impasses da formação profissional dos assistentes sociais no Brasil", esse processo resultou, em nível local, em produtos diversificados, embora orientados por um plano único, confrontados e sistematizados em Oficinas Regionais. A conclusão desse processo deu-se numa Oficina Nacional, realizada em maio de 1995, no Rio de Janeiro, onde foram apresentados seis relatórios regionais, os quais foram objeto de estudo em grupos para aprofundamento, a partir das seguintes temáticas:

- direção social da formação profissional do assistente social na sociedade brasileira contemporânea;

44. Essa perspectiva está expressa no documento: "Oficina de conclusão da pesquisa: impasses à formação profissional dos assistentes socias no Brasil" (1995), encaminhado pela ABESS ao CNPq para financiamento.

- modelos analíticos das Ciências Sociais e capacitação para intervenção no processo de formação profissional do assistente social;
- pesquisa na formação profissional do assistente social;
- dilemas cotidianos na estruturação curricular e na dinâmica da formação profissional (ABESS, 1995, p. 2-3).

Configurado o Projeto Profissional de Ruptura a partir da literatura brasileira do Serviço Social, fica indicado o pressuposto básico da ação profissional: o usuário é percebido como sujeito do processo de intervenção profissional, o qual deve ser fortalecido no processo de organização e participação social dos setores subalternizados. Deve ser dada ênfase ao processo de educação política, tendo em vista alterar a correlação das forças sociais em direção a uma contra-hegemonia, sendo essa educação política articulada, por alguns autores, à prestação de serviços, ou seja, à prática da assistência social redimensionada na perspectiva de um direito social, voltando-se, portanto, para a mobilização, conscientização e organização popular.

No próximo capítulo, desenvolveremos o esboço de uma análise crítica do conteúdo teórico-metodológico do Projeto Profissional de Ruptura.

CAPÍTULO 4

O Projeto Profissional de Ruptura: esboço de uma crítica

1. As bases teóricas

Numa apreciação do Projeto Profissional de Ruptura, devemos considerar a diversidade dos textos que compõem a literatura do Serviço Social no Brasil (livros, artigos, dissertações de mestrado, teses de doutorado, conferências, discursos, relatórios, teses apresentadas em congressos etc.), em dois sentidos distintos:

- diversidade em termos de *nível* das produções, já que os trabalhos dos intelectuais que estão na academia, quer na docência, quer nos cursos de pós-graduação (especialização, mestrado, doutorado) diferem da produção dos profissionais de base, que procuram refletir e discutir criticamente sua prática profissional;
- diversidade em termos da *natureza* e *especificidade* das produções, posto que um livro ou uma dissertação de mestrado ou tese de doutorado permitem um tipo de abordagem que não é possível num artigo, numa conferência ou numa tese de congresso.

Com esse entendimento, não restam dúvidas de que, conforme as discussões procedidas nos capítulos anteriores, a contribuição mais sistemática e aprofundada sobre o conteúdo teórico-metodológico do Projeto Profissional de Ruptura encontra-se nos livros, muitos dos quais originados de dissertações de mestrado e teses de doutorado,[45] e em alguns artigos, ou seja, na produção acadêmica. Todavia, a produção oriunda dos profissionais de base, representada principalmente por artigos, relatórios e teses apresentadas em congressos, pelos limites de sua natureza e especificidade, tende a apresentar um nível de elaboração teórico-metodológico mais genérico e menos sistemático. Isso não significa que as indicações, nesse espaço da literatura do Serviço Social, não tenham sido relevantes, até porque representam os rebatimentos das grandes questões da profissão em nível, pelo menos, da base profissional mais atuante.

Com esse parâmetro de análise, verificamos que, em termos da construção da base teórica do Projeto Profissional de Ruptura, as categorias teóricas mais recorrentes na literatura estudada — Estado, Instituição, Política social, Classes sociais, Classes populares, Movimento social, Transformação social, Práxis, Hegemonia, Ideologia e Intelectual orgânico — parecem apontar para um esforço de vinculação com a matriz marxista, com predominância do pensamento gramsciano.

A tese que vem sendo levantada, no interior do próprio Serviço Social, sobre uma aproximação problemática e limitada com o marxismo, precisa considerar a produção marxiana e a produção dos marxistas contemporâneos, quando se assume o marxismo como uma produção histórica. Assim, o que se coloca em questão é a diferença entre a ida aos originais de Marx e de seus seguidores ou as recorrências limitadas e exclusivas às

---

45. Lembramos que, neste texto, não trabalhamos com dissertações de mestrado e teses de doutorado não publicadas. Esse grupo de bibliografia será objeto de produção de um texto específico.

obras interpretativas de autores, sem estudá-las nas fontes de suas produções. Põe-se, portanto, aqui, a exigência de se trabalhar com os autores marxistas nas fontes originais.

Nesse sentido, numa contextualização de como se vem dando a aproximação do Serviço Social com o marxismo, verificamos, como fenômeno típico do movimento inicial do esforço de ruptura, uma recorrência acentuada a determinados intérpretes de Marx, para decifrar certos conceitos básicos do marxismo, resgatando-os numa abordagem de segunda mão. É o momento em que se buscam os manuais de Marta Harneck e outros, entre eles, autores latino-americanos como Bóris Alexis. Todavia, com a ampliação e o desenvolvimento dos cursos de mestrado e doutorado de Serviço Social no Brasil e, principalmente a partir do final dos anos 1980 e início dos anos 1990, a aproximação direta com Marx e com os marxistas contemporâneos parece ser uma tendência indiscutível, pelo menos no interior da academia, principalmente dos cursos de pós-graduação. Hoje, os trabalhos de produção, fundamentados nos conceitos originais marxistas, são representados pelas produções recentes, principalmente por dissertações de mestrado, teses de doutorado e obras resultantes de pesquisas. Aqui, destaca-se a aproximação do Serviço Social com vertentes contemporâneas do marxismo, com predominância, nesse campo, de contribuições gramscianas, bem como um interesse particular no resgate do pensamento marxiano.[46]

É importante enfatizar que o nível e a consistência de muitas das produções contemporâneas do Serviço Social, no Brasil, ganham destaque se consideradas em relação a outras produções no campo das Ciências Sociais. Essa constatação não significa que a aproximação do Serviço Social com o marxismo seja uma

46. A primeira produção de peso que, no âmbito do Serviço Social, mantém um diálogo direto com fontes originais do marxismo, sobretudo com o pensamento marxiano, é o trabalho de Iamamoto e Carvalho (1982).

questão tranquila. Se considerarmos, por exemplo, no âmbito da academia, principalmente nos cursos de graduação, essa aproximação continua marcada por debilidades e tensões, sendo ainda mais distanciada quando se considera o conjunto da categoria profissional de base.

Isso nos leva a admitir que a base teórico-conceitual, proposta para fundamentar o Projeto Profissional de Ruptura do Serviço Social, é de domínio restrito, no âmbito da categoria profissional, com implicações metodológicas que dificultam a implementação do referido Projeto. Ou seja, a debilidade da formação profissional do assistente social não é simplesmente técnico-instrumental, mas sobretudo teórico-conceitual, com implicações metodológicas.

Com base no exposto, podemos apreciar e analisar melhor a explicação que Netto (1989b) oferece para os problemas e limites da relação que o Serviço Social vem procurando estabelecer com o marxismo.

Entendemos que Netto oferece uma explicação de fundo sobre essa questão que, em nível de América Latina, data da década de 1960 e, no Brasil, tem início na década de 1970. O autor evidencia que o marxismo e o Serviço Social apresentam filiações a duas vertentes culturais antagônicas, o que lhes confere um antagonismo genético. O marxismo filia-se, segundo Netto, à vertente revolucionária que requer autoconsciência do ser social nos marcos do capitalismo, enquanto o Serviço Social se inscreve, geneticamente, na vertente conservadora, a partir do pressuposto do enfrentamento e administração da questão social, nos marcos do capitalismo e na passagem de sua fase concorrencial para a monopolista.

A implicação mais direta, no plano teórico, é a excludência: Marx funda uma teoria social com base na análise radical crítica da emergência e do desenvolvimento da sociedade burguesa, a partir do movimento real do ser social e da perspectiva da totalidade concreta, dinâmica e contraditória, constituída por processos; o Serviço Social nasce como uma profissão ancorada nas ciências, oriundas da tradição conservadora, que substitui a categoria totalidade pelo "todo", representado pela integração funcional das "partes", tendo por base padrões das ciências da natureza e do racionalismo formal.

Essa filiação, segundo o autor, não permite que o Serviço Social se liberte do seu vínculo com o conservadorismo e com o positivismo. Além do que, entende Netto, a aproximação do Serviço Social com o marxismo dá-se enviesada no contexto da crise das Ciências Sociais acadêmicas que, na América Latina, data dos anos 1950. Verifica-se, então, uma retomada crescente da tradição marxista, no âmbito das denominadas Ciências Sociais, a partir da qual Marx e seu legado são recuperados pelas correntes ditas "críticas", o que, em si, representa uma incorporação problemática de Marx. Esse contexto favorece a interlocução inicial de setores do Serviço Social com a tradição marxista, com interveniência de fatores conjunturais. Dentre esses fatores, destacamos a própria dinâmica mais geral da sociedade, marcada pelos movimentos revolucionários na América Latina: o movimento estudantil que, assumindo uma perspectiva de esquerda, exige o debate do marxismo, favorecido pelo retorno de professores exilados da vida política e acadêmica; a participação de professores em movimentos sociais e movimentos políticos da sociedade e da categoria; a desmistificação da pretensa neutralidade que orienta as Ciências Sociais e o Serviço Social, em particular, as demandas postas para o Serviço Social pelos movimentos organizados da sociedade brasileira, com grande força a partir do final dos anos 1970.

Esse quadro desperta, em alguns setores do Serviço Social, profunda inquietação sobre o homem como sujeito da história, inquietação essa que cresce influenciada por obras de Paulo Freire, como *Educação como prática da liberdade* e *Pedagogia do oprimido*, inspirando a busca da construção de uma prática pedagógica do Serviço Social. São essas inquietações teóricas e políticas que criam as condições para a aproximação do Serviço Social com o marxismo, permitindo, no Brasil, a superação da hegemonia da vertente modernizadora, orientada pelo estrutural-funcionalismo, assumida pelo movimento inicial do processo de renovação no Serviço Social.

Em verdade, a crítica de Netto é procedente quando demarca o antagonismo genético entre marxismo e Serviço Social, posto que o denominado Serviço Social tradicional, de fato, se filia a uma vertente cultural antagônica ao marxismo. No entanto, é necessário situar, devidamente, essa questão no percurso histórico do Serviço Social brasileiro. Se esse antagonismo é marcante na emergência, institucionalização e até na consolidação da profissão, no Brasil, passa a ser profundamente questionado no esforço de ruptura, no final dos anos 1970 e nos anos 1980, quando emerge um processo de renovação no Serviço Social, expressando intenção de ruptura com o conservadorismo. Portanto, o que se verifica é que o Projeto Profissional de Ruptura do Serviço Social caracteriza-se por um esforço de superação desse antagonismo genético, procurando romper com a tradição cultural conservadora, na busca de uma aproximação orgânica do Serviço Social com o marxismo, para a construção de um Projeto Profissional com outro sentido político, no âmbito da perspectiva histórica da transformação social, e fundado em novas bases analíticas. Além do mais, nas críticas sobre a relação do Serviço Social com o marxismo, precisamos superar a compreensão que reduz esse paradigma aos autores clássicos, relegando, a um segundo plano, as construções contemporâneas que se inserem no amplo campo do marxismo. Ao fazê-lo, estamos nos contrapondo a uma visão fechada e hermética e assumindo um entendimento do marxismo como um processo de construção histórica, que preconiza uma ampliação conceitual, a partir das exigências conjunturais de cada formação social.

No esforço de vinculação do Serviço Social com o marxismo, no que se refere, especificamente, à construção teórica do

Projeto Profissional de Ruptura, é fundamental a constatação, já referida anteriormente, de estarmos trabalhando com uma literatura muito diversificada no nível da construção e da natureza das abordagens, exigindo diferenciações e distinções nas caracterizações. Todavia, um traço marcante, expresso pelo privilegiamento dado aos intérpretes de Marx e de outros marxistas clássicos e contemporâneos, com afastamento das obras originais, é identificado em grande parte da literatura estudada. Com isso, se verifica a reprodução de interpretações equivocadas e muita dificuldade na distinção das diferentes correntes e matizes, reduzindo o vasto campo da tradição marxista a uma perspectiva monolítica, cristalizada e limitada, incapaz de situar, com clareza, a leitura que essas fontes secundárias fazem de Marx e dos marxistas contemporâneos, reinterpretados e sem articulação com a totalidade e com a realidade social.

Além da crítica sobre a forma de aproximação do Serviço Social com a teoria marxista, outras críticas, referentes ao modo de apropriação das categorias teóricas desse campo do conhecimento, são identificadas em grande parte da literatura analisada.

É frequente verificar-se um resgate segmentado de conceitos, ou seja, as categorias teóricas, buscadas para fundamentar o Projeto Profissional considerado, são transpostas para o Serviço Social de modo segmentado e num nível de abstração tal, incapaz de captar as determinações mais específicas que só são identificadas a partir de uma construção teórica que vai do abstrato (modo de produção) ao concreto (formação econômico-social).

Isso revela uma outra deficiência de muitos assistentes sociais ao estabelecer uma relação com o marxismo: falta de compreensão dos seus elementos fundantes, representados pelo método crítico-dialético, pela teoria do valor-trabalho e pela perspectiva da transformação social. Mais especificamente, deficiência na utilização do método dialético que se pauta pelo movimento do abstrato ao concreto, o que coloca a necessidade de reconstrução de categorias a partir das realidades sociais. Daí verificar-se, em muitos textos, a desarticulação entre as categorias teóricas utilizadas e a realidade considerada, não permitindo às formulações ultrapassarem o nível da descrição ou da sistematização dos fatos, bem como a evidente dificuldade que os profissionais vêm enfrentando na construção de propostas metodológicas que superem os roteiros preestabelecidos do Serviço Social tradicional, e que permitam a articulação de instrumentos e técnicas de ação com um corpo teórico consistente e coerente com a intencionalidade da ação profissional.

É importante, também, ressaltar, no âmbito dessas fragilidades, que mesmo a categoria transformação social, que na literatura analisada se constitui na principal mediação do Serviço Social com o marxismo, é, ainda, muito pouco explicitada na sua configuração enquanto categoria teórica, nesse esforço de redimensionamento do Serviço Social. De fato, identificam-se, na literatura do Serviço Social, imprecisões quanto ao uso da expressão transformação social, estando, via de regra, associada a profundas mudanças, no âmbito da estrutura e da conjuntura, de uma determinada formação social, cujo modo de produção dominante é o capitalismo. Denota-se, ainda, a falta de apropriação do debate contemporâneo sobre a questão da transformação social, que apresenta uma incorporação de elementos como a democracia.

De fato, a questão central é a desarticulação teoria/realidade, em termos do resgate segmentado e em nível de abstração incapaz de captar o específico da formação econômico-social. Essa debilidade, ao marcar a produção do Serviço Social na década de 1980, dificulta maiores avanços na construção teórico-metodológica para pensar concretamente o Serviço Social na realidade brasileira. Percebemos essa deficiência fortemente presente nas produções da primeira metade da década de 1980, continuando como uma forte tensão nas produções da segunda metade da década de 1980 e na de 1990. Isso coloca, como desafio e exigência do trabalho de construção teórica, a partir do campo marxista, a busca de mediações analíticas capazes de dar conta da complexidade dos fenômenos sociais com os quais nos deparamos no cotidiano de nossa prática profissional.

Nessa perspectiva, a produção do Serviço Social da década de 1980 coloca, corretamente, no contexto do Projeto Profissional de Ruptura, a questão da possibilidade de vínculo orgânico dos profissionais com os setores populares, sem, no entanto, conseguir trabalhar, devidamente, a configuração desse popular e de seu projeto político, a natureza desse vínculo e as decorrentes implicações no exercício profissional. Desse modo, o vínculo permanece no plano da intencionalidade, mediado pela mágica do compromisso, a exigir construções teórico-metodológicas que lhe deem concretude.

Uma outra ordem de questões, na nossa análise, remete, particularmente, ao tratamento que a literatura do Serviço Social confere à relação econômico/político.

Para considerar essa questão, recorremos a Ponte (1990), que trabalha, com muita pertinência, a relação estrutura/sujeitos nas produções marxistas na América Latina, servindo de fonte inspiradora da análise das produções do Serviço Social, no tocante à relação econômico/político.

Ponte, ao estudar a produção teórica sobre estruturas e sujeitos na América Latina, verifica o isolamento dessas categorias e reclama a necessidade de um enfoque capaz de perceber a relação entre elas, para que se possa captar a complexidade da realidade social desse continente, marcada por modificações nas estruturas sociais (incremento populacional, urbanização, ampliação dos setores médios e setores informais da economia) e nos sistemas políticos (queda do regime populista, instauração da ditadura, transição para a democracia), além da crescente complexidade na economia.

Apontando a trajetória dos paradigmas utilizados para a explicação da realidade latino-americana, Ponte identifica que, do predomínio do estrutural-funcionalismo, passa-se aos enfoques da dependência e, quase que simultaneamente, à análise marxista, baseada nos modos de produção e na formação social, sempre em busca de novos caminhos para compreender as particularidades de uma realidade em mutação.

Com a crise do estrutural-funcionalismo, na década de 1970, o autor identifica o predomínio da análise objetivista do marxismo, cujo problema básico é a incapacidade de explicar a transição da "classe em si" à "classe para si", da situação objetiva e a prática de classe, da relação entre a estrutura e o sujeito, reduzindo o mundo da subjetividade a mero reflexo do material, do objetivo, dò econômico. Essa postura resulta numa tentativa de aplicar a análise classista, sem mediações, para entender a realidade, o que conduz a abstrações produzidas por um determinismo estrutural e economicista, a partir de sujeitos predefinidos.

No início dos anos 1980, Ponte identifica que a necessidade de explicar o autoritarismo e a democracia desvela a deficiência do determinismo estrutural economicista. A saída dá-se pela adoção do tema hegemonia, a partir da qual as classes sociais ou os sujeitos se definem na prática política. Com essa perspectiva, "a análise se desprendia da estrutura e sofria sua politização" (Ponte, 1990, p. 279). O terreno da prática política é a luta pelo poder no Estado e nas instituições da sociedade civil, na qual se constituem os múltiplos sujeitos sociais, de modo que o proletariado deixa de ser a classe transcendental, sendo os demais sujeitos libertos de sua subordinação ao sujeito revolucionário.

Ponte entende que a via da hegemonia, ao considerar a política, deixa indeterminada a realidade dos sujeitos: ao se libertarem das estruturas, os sujeitos as transformam em realidades estáveis e sem dinamismo próprio, predominando a parcialização da análise da realidade social, agora pela via da politização. Com isso, permanece a incapacidade de ser apreendida a relação estrutura/sujeito.

A partir da segunda metade dos anos 1980, Ponte destaca a importância assumida pelos estudos dos movimentos sociais como um esforço dos cientistas para romper com as vertentes economicistas e politicistas de explicação da realidade, enquanto posturas deterministas, enfatizando a movimentação e a multiplicidade de sujeitos. Para o autor, se a ênfase na explicação da mudança social, via movimentos sociais, permite chamar a atenção para a multiplicidade de sujeitos, não é ainda suficiente para superar a dificuldade de compreensão da relação estruturas/sujeitos, produto de múltiplas determinações e múltiplas mediações na análise concreta.

A partir das pistas oferecidas por Ponte, podemos discutir a questão das perspectivas unilaterais, também identificadas nas produções do Serviço Social.

Os rebatimentos da questão das estruturas e sujeitos sobre a produção teórica e as limitações com que são assimiladas e transpostas para o Serviço Social as categorias teóricas do marxismo têm conduzido a distorções que produzem perspectivas unilaterais, sendo a mais identificada a dicotomização do econômico e do político que redunda, ora na perspectiva economicista, ora na voluntarista, ambas expressando uma visão determinista. De um lado, a produção da vida material é assumida como determinante das demais esferas da vida social, o que se pauta pelo estabelecimento de uma relação automática entre estrutura e superestrutura, a partir de determinações objetivas, materiais, econômicas. Essa perspectiva é fundada numa concepção mecanicista, que reduz o complexo jogo das relações sociais a uma visão dicotômica de duas classes, a partir da inserção no modo de produção, sem considerar as objetivações da burguesia e dos trabalhadores no processo histórico do capitalismo em determinados momentos e em formações econômico-sociais distintas.

De outro lado, a perspectiva voluntarista parece apresentar-se como o viés predominante na literatura estudada, expressando uma postura idealista, messiânica que, muitas vezes, beira o romantismo. Nesse âmbito, a dimensão político-educativa da prática profissional, dita numa perspectiva conscientizadora, tende a ser considerada idealisticamente, como processo desvinculado da base material que a sustenta. A perspectiva da modificação de consciência, no contexto do voluntarismo, tende a reforçar um projeto de ação profissional orientado pela "mágica" do compromisso, ignorando, muitas vezes, as mediações presentes, nas diferentes conjunturas, no processo de transformação social, percebido não como uma possibilidade histórica, mas como uma categoria vazia da dimensão do real. Ao reduzir a história à consciência e à vontade dos homens, pela supremacia conferida ao subjetivismo, a ideia do compromisso, que expressa fortemente a intenção de ruptura com o conservadorismo no Serviço Social, enquanto uma concepção mobilizadora na perspectiva de redefinição da prática profissional, torna-se lugar-comum no discurso, sofrendo uma vulgarização e um esvaziamento.

À medida que a dimensão do coletivo, que deve ser inerente ao compromisso, é reduzida a uma perspectiva do individual, muitos autores tendem a comparar o papel do profissional com o de intelectual orgânico tematizado por Gramsci, referindo-se a militantes que contribuem, em diferentes níveis e de formas distintas, para o projeto das classes fundamentais. Na perspectiva de Gramsci, ele pensa esse intelectual enquanto militante de um partido político. Todavia, na apropriação da construção gramsciana para pensar a realidade brasileira, várias categorias profissionais tomam essa noção para pensar o exercício de sua prática, dentre as quais o assistente social. Nessa apropriação, a nosso ver, o criticável é o uso mecânico do conceito de Intelectual orgânico, aliás como qualquer apropriação de conceito, sem as devidas e necessárias mediações. Não restam dúvidas de que, em determinadas produções do Serviço Social, esse conceito e outros, como o de Transformação social, foram utilizados sem que se trabalhassem as especificidades da prática profissional. Em consequência, denota-se, nas formulações marcadas pelo viés do voluntarismo, o que as críticas apontam como verdadeira confusão entre uma prática profissional, que contém uma dimensão política, e uma militância político-partidária, atribuindo-se ao Serviço Social, muitas vezes, objetivos e perspectivas que extrapolam as possibilidades de sua prática profissional, caracterizada pela posição que ocupa na divisão sociotécnica do trabalho.

O viés voluntarista, que marca muitas das produções do Serviço Social, faz com que, frequentemente, seja superdimensionada a avaliação quanto ao potencial transformador dos movimentos populares, assumidos, no contexto da literatura do Serviço Social, via de regra, como sujeito privilegiado do processo de transformação social. Essa interpretação tem a ver com a constatação de que a produção do Serviço Social dos anos 1980, ao tratar dos movimentos sociais, é orientada, basicamente, pelos paradigmas estruturalistas que destacam o caráter classista e o potencial transformador dos movimentos sociais populares. As perspectivas analíticas culturalistas, que enfatizam a mudança da cultura dos setores populares, do seu cotidiano, dos seus valores e referenciais de vida, só começam a ter penetração nas análises do Serviço Social nos anos 1990 e ainda muito restritamente.

As deficiências e problemas apontados na relação do Serviço Social com o marxismo, presentes em grande parte da literatura estudada, revelam a dificuldade de muitos autores em captar a riqueza e a complexidade do pensamento marxiano, em particular, e do campo marxista, em geral, evidenciada na incorporação segmentada, parcializada e descontextualizada dos componentes teórico-metodológicos e crítico-analíticos que configuram os núcleos temáticos desse campo do conhecimento.

É importante ressaltar, também, que a interlocução do Serviço Social com o marxismo, na sua versão clássica e contemporânea, além de apresentar os problemas e deficiências identificados, não tem sido capaz de incorporar, nesse debate, a maioria dos profissionais, o que nos faz levantar a hipótese de que o esforço de ruptura não se vem dando por igual nas diferentes dimensões constitutivas da profissão: dimensão acadêmica, dimensão da organização profissional e dimensão de intervenção na realidade social, a partir das instituições, das empresas e dos movimentos sociais. Essa nos parece ser uma hipótese que merece investigação subsequente.

Por outro lado, há que se ressaltar que o esforço recente de recolocação da interlocução de setores, embora restritos, de assistentes sociais com a tradição marxista é indicativo do amadurecimento reflexivo do Serviço Social, o que se expressa em suas obras de referência, muitas apontadas e destacadas no decorrer do presente estudo. A contribuição relevante, nesse sentido, é a compreensão que se passa a ter do significado social da profissão e algum avanço, que já se pode registrar, na compreensão de processos e elementos da realidade social, bem como um esforço na busca de rigor teórico, com uma maior inserção de assistentes sociais no campo da investigação social.

2. A proposta metodológica da ação profissional

2.1 O debate nacional sobre a questão metodológica no Serviço Social

Uma abordagem crítica do que vem sendo apontado, na literatura do Serviço Social brasileiro, como a configuração de proposta de ação profissional na perspectiva do Projeto Profissional de Ruptura, remete, necessariamente, ao debate que passa a travar-se no interior da profissão sobre a questão da metodologia do Serviço Social, posto que esse debate, de uma forma ou de outra, repercute no esforço de construção de propostas de ação profissional.

No contexto do esforço de ruptura no Serviço Social, as demandas, no interior da profissão, em termos da questão metodológica, vêm se constituindo o desafio básico na construção do Projeto Profissional de Ruptura, assumindo, no espaço da academia, as dimensões de um instigante debate em função da implantação e da necessidade de reformulação do currículo mínimo aprovado em 1982. Em verdade, o "novo" currículo tem gerado, nos cursos de Serviço Social, expectativas e tensões no sentido de configurar a matéria Metodologia do Serviço Social, de modo a expressar algo novo que supere a metodologia tradicional, representada pelo caso, grupo e comunidade.

No contexto em que a questão da metodologia desfruta de uma centralidade no debate profissional é que se realiza uma pesquisa nacional sobre o ensino da Metodologia do Serviço Social, cujo relatório final é publicado no *Cadernos ABESS*, n. 3 (1989a).

No currículo mínimo de 1982, a matéria Metodologia do Serviço Social é proposta em substituição às disciplinas de Serviço Social de caso, Serviço Social de grupo e Serviço Social de comunidade, expressões metodológicas do denominado Serviço Social tradicional, numa tentativa de romper com o pragmatismo, enquanto herança da formação teórico-científica dos assistentes sociais. Todavia, as análises que se seguem à implantação dessa matéria têm revelado que a referida revisão curricular não supera os dualismos que têm marcado a trajetória histórica do Serviço Social: Serviço Social tradicional *versus* Serviço Social reconceituado; teoria *versus* metodologia.

Por outro lado, a perspectiva assumida no ensino da matéria Metodologia do Serviço Social revela que a inserção acadêmico-institucional das unidades de ensino do Serviço Social, no Brasil, expressa uma ampla diversidade entre as escolas, com diferenças no ritmo de implantação do novo currículo, configurando uma heterogeneidade no trato da questão metodológica. Isso se expressa pela identificação do que, no relatório da pesquisa citada, é chamado de tendências no ensino da Metodologia do Serviço Social.

Entre essas tendências, é destacada a justaposição e articulação de conteúdos, cujas expressões remetem à questão da relação teoria/metodologia/história no currículo, bem como à concepção do marxismo como teoria social ou ciência social. A expressão imediata dessa tendência é a identificação da presença tripartida das vertentes positivista, fenomenológica e marxista no conteúdo das disciplinas do ensino da metodologia, tendendo à reafirmação do ecletismo, o que faz com que essas disciplinas sejam ensinadas como particularizações das Ciências Sociais, colocando o marxismo mais como um metodologismo, em detrimento de seu patamar de teoria social. O que se verifica é que, sem apropriação de um suporte teórico consistente que permitia superar a fragmentação no processo de formação e de prática profissional, passa-se a utilizar o conteúdo marxista nos programas das disciplinas dos cursos de Serviço Social, sem, no entanto, romper com a lógica positivista. Assim, ao manter a tradição intelectual conservadora que marca o Serviço Social, termina-se buscando a via do ecletismo em detrimento do pluralismo.

Outra tendência apontada se refere à transição dos conteúdos do antigo para o novo currículo, em direção a um patamar crítico. Registra-se a dificuldade de como trabalhar o novo, posto que este permanece no nível das ideias, do compromisso. Identifica-se um passado que se expressa pelo metodologismo, com ênfase no como fazer, através dos processos *caso*, *grupo* e *comunidade*. Passa-se pela busca do método único e identificam-se, como representantes do novo, os processos de mobilização, conscientização e organização. Nesses processos, a mudança tende a não se fundamentar numa análise crítica, expressando até um maniqueísmo, em que o antigo representa o mau e o novo, o bom. A oposição do velho e do novo, nesses termos, pode confundir proposições meramente modernizadoras com o novo, bem como estabelecer a relação dos conteúdos tradicionais com os novos conteúdos de forma mecanicista, justaposta e fragmentada. Os novos conteúdos são trabalhados sem aprofundar o significado da ruptura com os velhos procedimentos metodológicos, e as metodologias se configuram de forma justaposta e etapista, indo do tradicional ao reconceituado, sem que sejam explicitadas as matrizes que informam as diferentes perspectivas. Essa fragilidade decorre, conforme visto no item anterior, da forma mecânica de incorporação dos conhecimentos.

A terceira tendência, apontada no relatório da pesquisa sobre o ensino da metodologia nos cursos de Serviço Social no Brasil, indica a questão da metodologia como conteúdo restrito a uma disciplina, sem articulação no todo do currículo, o que remete à questão da relação teoria/prática. Aqui, são registradas várias manifestações: privilegiamento do discurso teórico em detrimento da vinculação teoria/prática; separação entre metodologia da ação e metodologia do conhecimento e da compreensão da teoria e da metodologia como expressão única.

Finalmente, a quarta tendência destaca a busca de superação do tecnicismo que tem marcado a profissão, expressa na preocupação em relacionar a metodologia do Serviço Social aos métodos nas Ciências Sociais, com desprezo ao conteúdo instrumental, registrando-se falta de clareza do instrumental, enquanto mediação da prática, a ser utilizado na nova proposta de ação, fazendo com que o ensino do "saber fazer" permaneça como questão central na formação profissional dos assistentes sociais. Assim, a fragmentação do conteúdo e a fragilidade teórica estabelecem uma tensão entre o acervo técnico institucional, desenvolvido historicamente pela profissão (representado pelos processos de *caso*, *grupo* e *comunidade*), e a articulação com o referencial teórico-metodológico crítico-dialético, do qual não se inferem, diretamente, os procedimentos particulares para conduzir a intervenção profissional. Gera-se, daí, o desafio que coloca a necessidade de articular uma capacitação que seja política, teórica e técnica.

A realização da pesquisa sobre o ensino da metodologia do Serviço Social, além do levantamento e sistematização de dados empíricos, que permitem configurar as tendências esboçadas acima, propicia um rico debate teórico sobre a questão metodológica, o qual se desenvolve em torno de dois eixos centrais.

O primeiro se refere a uma discussão sobre a existência, ou não, de uma teoria e metodologia próprias do Serviço Social. Tal debate surge como contraponto a ideias formuladas por Maciel e Cardoso (1989) ao discutirem a questão da Metodologia do Serviço Social, fundamentando-se em Gramsci e em Limoeiro.[47] Do primeiro, adotam o pressuposto de que a consciência teórica, que orienta as ações práticas dos homens, pode expressar-se em níveis distintos de elaboração e complexidade, não se situando exclusivamente no campo da ciência. De Limoeiro, adotam a concepção de que os conhecimentos gerados na prática não se confundem com o conhecimento científico, mas são percebidos enquanto planos de um processo único.

Rejeitam a noção de teoria como atividade exclusiva do campo da ciência, por negar a possibilidade de elaboração teórica em outras instâncias da vida social, admitindo que, no encaminhamento da prática política, dá-se a produção de conhecimento que pode antecipar sua própria formulação como conhecimento científico: o erro "é confundir o conhecimento gerado na prática com o conhecimento científico, ainda que sejam planos de um processo que é único" (Maciel e Cardoso, 1989, p. 179).

Com base nesses pressupostos, as autoras pensam a teoria do Serviço Social como exigência da prática, enquanto elabora-

47. Miriam Limoeiro Cardoso teve relevante influência nas produções do Serviço Social num dado momento, sobretudo na primeira metade dos anos 1980, em função de sua atuação docente junto ao Mestrado de Serviço Social da PUC-RJ.

ções desenvolvidas no interior da profissão, a partir e em função de sua prática, as quais não podem ser vistas como meras sistematizações mas como construção que pode alcançar níveis diversos de abstração e complexidade, enquanto elaborações parciais que se situam no processo mais amplo de conhecimento do ser social como totalidade. Nesse sentido, consideram inadequado o reconhecimento da possibilidade de construção de conhecimento no Serviço Social sem admitir, independentemente do nível de abstração alcançado, essas elaborações como construções teóricas do Serviço Social. Consideram, enfim, que a legitimidade dessas construções não é dada teoricamente, mas historicamente (id., p. 179).

Nesse debate, Iamamoto[48] e Netto[49] repõem o Serviço Social como "atividade profissional que não possui uma legalidade teórica ou científica e sua especificidade estaria dada não por uma teoria própria, ou método próprio, mas pela institucionalização como atividade determinada na divisão social e técnica do trabalho" (Netto, 1989a, p. 149). Esses autores admitem que o Serviço Social se institucionaliza e se desenvolve como estratégia do bloco dominante, para controlar o proletariado emergente e prestar serviço à reprodução da força de trabalho. Visto sob essa ótica, o Serviço Social não se consolida como ramo específico do saber, como uma disciplina particular no âmbito das Ciências Sociais, mas como uma profissão que objetiva intervir no processo social, buscando, para isso, respaldo teórico nas Ciências Sociais ou na tradição marxista. Com isso, entendem Iamamoto e Netto que o Serviço Social não busca construir uma metodologia própria, entendida como um método específico para conhecer o ser social historicamente dado, no caso, a so-

48. Iamamoto expressa suas formulações sobre metodologia do Serviço Social no livro *Renovação e conservadorismo no Serviço Social* (1992), especificamente no subitem "A questão da metodologia no Serviço Social: indicações para o debate", p. 172-181.

49. Sobre essa questão, veja especificamente Netto (1989a).

ciedade burguesa, que orienta um determinado modo de intervir na realidade. Em outras palavras, apontam uma perspectiva metodológica que não é específica do Serviço Social ou de outra disciplina particular, como configuração de uma matriz de explicação da vida social que seja capaz de iluminar uma ação nessa sociedade.

Netto (1989a, p. 145-146) aprofunda esse debate fazendo a distinção entre sistematização de prática e teoria. Explica que a sistematização opera para circunscrever um campo provisório e precário de reflexão, mas não constitui o processo teórico, mesmo que seja teoricamente condicionada, e que teoria é o produto teórico, por excelência, representando a ultrapassagem das abstrações (dos objetos sobre os quais se debruça a razão) na sua resolução do movimento da totalidade concreta.

A partir do entendimento sobre sistematização de prática e teoria, o autor aponta a existência de duas concepções sobre o Serviço Social: uma que o percebe como profissão, cujo fundamento elementar é um corpo teórico e metodológico particular, autônomo, sendo a prática profissional configurada como um objeto particular, a partir do qual se desenvolve um quadro teórico-metodológico próprio; outra que o percebe como profissão, cujo fundamento elementar é um espaço sócio-ocupacional circunscrito pela divisão social do trabalho, próprio da sociedade burguesa consolidada e madura. Em ambas, a prática profissional se coloca como terreno para reflexão da racionalidade teórica das Ciências Sociais ou da tradição marxista.

Acrescenta Netto (id., p. 149) que as duas concepções situam a prática profissional como campo de elaboração teórica. Mas, enquanto a primeira concebe a tarefa de elaboração teórica como fundante da profissão, a qual é assumida como um ramo específico no campo das Ciências Sociais, a segunda a concebe como possibilidade a partir da prática no âmbito exterior à profissão. Nesse caso, a produção do profissional de Serviço Social diz respeito às chamadas Ciências Sociais ou se situa no acervo da tradição marxista. O suposto na segunda concepção é que o Serviço Social opera com um conjunto de representações teóricas extraídas das Ciências Sociais ou da tradição marxista, rearticuladas em função das demandas da intervenção (id., p. 151). Nesse sentido, a sistematização da prática é fundamental para localizar suas defasagens, bem como para indicar novos aportes teóricos, nortear a revisão da técnica e dos procedimentos utilizados na prática, e indicar fenômenos e processos inéditos a serem analisados pelas Ciências Sociais ou pela tradição marxista. Ou, ainda, os procedimentos sistematizadores situam-se como demanda da própria prática e seu produto não se constitui elaboração teórica, o que significa que esse nível de elaboração se situa para além do Serviço Social, constituindo-se tarefa precípua de uma instância de reflexão que não é componente orgânico e sistemático da intervenção profissional (id., p. 132).

Em resumo, o contraponto da segunda concepção, defendida por Netto, é a recusa a uma especificidade teórico-metodológica do Serviço Social.[50]

O segundo eixo do debate nacional sobre a questão metodológica se centra na questão *metodologia do conhecimento* versus *metodologia da ação*.

Esse debate também se explicita a partir das formulações de Maciel e Cardoso (1989) ao referenciarem a especificidade de uma metodologia da produção do conhecimento e de uma metodologia da intervenção. As autoras partem do entendimento do Serviço Social como uma expressão da práxis, que encerra uma dimensão teórica e uma prática, sendo a metodologia compreendida como um conjunto de relações entre sujeito e objeto do conhecimento e da intervenção. As autoras admitem a distinção entre o processo do conhecimento e o processo da

50. A concepção que é aqui defendida por Netto e Iamamoto também se encontra em Kameiama (1989).

prática interventiva, não como dualidade, mas como especificidade, sendo a teoria percebida como um conjunto de conhecimentos, e a prática, como ação político-metodológica, com estrutura própria, mas não prescindindo do conhecimento.

Iamamoto e Netto, nos textos já citados, coerentemente com o que preconizam ao se referirem ao primeiro eixo do debate, argumentam que o marco teórico crítico-dialético não permite dualidade entre teoria e prática, sob pena de conferir estatuto metodológico ao processo da intervenção ou até a estratégias, procedimentos e táticas de intervenção. Isso significa que, ao nos referirmos à teoria social, não podemos fazer um "corte" e estabelecer "níveis", ou seja, não podemos falar em metodologia do conhecimento e metodologia da intervenção.

Esse eixo do debate coloca um outro aspecto complementar que é a necessidade de se estabelecer a distinção entre concepções teórico-metodológicas e estratégias, táticas e procedimentos da intervenção profissional. Nesse aspecto, Iamamoto situa a perspectiva teórico-metodológica como o modo de ler, interpretar e relacionar-se com o ser social, na busca de compreender a realidade e o objeto investigado, o que orienta as pautas, etapas, estratégias, táticas e procedimentos, mas não pode ser reduzida a elas. Em suma, os autores consideram um equívoco pensar a intervenção por matrizes diferentes das que levam à produção do conhecimento, visto que agir e pensar seguem as mesmas orientações e, consequentemente, não se produz conhecimento diretamente da prática: o conhecimento é produto de uma abstração do real, seguindo um processo de decodificação.

Faleiros entra nesse debate admitindo que a postura citada tende a levar a um teoricismo, afastando o assistente social do real. Ou, ainda, diz que o ensino da metodologia pode tornar-se livresco em vez de habilitar para a práxis social.[51]

---

51. A participação de Faleiros no debate sobre a questão metodológica no Serviço Social encontra-se no relatório sobre a pesquisa do ensino da Metodologia

Fazendo uma análise do debate nacional sobre a questão metodológica no Serviço Social, verificamos que ele se desenvolve na segunda metade dos anos 1980 e se trava entre pensadores que se situam no patamar da teoria crítica, que não pretende contemplar, mas transformar, a sociedade: não se trata, pois, de um embate entre progressistas e conservadores, mas de divergências decorrentes de filiação a matizes do abrangente campo marxista, originando três posições diferentes:

Maciel e Cardoso, que adotam referencial gramsciano e se aproximam do marxismo pela categoria práxis, contestam a noção de teoria como campo exclusivo da ciência, excluindo a possibilidade de elaboração teórica em outras instâncias da vida social. Admitem que os conhecimentos científicos disponíveis nem sempre são suficientes para encaminhar a prática política, na formulação de estratégias e táticas, podendo o conhecimento produzido no âmbito da prática política antecipar-se à formulação do conhecimento científico. Nesse sentido, a teoria do Serviço Social não é só possível, mas é exigência de sua prática. Como tal, não pode ser considerada apenas como sistematização da prática, embora possa alcançar níveis diversos de abstração e complexidade, inserindo-se, enquanto elaborações parciais, no processo mais geral de conhecimento do ser social como totalidade.

Netto, Iamamoto e Kameyama sustentam a indivisibilidade da teoria/ação no interior da teoria social marxiana. Repõem o Serviço Social como atividade profissional, não possuindo, como tal, uma legalidade teórica ou científica. Sua especificidade decorre não de uma teoria própria ou método próprio, mas de seu processo de institucionalização como atividade profissional, no âmbito da divisão sociotécnica do trabalho. O que é formulado como teoria do Serviço Social, esses autores situam

---

em Serviço Social, no item "As tendências sobre a proposta pedagógica no ensino da disciplina". *Cadernos ABESS*, São Paulo, n. 3, p. 69-97, 1989b.

como sistematizações abstratas que devem ser remetidas ao campo das Ciências Sociais ou do marxismo, em particular, e entendem que o nível do conhecimento do ser social, objeto da construção teórica, é o mesmo nível de intervenção da ação profissional, ficando desautorizada a separação metodologia do conhecimento e metodologia da ação.

Faleiros, contestando possíveis versões pragmáticas e teoricistas, defende a precedência da História, destacando a correlação das forças sociais como palco de expressão da teoria e da prática profissional. Nesse sentido, procura compreender os modelos teóricos enquanto formulações no contexto da luta política, considerando como função da teoria, no Serviço Social, descobrir as correlações de forças que dão forma à ação do Serviço Social. Assim, a metodologia do Serviço Social é a análise da correlação de forças que orienta as alternativas e estratégias do Serviço Social, o que significa que a especificidade da prática profissional modifica-se nos contextos, a partir da correlação das forças sociais.[52] Nessa perspectiva, não nega o estatuto de teoria às produções do Serviço Social, embora possa ser uma teoria limitada, e considera que há uma metodologia construída e testada pelos assistentes sociais, expressa nos métodos de *caso, grupo* e *comunidade*.

Enfim, o debate, sumariamente apontado, destaca, ainda, a necessidade de se estabelecer distinção entre prática social, que é a prática da sociedade em movimento que encerra, no seu interior, diferentes atividades, e a prática profissional, que representa uma atividade específica no interior da prática social, sendo que a atividade profissional tem uma dimensão política, por apresentar repercussões políticas nas relações de poder, mas não é, em si, uma prática política por excelência (Kameyama, 1989).

---

52. A questão da correlação de forças sociais, como campo de análise da Metodologia do Serviço Social, está presente na maioria das obras de Faleiros referenciadas em outros capítulos do presente texto.

O outro aspecto apontado no debate é o de que a questão metodológica implica superar o ecletismo (conciliação no plano das ideias) em direção ao pluralismo, que implica o confronto e o debate de diferentes posições.

No interior do debate sobre a questão metodológica no Serviço Social aqui referenciado e, a partir dele, circulam algumas propostas de ação profissional, destacando-se as que, a seguir, são apresentadas sinteticamente.

2.2 *Esboço de propostas de ação profissional a partir do debate metodológico*

No contexto do debate nacional sobre a questão da metodologia no Serviço Social, que assume maiores expressões na segunda metade da década de 1980, algumas propostas de ação profissional são veiculadas, merecendo destaque duas que se inseriram no interior do debate, as quais são aqui resgatadas em caráter meramente ilustrativo.

Nesse âmbito, Maciel e Cardoso fazem circular o esboço de uma proposta metodológica para o Serviço Social, cuja fundamentação teórica é buscada, essencialmente, no pensamento de Gramsci sobre a práxis, ressaltando a preocupação com a elaboração teórica voltada para a prática política na perspectiva da hegemonia da classe subalterna. Entendem a práxis como "processo coletivo das classes sociais em luta pela hegemonia no bloco histórico" (Maciel e Cardoso, 1989, p. 165) e o Serviço Social como profissão de intervenção na realidade social, supondo uma base explicativa da realidade e da intervenção (id., p. 164). A constituição da hegemonia desejada implica a formulação de uma ideologia, enquanto concepção de mundo própria do proletariado, capaz de conduzir à transformação social, cuja condição é a formação da vontade coletiva, e a base, o processo de organização de classe (id., p. 167). Por outro lado, a organização de classe implica a ação de organizadores e dirigentes, de intelectuais, que atuem na reforma intelectual e moral para formação da vontade coletiva. Isto implica um trabalho pedagógico, assentado numa relação democrática entre intelectuais e massas, que se constitui estratégia na luta pela hegemonia, enquanto força decisiva na organização política (id., p. 168).

A partir desse referencial teórico, as autoras situam o Serviço Social no quadro da divisão social do trabalho, enquanto intervenção direta na realidade social, servindo a interesses presentes na luta hegemônica, sendo esses interesses determinados pela dinâmica das relações sociais. O Serviço Social, enquanto inscrito nas relações sociais como prática pedagógica, é concebido como um processo eminentemente político-ideológico, que assume adesão a projetos hegemônicos das classes. Fica aí posta a possibilidade de o Serviço Social contribuir para o processo de transformação social, através de uma intervenção vinculada aos projetos dos setores subalternos na sociedade (id., p. 175). Para tal, as autoras colocam como exigência uma postura metodológica que garanta a unidade teoria/prática, para superação do pragmatismo.

A metodologia da investigação/ação, enquanto participação dos setores populares no processo de produção do conhecimento e utilização desse conhecimento por esses setores, no fortalecimento da luta pela transformação da sociedade, é destacada pelas autoras no sentido de contribuir para propostas atuais do Serviço Social: aliança com os setores populares; superação do assistencialismo, devendo a assistência ser assumida como instrumento de mobilização; construção de um saber específico do Serviço Social, a partir da prática com os setores populares (id., ibid.). Nesse contexto, a prática do Serviço Social é concebida como processo político e ideológico, realizado através de um trabalho pedagógico que se define na correlação de forças nas diferentes conjunturas e na dinâmica das práticas institucionais, enquanto estratégia de luta pela hegemonia no bloco histórico (id., ibid.).

Detalhando essa proposta de prática profissional, Maciel e Cardoso apontam como elementos da estrutura da prática interventiva: problemática, objetivos, estratégias e táticas, sendo esses elementos determinados pelas diferentes formas de inserção do Serviço Social na sociedade, ou seja, conforme sua vinculação com os projetos das classes fundamentais.

Na perspectiva dos interesses da classe trabalhadora, as autoras apontam, como eixo de preocupação, as relações de forças, de poder e saber, sugerindo, conforme formulação de Faleiros, a utilização de estratégias e táticas de aliança e confronto, na busca de modificação da correlação de forças existentes, tendo em vista os interesses dos usuários. Essa prática interventiva volta-se para a mobilização, organização e conscientização dos setores populares, o que, segundo as autoras, requer o engajamento do assistente social na luta cotidiana da classe trabalhadora, apoiando os usuários na sua inserção na luta de classe (Maciel e Cardoso, 1989, p. 177).

A crítica que é feita à proposta de Maciel e Cardoso aponta para o entendimento de que a dimensão atribuída à pedagogia tende a privilegiar a questão política da ação do assistente social, uma vez que a questão pedagógica é colocada pelas autoras como estratégia de luta pela hegemonia do bloco histórico, situando o assistente social como um intelectual orgânico, organizador da cultura. Segundo as críticas, tal valoração termina por aproximar a ação profissional da militância política, e a prestação de serviço se coloca como um simples meio para o processo educativo.[53]

Destaca-se, também, no contexto do debate nacional sobre a metodologia do Serviço Social, o esboço de uma proposta metodológica apresentada por Faleiros. Esse autor pensa a metodologia como *software*, programa e estratégia de ação na arti-

---

53. Essa crítica é apresentada no relatório da pesquisa sobre o ensino da Metodologia do Serviço Social. *Cadernos ABESS*, São Paulo, n. 3, p. 82-83, 1989.

culação do específico da profissão (Faleiros, 1989b, p. 187), o que implica a superação do formalismo das etapas preconcebidas, dos elementos preestabelecidos numa estrutura rígida que percebe a metodologia como somatório de componentes teóricos, técnicos e aplicados. Rejeita, também, o ecletismo enquanto combinações de teorias e propostas para um arranjo que posiciona, lado a lado, sem crítica, o funcionalismo, a fenomenologia e a dialética (id., p. 119).

A proposta metodológica de Faleiros coloca a necessidade de romper com as possibilidades predefinidas e propõe estratégias e táticas processuais permanentes, autocriticáveis e teoricamente criativas, destacando a análise de conjuntura, das forças, do objeto do Serviço Social, da instituição (Faleiros, 1989b, p. 120).

O autor esboça sua proposta metodológica a partir desses pressupostos e da compreensão do Serviço Social como produto da sociedade, o qual consiste na mediação entre a produção material e a reprodução do sujeito para esta produção, e na mediação da representação do sujeito nessa relação (Faleiros, 1989b, p. 120). Nessa perspectiva, o assistente social é o intelectual que organiza e conecta o "não trabalhador ou o temporariamente excluído da produção" com o Estado e os organismos de assistência (id., p. 121). Essa mediação da sobrevivência varia conforme a conjuntura política e as relações de força que são, por sua vez, condicionadas pela formação do bloco dominante e do bloco dominado e pela crise do sistema e subsistemas capitalistas (id., p. 122).

Entende ainda Faleiros que a reprodução está articulada à representação, essa significando consciência de si e ante os outros, associada à mobilização de energias nas lutas e demandas individuais e coletivas (id., p. 120). Nesse sentido, as condições da reprodução são transformadas pelas mediações das lutas, em cujo contexto grupos e indivíduos se transformam em sujeitos-atores, embora, por exigência da acumulação, sejam reproduzidos como objetos (id., ibid.).

Nessas formulações, Faleiros situa, portanto, o assistente social como o intelectual que trabalha a representação articulada à reprodução, sendo que, a partir da perspectiva funcionalista, o autor admite que a dominação é reforçada e, na perspectiva dialética, são adotadas estratégias e táticas de ruptura e crítica, tendo em vista a alteração das relações existentes (id., p. 129). Admite, ainda, que é no campo da política do cotidiano que se processa a relação entre assistente social e população através da mediação da reprodução e da representação (id., p. 126).

A mudança nas situações se processa em decorrência da articulação de novas relações dos sujeitos entre si e na estrutura, sendo que, nas diferentes circunstâncias, os sujeitos que se colocam em relação com o Serviço Social buscam alguma forma de organizar seus interesses, mais ou menos conscientemente, podendo o assistente social facilitar e ser coadjuvante desse processo de conscientização e organização (id., p. 129).

Com essa fundamentação e compreendendo a metodologia como desdobramento do objeto na conjuntura, viabilizando a perspectiva de sujeitos em confronto, é que Faleiros coloca como desafio metodológico para o Serviço Social trabalhar a representação e a reprodução como formas de superação do formalismo etapista, do empirismo do ensaio e erro e do ecletismo das somas heterogêneas (id., p. 130).

No debate, a proposta metodológica de Faleiros merece crítica pela separação que parece estabelecer entre esfera da produção e esfera da reprodução, pela ênfase na questão da autonomia, da emancipação, da autogestão, da introdução da consciência verdadeira como tarefa do Serviço Social, atribuindo ao assistente social uma função política que é tarefa político-partidária. A demanda institucional histórica se coloca como posta para o Serviço Social e a questão da autonomia, segundo os críticos, repassa uma ideia de tarefa messiânica, resgatando a questão da transformação social como essencialidade do papel do Serviço Social, o que hiperdimensiona sua função.[54]

As reflexões, até agora desenvolvidas, permitem levantarmos alguns eixos centrais da discussão num esforço de configurar questões que parecem problemáticas e omissas e se constituem em desafios na tarefa de construção do Projeto Profissional de Ruptura.

54. As críticas à proposta de Faleiros encontram-se no item "Debate sobre a intervenção de Vicente Faleiros". *Cadernos ABESS*, São Paulo, n. 3, p. 123-140, 1989.

CONCLUSÃO

As questões problemáticas e omissas e os desafios na formulação do Projeto Profissional de Ruptura

Coloca-se, finalmente, a necessidade de algumas reflexões sobre o que consideramos questões problemáticas, omissas e os desafios no âmbito do esforço de ruptura com a tradição cultural conservadora no Serviço Social. Essas questões, a nosso ver, representam tensões que permanecem nas construções teórico-metodológicas de um processo que situamos, essencialmente, na década de 1980, mas que é permanente, podendo assumir direções e mudanças por determinação das demandas postas para o Serviço Social, e em decorrência da capacidade e das possibilidades de resposta da categoria dos assistentes sociais.

Entendemos que problemas, omissões e desafios permeiam toda a reflexão desenvolvida no decorrer do texto. Todavia, nesse esforço de conclusão, queremos realçar os seguintes eixos centrais que configuram essas questões:

1. A demarcação de fronteiras entre o profissional e o político

A demarcação de fronteiras entre a prática profissional e a militância político-partidária constitui uma tensão permanente que tem perpassado todo o esforço de ruptura com o conservadorismo, no Serviço Social. De um lado, o conservadorismo coloca a neutralidade da ação profissional, e o esforço de ruptura vem exatamente desvelar a dimensão política da profissão e apontar a possibilidade de vínculo orgânico da categoria com as forças sociais, o que, em última análise, significa o reforço ou negação de um dado projeto de sociedade.

O desvelamento da dimensão política do Serviço Social permite-nos compreendê-lo no contexto das relações sociais. Todavia, essa compreensão não nega as determinações da emergência e a justificativa social da profissão, a partir da sua inserção na divisão sociotécnica do trabalho, enquanto profissão da assistência, nem nos transforma, também, em decorrência do exercício profissional, em militantes político-partidários. Por outro lado, desvenda e realça nossa função educativa que pode e deve se dar associada à prestação de serviços concretos. E aqui, sim, a nova prática requer mecanismos coletivos de apoio. A organização profissional em articulação com outras organizações — populares, sindicais e de outros profissionais — é buscada como mecanismo de suporte a uma prática profissional que se propõe a substituir a estratégia da socialização pela estratégia da organização. Nesse sentido, a militância nos espaços organizativos da sociedade civil passa a ser uma demanda posta pela dimensão política da profissão.

Não restam dúvidas de que, na literatura do Serviço Social, encontram-se exemplos de diluição de fronteiras entre a prática profissional e a militância político-partidária, com superdimensionamento do potencial político da profissão, à qual são atribuídas, muitas vezes, tarefas partidárias, ignorando-se as reais possibilidades do exercício profissional. Nesse sentido, Palma (1986, p. 163) adverte que "o Serviço Social não é uma forma disfarçada de realizar a militância política". É evidente

> que a prática profissional contém um constituinte político na medida em que atua como condição inibidora ou estimuladora,

sobre o potencial político da base popular. Isto significa que existe uma básica continuidade entre o exercício profissional e a tarefa dos partidos — mas as duas atividades não se confundem.

Verificando que a dimensão política do Serviço Social aparece relacionada à sua inserção no contexto das relações sociais, o que não lhe atribui o papel de militante político, Teixeira expressa o entendimento de que a dimensão política da prática profissional está relacionada a uma concepção de mundo. A autora, ao refletir sobre essa questão, o faz a partir da constatação de que existem concepções distintas: uma, no campo do imaginário, onde o Serviço Social é supostamente apolítico; e, outra, onde a prática profissional se confunde com a prática partidária (Teixeira, 1991, p. 46). Verifica-se, então, uma polaridade no exercício profissional, sendo que, de um lado, nega-se o caráter político da ação do Serviço Social, defendendo-se uma prática supostamente neutra, imparcial em face dos conflitos de classe; e, de outro, há um brusco rompimento com essa postura, superdimensionando, porém, o potencial político da prática profissional. Com esse entendimento, Teixeira procura fazer uma distinção entre a dimensão política da prática do assistente social e a militância político-partidária, acreditando que essas

> mantêm unidade e diversidade. Unidade de conteúdo, diversidade de forma. Ambas têm a perspectiva de classe; ambas têm uma batalha cultural a ser travada e vencida; a prática partidária, contudo, se desenvolve num terreno de maior homogeneidade, do ponto de vista de classe e do poder. A prática profissional se efetiva num espaço extremamente heterogêneo. A relação com os grupos subalternos, no partido, é mediada por programas mais autônomos e independentes. Na profissão, por programas exteriores à perspectiva partidária [...]. (Id., p. 47)

Percebe-se, então, que a ação partidária é muito mais abrangente, enquanto a ação profissional é limitada. Esta, por si só, não possui um projeto político próprio, mas possui um constituinte político, na medida em que atua diretamente no cerne do conflito de classes.

> Todavia, isso não significa que a profissão crie projetos sociais próprios, nem tampouco que possa definir tarefas políticas, independentemente do lugar que ocupa na divisão social e técnica do trabalho e na prática concreta das classes. (Mota, 1987b, p. 158)

Torna-se evidente, a partir dessas reflexões, que a elaboração de projetos societários não se constitui em competência profissional, considerando que à ação profissional são colocados limites inerentes à sua inserção na divisão social e técnica do trabalho e no contexto das instituições, as quais expressam as contradições sociais. No âmbito das lutas desenvolvidas pelos movimentos sociais,

> o Serviço Social, enquanto profissão, não pode ter uma ação político-partidária (não me refiro ao assistente social enquanto pessoa), sua mediação profissional deve estar articulada às reivindicações imediatas da população, as quais levam a um projeto imediato, à conscientização, que por sua vez, levam à transformação das condições reais de vida. (Oliveira, R., 1988, p. 89)

Serra (s.d., p. 84) tenta estabelecer uma diferença entre a prática profissional e a militância política, retomando uma discussão inicial que se trava no contexto do Movimento de Reconceituação, no sentido de negação da prática institucional como forma de compromisso com os setores populares, e que redunda no equívoco quanto ao desenvolvimento da prática profissional, a qual foi convertida "numa prática muitas vezes de cunho político-partidário". A autora entende que não se pode dissociar a prática profissional do espaço institucional, considerando que o local de trabalho do assistente social é por excelência o seu espaço de atuação:

> Ou a gente assume isto, enfrenta esta situação e tenta montar estratégia de ação, ou vamos fazer discurso vazio de novo. Estaremos fazendo apenas um trabalho político, que é uma outra questão fora da área profissional. Então, aí estarei simplesmente como cidadã, fazendo trabalho político e não serei também profissional. (Id., p. 137)

Iamamoto (1992, p. 153) trata dessa questão quando diz que "merece especial destaque o equivocado emprego da noção de intelectual orgânico [de Gramsci] para explicar o papel profissional". Esse entendimento reafirma o caráter político da profissão, a partir da sua inserção nas relações sociais de classe, mas estabelece uma confusão entre especificidades profissionais e militância política. O caráter político da prática profissional não autoriza a sua diluição na militância política. A necessidade de distinção entre estes papéis, os quais apresentam uma relação, constitui-se um pré-requisito para que os profissionais possam articulá-los enquanto cidadãos (id., p. 199).

A partir do exposto, pode-se inferir que a prática profissional e a militância política constituem-se em atividades distintas que apresentam uma articulação, em determinados momentos da ação popular. Essas atividades, porém, não se confundem, considerando que a militância política é uma prática desenvolvida no nível das instâncias organizativas da sociedade como sindicatos, associações, partidos, movimentos etc. É desenvolvida na esfera do exercício da cidadania e não na esfera da ação profissional. O caráter político da prática profissional se evidencia a partir da função educativa que essa prática assume na sua inserção no contexto das relações sociais, ou seja, a dimensão política do Serviço Social, enquanto profissão, se expressa na sua atuação como prática inibidora ou estimuladora da luta política das classes, considerando a sua inserção no interior das relações sociais contraditórias.

2. A questão da transformação social como horizonte da prática do Serviço Social

A transformação social, enquanto horizonte da prática profissional de ruptura, inspiradora do que se denomina de *direção social* da ação e da formação profissional, tem-se constituído numa questão de fundo para o Serviço Social. O que se verifica é que as produções do Serviço Social não desenvolvem reflexões teóricas aprofundadas sobre essa categoria. Tem-se tomado a transformação social no plano da intencionalidade, não se construindo mediações analíticas para pensar esse processo na formação social brasileira.

Ao situar-se no plano da intencionalidade, a transformação social tem inspirado o viés do voluntarismo e do messianismo no Serviço Social, em contraposição ao fatalismo. Este, enquanto uma concepção naturalista, expressa uma visão "perversa" da profissão quando assume, como natural e perene, a ordem social vigente. Pelo fatalismo, nada adianta fazer em face de um poder monolítico, nada adianta tentar mudar, restando apenas aperfeiçoar a ordem vigente. Pelo voluntarismo e messianismo, fundado numa concepção idealista e utópica, com privilegiamento do sujeito profissional individual, a transformação social se dá pela força do "compromisso" e, nesse processo, o papel do profissional é superdimensionado, enquanto as mediações não são explicitadas.

Além da necessidade de superação da deficiência em termos de apropriação da categoria teórica transformação social, precisamos atentar que, no mundo contemporâneo, marcado por profundas mudanças econômicas, políticas e culturais, configura-se a exigência de repensar a transformação social, enquanto processo histórico, que coloca novas questões, como a da democracia. A modernização do capitalismo, a partir da revolução técnico-científica, determinando sua globalização, flexibilização e organização do mercado em blocos e ainda a crise do socialismo real, constituem um novo cenário que impõe um amplo processo de reflexão e debate, para que se possa delimitar o sentido e os rumos do próprio socialismo, como alternativa contemporânea da transformação social.

3. A aproximação do Serviço Social com a teoria

Uma outra questão problemática na produção contemporânea do Serviço Social é quanto à apropriação da teoria, ou seja, como trabalhar com ela. Nesse sentido, constata-se que o Serviço Social, ao assumir o marxismo como referencial analítico, ressente-se da falta de um trabalho teórico a partir das categorias básicas, no sentido de construir mediações, na relação abstrato/concreto. E mais: o Serviço Social não tem trabalhado com determinadas categorias básicas dentro da lógica marxiana, como a própria categoria Trabalho. Assim, um desafio que hoje se coloca para o Serviço Social é avançar no próprio resgate do marxismo, como uma fecunda perspectiva de análise, no desvendamento da sociedade brasileira. Nesse sentido, precisa apropriar-se da lógica marxista, em suas categorias básicas, e desenvolver uma reflexão crítica em termos de ampliação conceitual, a partir das exigências históricas.

Ainda a esse respeito, uma outra questão a ser considerada, hoje, num balanço crítico da produção do Serviço Social, é a apropriação da discussão contemporânea das Ciências Sociais sobre a crise de paradigmas. É importante discutir e avaliar as produções contemporâneas do Serviço Social para ver a apropriação de vertentes analíticas no âmbito das representações, do cotidiano, do imaginário, do simbólico. Parece que o Serviço

Social não tem, ainda, trabalhado com essas novas vertentes, que são colocadas, na atualidade, como capazes de fornecer pistas fecundas para ampliar o olhar analítico do cientista social ao desvendar a realidade social.

O que se coloca aqui é, em resumo, a necessidade do domínio de uma base teórica, a partir da articulação de paradigmas e conceitos com a realidade social, de modo a permitir a comunicação, em nível crítico, entre teorias, numa superação do dilema ecletismo *versus* pluralismo. Coloca-se a necessidade de uma base teórica sólida, tendo em vista a formação para a pesquisa e a formação técnico-operativa para intervenção, devendo superar outro dilema: o da relação teoria/prática. E aqui reafirmamos nosso entendimento de que a fragilidade, dita instrumental, no Serviço Social, tem como determinação maior a fragilidade teórico-conceitual, entendendo que o teórico-metodológico constitui uma unidade, uma totalidade.

4. A homogeneização do popular

Numa análise da produção do Serviço Social na década de 1980, verificamos que, seguindo uma tendência no interior das Ciências Sociais, um elemento crítico é a identificação de uma visão homogeneizadora do popular, que representa o polo eleito para estabelecimento de um vínculo orgânico com os setores dominados e de alianças no esforço de ruptura do Serviço Social.

O popular é percebido como um campo pluriclassista, mas homogeneizado pela exploração econômica e subordinação política a que seus integrantes são submetidos e, como tal, é percebido como portador de um projeto político, dito histórico, que ostenta, necessariamente, a transformação social. Assim, tende-se a trabalhar com uma visão ilusória do campo popular, não se discutindo a sua heterogeneidade a partir da realidade concreta dos segmentos excluídos da sociedade brasileira. Nessa perspectiva, ignora-se que a clientela do Serviço Social é constituída, em grande parte, por indivíduos que, embora explorados e subordinados econômica e politicamente, não pertencem a qualquer organização. Além disso, quando são feitas referências aos movimentos populares, parecem pautar-se por uma perspectiva de superdimensionamento do potencial transformador desses movimentos, sendo, via de regra, percebidos como sujeito político, mediador privilegiado do processo de transformação social.

Não restam dúvidas de que o popular é uma teia social complexa, não suficientemente refletida pelas Ciências Sociais e pelo Serviço Social, em particular. Saber quem é o que denominamos de popular na realidade brasileira, sua composição, sua participação ou omissão política na sociedade, os projetos sociais que ostenta, os pressupostos teóricos e éticos, o conteúdo, a proposta e as estratégias desses projetos, talvez seja a via desmistificadora do progressismo que atribuímos ao popular. E aqui apontamos a necessidade do conhecimento não para desqualificar, mas para qualificar devidamente, e, por conseguinte, orientar nossa atuação profissional junto aos setores sociais com quem mais atuamos.

Finalmente, lembramos que, se por um lado são amplas e complexas as questões problemáticas e omissas nesse esforço de construção do Projeto Profissional de Ruptura do Serviço Social, por outro, merece destaque o avanço profissional alcançado, materializado em determinadas concepções e entendimentos, ou seja: a desmistificação da pretensa neutralidade da ação profissional, permitindo situar o Serviço Social no contexto das relações sociais; a tentativa de romper com a tradição cultural conservadora que tem marcado, historicamente, o Serviço Social, buscando uma perspectiva crítica; visão da realidade e da instituição, enquanto espaços contraditórios de luta; o realce à dimensão educativa da prática profissional, em articulação com a prestação de serviços; e o assumir da construção do conhecimento, através da pesquisa, também como atribuição própria do Serviço Social.

O importante é que continuemos o desenvolvimento desse processo que, apesar do recuo que parece vivenciar nesse momento de grandes transformações, precisa avançar num esforço de superação dos problemas e de construção de uma profissão, com competência intelectual e técnica, orientada por uma perspectiva política que supere o voluntarismo, com vinculação orgânica da profissão com o conhecimento crítico da dinâmica social dos nossos dias.

Bibliografia

ABRAHAM, Mirian B. et al. Alternativas de política social na área da habitação. In: CONGRESSO BRASILEIRO DE ASSISTENTES SOCIAIS, 5., São Paulo, dez. 1985.

ABRAMIDES, Maria Beatriz C. A ANAS e sua relação com o projeto profissional alternativo do Serviço Social no Brasil: contribuição ao debate. *Serviço Social & Sociedade*, São Paulo, n. 30, p. 29-39, abr. 1989.

______ et al. *Repensando o trabalho social*: a relação entre o Estado, instituição e população. São Paulo: Cortez, 1980.

ABRAMIDES, Maria Beatriz C.; BATISTONE, Maria Rosângela. Participação popular: diretriz política dos governos democrático-populares. In: CONGRESSO BRASILEIRO DE ASSISTENTES SOCIAIS, 7., São Paulo, maio 1992.

______. *Organização sindical dos assistentes sociais a nível nacional*. São Paulo: Ituituba, 1987b.

______; CABRAL, Maria do Socorro Reis. *Organização dos assistentes sociais a nível nacional*. Brasília, CFAS, 1987a.

ABREU, Marina Maciel et al. Sistematização dos debates sobre o tema: a prática e o projeto profissional alternativo do Serviço Social. In: ENCONTRO DE ASSISTENTES SOCIAIS DO ESTADO DO MARANHÃO, 9., São Luís, 1988.

______. A prática e o projeto alternativo do Serviço Social. In: CONGRESSO BRASILEIRO DE ASSISTENTES SOCIAIS, 6., Natal, 1989.

ADMINISTRAÇÃO HOLANDESA DO CIT (Correio, Telégrafo e Telefone). Uma experiência de serviço social de empresa. *Temas Sociais*, Rio de Janeiro, *7* (83), 1974.

ADSESHIAH, Nalcolm S. Educação permanente. *Debates Sociais*, Rio de Janeiro, *7* (12), maio 1971.

AGUIAR, Antonio Geraldo. *Serviço Social e filosofia*: das origens a Araxá. 4. ed. São Paulo: Cortez, 1985.

ALBANO, Lúcia M. B.; GILEK, Noemi Macedo. A contribuição do serviço social de empresa para o desenvolvimento do homem e da empresa. *Temas Sociais*, Rio de Janeiro, *3* (28), 1970.

ALBANO, Maria Augusta de Luma. Recursos humanos para programas de atendimento e promoção do idoso no Brasil. *Debates Sociais*, Rio de Janeiro, *13* (24), maio 1977.

ALMEIDA, Ana Margarida Costa Pinto de et al. Reflexões e propostas de mudança das ações do Serviço Social no INAMPS. In: CONGRESSO BRASILEIRO DE ASSISTENTES SOCIAIS, 5., São Paulo, dez. 1985.

ALMEIDA, Anna Augusta de. Estratégias para a realização do Serviço Social no Brasil. *Debates Sociais*, Rio de Janeiro, *1* (1), out. 1965.

______. Uma sociedade rica não é necessariamente uma sociedade justa. *Debates Sociais*, Rio de Janeiro, *2* (3), out. 1966.

______. Introdução ao método-teórico do diagnóstico social: formas de intervenção na realidade. *Temas Sociais*, Rio de Janeiro, *2* (20), 1969.

______. Reflexões sobre o problema da reconceituação do Serviço Social. *Debates Sociais*, Rio de Janeiro, *10* (19), out. 1974.

______. O movimento de reconceptualização no Brasil: perspectiva ou consciência? *Debates Sociais*, Rio de Janeiro, *11* (21), out. 1975.

______. *Possibilidades e limites da teoria do Serviço Social*. Rio de Janeiro: Francisco Alves, 1978.

______. Pesquisa em Serviço Social: seus riscos pedagógicos e suas implicações epistêmicas. *Debates Sociais*, Rio de Janeiro, *19* (37), out. 1983.

ALMEIDA, Magali da Silva; SANT'ANA, Fátima Cristina Rangel. O Serviço Social e os bastidores do racismo. In: CONGRESSO BRASILEIRO DE ASSISTENTES SOCIAIS, 6., Natal, abr. 1989.

ALMEIDA, Terezinha Gonçalves de. *Consciência política e consciência profissional do formando de Serviço Social*. Dissertação (Mestrado), 1984.

ALTHUSSER, Louis. *Ideologia e aparelhos ideológicos do Estado*. 4. ed. Rio de Janeiro: Graal, 1989.

ALVES, Maria Helena Moreira. *Estado e oposição no Brasil*. 2. ed. Petrópolis: Vozes, 1984.

AMAZONAS. Assistência social. In: CONGRESSO BRASILEIRO DE ASSISTENTES SOCIAIS, 5., São Paulo, dez. 1985a.

_____. A questão do menor: por uma ação educativa e transformadora da realidade social. In: CONGRESSO BRASILEIRO DE ASSISTENTES SOCIAIS, 5., São Paulo, dez. 1985b.

AMMANN, Safira Bezerra. A produção científica do Serviço Social no Brasil. *Serviço Social & Sociedade*, São Paulo, *14*, abr. 1984.

_____. Movimentos sociais e democracia. *Debates Sociais*, Rio de Janeiro, *22* (43), maio 1986a.

_____. Associações de moradores do Centro-Oeste. *Serviço Social & Sociedade*, São Paulo, n. 22, p. 5-23, dez. 1986b.

_____. *Ideologia do desenvolvimento de comunidade no Brasil*. 6. ed. São Paulo: Cortez, 1987a. [8. ed. 1992.]

_____. Os incansáveis. *Cadernos Práxis*, São Paulo, n. 4, 1987b.

AMORIM, Maria Stela de. Controle social, tecnocracia e poder político no Brasil. *Debates Sociais*. Rio de Janeiro, *19* (38), maio 1984.

ANCIAUX, Alain. Violência e bem-estar social: soluções legais e empíricas. *Debates Sociais*, Rio de Janeiro, *24* (47), 1988.

ANDRADE, Raymundo Ozaman de. Introdução de disciplinas básicas em curso de aperfeiçoamento de Serviço Social. *Debates Sociais*, Rio de Janeiro, *2* (3), out. 1966.

A PRÁTICA como desafio para o ensino de Serviço Social. *Cadernos PUC*, São Paulo, n. 10, 1981.

ARAÚJO, Arcelina Ribeiro de. Conferência de supervisão em grupo. *Debates Sociais*, Rio de Janeiro, *6* (11), out. 1970.

ARAÚJO, Cleonice Correia; SILVA e SILVA, Maria Ozanira da. *Configuração de um projeto profissional para o Serviço Social*: contribuições dos autores brasileiros. São Luís: UFMA, 1992. (Mimeo.)

ARAÚJO, Maria Helena Correia de. O *design* de Heidegger, o personalismo de Mounier e o Serviço Social. *Debates Sociais*, Rio de Janeiro, *16* (30), 1980.

ARAÚJO, Maria José et al. Profissional-população: uma luta conjunta. *Serviço Social & Sociedade*, São Paulo, n. 8, p. 23-44, mar. 1982.

ARAÚJO, Severina Garcia de. Terra e poder: a luta pela terra no município de Touros/RN. In: CONGRESSO BRASILEIRO DE ASSISTENTES SOCIAIS, 7., São Paulo, maio 1992.

ARCOVERDE, Ana Cristina Brito. *O coletivo ilusório*: uma reflexão sobre o conceito de comunidade. Recife: UFEPE, 1985.

AREZZO, Druden Castro de. Planejamento e controle de sistemas administrativos. *Debates Sociais*, Rio de Janeiro, *12* (157), 1980.

ARIENTI, Wagner Leal. As funções de inflação e do programa de estabelecimento do momento atual brasileiro. *Debates Sociais*, Rio de Janeiro, *20* (43), out. 1986.

ARNON, J. M. Princípios e definição de centros sociais. *Temas Sociais*, Rio de Janeiro, *8* (96), 1975.

AROZO, Maria Amália Soares. Algumas considerações sobre valores em antropologia. *Debates Sociais*, Rio de Janeiro, *9* (17), out. 1973.

______. Valores, ideologia e ética na educação para o Serviço Social. *Temas Sociais*, Rio de Janeiro, 7 (87), 1974.

ASSOCIAÇÃO BRASILEIRA DE ENSINO DE SERVIÇO SOCIAL (ABESS). O processo de formação profissional do Serviço Social. *Cadernos ABESS*, São Paulo, n. 1, 1986.

______. A metodologia do Serviço Social. *Cadernos ABESS*, São Paulo, n. 3, 1989a.

______. Ensino de metodologia nos cursos de Serviço Social. *Cadernos ABESS*, São Paulo, n. 3, p. 13-97, 1989b.

______. Relatório do momento preliminar da pesquisa: avaliação da formação profissional do assistente social brasileiro pós-novo curriculum/ avanços e desafios. *Cadernos ABESS*, São Paulo, n. 4, p. 97-144, 1991.

______. *Oficina de conclusão da pesquisa*: impasses à formulação profissional dos assistentes sociais no Brasil. 1995. (Mimeo.)

ASSOCIAÇÃO NACIONAL DE ASSISTENTES SOCIAIS. Conselho Federal de Assistentes Sociais, Associação Brasileira de Ensino de Serviço Social, Subsecretaria de Serviço Social da União Nacional de Estudantes. *Jornal nacional das entidades do assistente social*. set./out. 1991.

______. *Caderno de Teses*. VII CBAS, São Paulo, maio 1992.

ASSOCIAÇÃO NACIONAL DE ASSISTENTES SOCIAIS. *O Serviço Social nas relações sociais*: movimentos populares e alternativas de políticas sociais. 2. ed. São Paulo: Cortez, 1987.

______. *Serviço Social*: as respostas da categoria aos desafios conjunturais. VI CBAS. São Paulo: Cortez, 1991.

ASSOCIAÇÃO PROFISSIONAL DOS ASSISTENTES SOCIAIS DO AMAZONAS. Associação Profissional dos Assistentes Sociais do Amazonas. *Serviço Social & Sociedade*, São Paulo, n. 6, p. 100-106. set. 1979.

ATHAYDE, Tristão de. Da ira ao ódio. *Debates Sociais*, Rio de Janeiro, *18* (34), out. 1982.

ÁVILA, Pe. Fernando B. de. O desafio da pobreza. *Debates Sociais*, Rio de Janeiro, *15* (31), out. 1980.

______. A Encíclica Rei Socialis. *Debates Sociais*, Rio de Janeiro, *26* (48/49), out. 1990.

BAETZ, Ron; CAMPAELL, Maria D. Serviço Social genérico: um modelo para o planejamento e a produção de mudança. *Temas Sociais*, Rio de Janeiro, *10* (118), 1977.

BAETZ, Ruben. Desenvolvimento-participação *versus* desenvolvimento-crescimento. *Temas Sociais*, Rio de Janeiro, *8* (102), 1975.

BAHIA, Paulo. A questão da democracia. *Debates Sociais*, Rio de Janeiro, *20* (43), out. 1986.

BAPTISTA, Myriam Veras. Trabalhando com voluntários. *Debates Sociais*, Rio de Janeiro, *6* (10), maio 1970.

______. As tendências da prática do Serviço Social no Brasil. *Debates Sociais*, Rio de Janeiro, *19* (37), out. 1983.

______. A participação como valor e como estratégia de ação do Serviço Social. *Serviço Social & Sociedade*, São Paulo, n. 25, p. 83-109, dez. 1987.

BARBOSA, Mário da Costa. O Serviço Social como práxis. *Serviço Social & Sociedade*. São Paulo, n. 6, p. 33-44, set. 1981.

______. Desenvolvimento e relações sociais. *Debates Sociais*, Rio de Janeiro, *17* (32), maio 1983.

BARCELLOS, Lygia. Serviço Social e o desenvolvimento de comunidade: pontos de referências e elementos de reformulação. *Temas Sociais*, Rio de Janeiro, *4* (35), 1971.

BARNARD, Chister J. Comunicação administrativa. *Debates Sociais*, Rio de Janeiro, *4* (7), out. 1968.

BARRETO, Átila. Conceito de desenvolvimento. *Debates Sociais*, Rio de Janeiro, *5* (9), out. 1969a.

______. Estará ocorrendo um esvaziamento do Serviço Social? *Debates Sociais*, Rio de Janeiro, *5* (9), out. 1969b.

______. Serviço Social do trabalho — atividade — meio. *Temas Sociais*, Rio de Janeiro, *3* (28), 1970.

______. Serviço Social de empresa. *Temas Sociais*, Rio de Janeiro, *5* (54), 1972.

BARROSO, Maria Lúcia Silva; KARMANN, Lourdes de Fragae. A instituição Serviço Social no contexto de luta pela hegemonia. *Serviço Social & Sociedade*, São Paulo, n. 11, p. 63-82, abr. 1983.

BARTHY, Aldair Brasil. Participação social. *Debates Sociais*, Rio de Janeiro, *10* (19), out. 1974.

BARTLETT, Harriett. A prática do Serviço Social. *Temas Sociais*, Rio de Janeiro, *12* (108), 1979.

BATISTONE, Maria Rosângela; RAICHELIS, Raquel. Análise da inserção do assistente social nos espaços de ação profissional. In: ANAS. *Serviço Social*: as respostas da categoria aos desafios conjunturais. São Paulo: Cortez, 1991. p. 91-106.

BATTINI, Odária. Um exercício de interpretação de mecanismo, segundo quadro teórico de Max Weber. *Temas Sociais*, Rio de Janeiro, 22 (218), 1990.

BEECKMAN, Ian F. Estratégias de entidades não-governamentais de assistência ao idoso. *Temas Sociais*, Rio de Janeiro, *11* (128), 1978.

BELEZA, Maria Dulce de Moura. Serviço Social e o desenvolvimento de comunidade: abordagens conceituais. *Temas Sociais*, Rio de Janeiro, *4* (35), 1971.

BELFIORE, Mariângela et al. Prática assistencial no Brasil. *Serviço Social & Sociedade*, São Paulo, n. 17, p. 73-89, abr. 1985.

BERL, Fred. Um esforço para conceituar supervisão. *Temas Sociais*, Rio de Janeiro, *5* (49), 1972.

BERTÃO, Maria Inês; ORENHA, Vanda Aparecida. O Serviço Social: prática e perspectiva frente às garantias do exercício profissional e a regulamentação da profissão. In: CONGRESSO BRASILEIRO DE ASSISTENTES SOCIAIS, 6., Natal, abr. 1989.

BIERRENBACH, Inês. O Serviço Social perante o planejamento social. *Serviço Social & Sociedade*, São Paulo, n. 5, p. 89-108, mar. 1981.

______. Legislação social e a questão da mulher, minorias e deficientes. *Temas Sociais*, Rio de Janeiro, *22* (219), 1990.

BILODEAU, Guy. Por uma real relação de aliança entre trabalhador social e cliente. *Serviço Social & Sociedade*, São Paulo, n. 21, p. 115-134, ago. 1986.

BISPO, Romanul de Sousa. A dívida social no Brasil ante o ajuste e a dívida externa. *Temas Sociais*, Rio de Janeiro, *22* (225), 1990.

BLACAHRD, Francis. O trabalho do menor. *Temas Sociais*, Rio de Janeiro, *17* (185), 1985.

BLACKEY, Eileen. Base de competência profissional em Serviço Social. *Temas Sociais*, Rio de Janeiro, *8* (21), 1975.

BLANES, Denise et al. A segurança do trabalho e o Serviço Social. In: CONGRESSO BRASILEIRO DE ASSISTENTES SOCIAIS, 6., Natal, abr. 1989.

BONNOT, Gérard. O plano contra a fome. *Debates Sociais*, Rio de Janeiro, *11* (21), out. 1975.

BORGIANNI, Elisabete et al. Formação e prática profissional: há uma separação? In: CONGRESSO BRASILEIRO DE ASSISTENTES SOCIAIS, 6., Natal, abr. 1989.

BRAGA, Arlete. Situação atual do Serviço Social de grupo. *Debates Sociais*, Rio de Janeiro, *2* (3), out. 1966.

BRAGA, Arlete. Visão atualizada do Serviço Social de grupo. *Debates Sociais*, Rio de Janeiro, *7* (13), out. 1971.

______. Estudo sobre relatórios em Serviço Social de grupo. *Temas Sociais*, Rio de Janeiro, *5* (45), 1972.

BRANDÃO, Carlos Rodrigues. Estereótipos relativos ao assistente social entre estudantes universitários de Goiânia. *Debates Sociais*, Rio de Janeiro, *8* (14), maio 1972.

BRANT, Vinícius Caldeira. Da resistência aos movimentos sociais: a emergência das classes populares em São Paulo. In: SINGER, Paul; BRANT, Vinícius Caldeira (Orgs.). *São Paulo*: povo em movimento. 3. ed. São Paulo: Vozes, 1982.

BRASIL, Harold Vinagre. Ensino e aprendizagem: um enfoque sistêmico. *Debates Sociais*, Rio de Janeiro, *9* (16), maio 1973.

BRAVO, Maria Inês Sousa; RAMOS, Maria Helena R. Serviço Social: prática institucionalizada. *Debates Sociais*, Rio de Janeiro, *19* (36), maio 1983.

BRIAR, Scott. Serviço Social de caso e Serviço Social de grupo: fundamentos históricos e sociológicos. *Temas Sociais*, Rio de Janeiro, *9* (108), 1976.

______. Pesquisa e prática no desenvolvimento do conhecimento do Serviço Social. *Debates Sociais*, Rio de Janeiro, *21* (35), out. 1985.

BRITO, Egle Sá Ribas. Uma proposta de grupo social na comunidade. *Temas Sociais*, Rio de Janeiro, *13* (167), 1981.

BRITO, Maria Anita Quintela de. Antecedentes sociológicos do Serviço Social na Inglaterra e Estados Unidos. *Debates Sociais*, Rio de Janeiro, *4* (6), maio 1986.

BRUNO, Denise Duarte. A avaliação no estágio supervisionado do curso de Serviço Social. *Temas Sociais*, Rio de Janeiro, *22* (217), maio 1990.

BRUZZI, Maria Terezinha. Mensagem a formandos de Serviço Social. *Debates Sociais*, Rio de Janeiro, *16* (31), out. 1980.

______. O Serviço Social na empresa: uma estratégia na área de benefícios. *Temas Sociais*, Rio de Janeiro, 22 (217), maio 1990.

BUCI-GLUCKSMANN, Christine. Sobre os problemas políticos da transição: Classe operária e revolução passiva. In: INSTITUTO GRAMSCI. *Política e história em Gramsci*. Rio de Janeiro: Civilização Brasileira, 1978. v. 1.

BUGALHO, Leila Maria Vieira. Metodologia do Serviço Social: diagnóstico e intervenção a nível de prestação de serviços diretos a indivíduos, a grupos, a comunidade e população. *Temas Sociais*, Rio de Janeiro, 2 (23), 1969.

______. Reflexões sobre o Serviço Social de caso. *Debates Sociais*, Rio de Janeiro, *9* (26), maio 1973.

BUSSON, J. O centro social como instrumento da vida comunitária: contribuição ao estudo da evolução dos centros sociais. *Temas Sociais*, Rio de Janeiro, *10* (120), 1977.

CAIMO, M. As funções do Serviço Social médico. *Temas Sociais*, Rio de Janeiro, *6* (69), 1973.

CALDAS, Alice Helena Teixeira; D'AURIA, Fátima. Especificidade do Serviço Social. *Serviço Social & Sociedade*, São Paulo, n. 5, p. 45-58, mar. 1981.

CAMARGO, Ana Maria Arruda et al. Discussão da assistência social no âmbito institucional. In: CONGRESSO BRASILEIRO DE ASSISTENTES SOCIAIS, 7., São Paulo, maio 1992.

CAMARGO, Luis Otávio de Lima. Lazer e desenvolvimento. *Temas Sociais*, Rio de Janeiro, *12* (158), 1980.

CAMPOS, Edval B. Unidade sindical: uma bandeira que se fortalece. In: ASSEMBLEIA NACIONAL DE ASSISTENTES SOCIAIS, 4., Campinas, s.d.

CAMPOS, M. A. Pourchet. Por que metodologia científica? *Debates Sociais*, Rio de Janeiro, *7* (12), maio 1971.

CANÇADO, Maria Helena et al. Estratégia de sobrevivência. In: CONGRESSO BRASILEIRO DE ASSISTENTES SOCIAIS, 5., São Paulo, dez. 1985.

CANDAL, Solange Smaniotto et al. O trabalho de base e educação popular como forma de organização, contribuindo para a sobrevivência dos moradores. In: CONGRESSO BRASILEIRO DE ASSISTENTES SOCIAIS, 5., São Paulo, dez. 1985.

CANDU, Marcos de Carvalho. Ação social integrada: atualidade e perspectiva. *Debates Sociais*, Rio de Janeiro, *14* (26), maio 1978.

______. Correntes filosóficas contemporâneas e suas implicações no trabalho do Serviço Social. *Temas Sociais*, Rio de Janeiro, *12* (147), 1979.

CAPALBO, Creusa. Reflexões sobre a visão sistêmica em Serviço Social. *Debates Sociais*, Rio de Janeiro, *16* (31), out. 1980.

CAPALBO, Creusa. Notas sobre o funcionalismo. *Debates Sociais*, Rio de Janeiro, *19* (36), maio 1983.

______. Fenomenologia e serviço social. *Debates Sociais*, Rio de Janeiro, *20* (38), maio 1984.

______. Correntes filosóficas e Serviço Social. *Temas Sociais*, Rio de Janeiro, *17* (182), 1985.

______. Legislação social e bem-estar. *Debates Sociais*, Rio de Janeiro, *23* (46), out. 1987.

CARDOSO, Franci Gomes et al. A prática e o projeto profissional alternativo do Serviço Social. In: CONGRESSO BRASILEIRO DE ASSISTENTES SOCIAIS, 6., Natal, abr. 1989.

CARLISLE, Elaine. A estrutura conceitual dos indicadores sociais. *Temas Sociais*, Rio de Janeiro, *8* (98), 1975.

CARLO, Enrique de. A consciência política do trabalhador social. *Debates Sociais*, Rio de Janeiro, *24* (47), maio 1988.

CARNEIRO, Américo Piquet. Uma política de saúde para o Brasil. *Debates Sociais*, Rio de Janeiro, *10* (18), maio 1974.

CARNEY, Joice M. A educação de pré-aposentados. *Temas Sociais*, Rio de Janeiro, *13* (166), 1981.

CARNOY, Martin. *Estado e política*. Campinas: Papirus, 1988.

CARTA-TEMA. *Nova organização em debate*, 1989-1991. (Mimeo.)

CARVALHO, Alba Maria Pinho. O projeto da formação profissional na conjuntura brasileira. *Cadernos ABESS*, São Paulo, n. 1, p. 17-42, 1986a.

______. *A questão da transformação e o trabalho social*. 2. ed. São Paulo: Cortez, 1986b.

______. O Serviço Social nas relações sociais: a questão da assistência. In: ANAS. *O Serviço Social nas relações sociais, movimentos populares e alternativas de políticas sociais*. São Paulo: Cortez, 1987. p. 47-60.

______. *A formação profissional do assistente social a nível de graduação*: a experiência brasileira, 1988. (Mimeo.)

______. A pesquisa no debate contemporâneo. *Cadernos ABESS*, São Paulo, n. 5, p. 43-66, 1992.

CARVALHO, Alba Maria Pinho. *O Estado brasileiro na contemporaneidade*: o desafio de ajustamento à nova ordem mundial num cenário de crise, 1993. (Projeto de pesquisa apresentado ao programa de Pós-Graduação em Sociologia da UFC, para seleção ao curso de doutorado.)

_____. *Perspectivas da assistência social no governo de Fernando Henrique Cardoso*. Conselho Regional de Serviço Social. Fortaleza, 3ª Reg., 1995. (Temas para debates.)

_____ et al. Projeto de investigação: a formação profissional do Assistente Social no Brasil: determinantes históricos e perspectivas. *Serviço Social & Sociedade*, São Paulo, n. 14, p. 104-141, abr. 1984.

CARVALHO, Alba Maria Pinho; PIO, Maria da Conceição. *Notas para discussão*: a reconceituação no Serviço Social, 1992. (Mimeo.)

CASES, Bernard. Desenvolvimento dos indicadores sociais. *Temas Sociais*, Rio de Janeiro, *8* (98), 1975.

CASSES, Olma Aquino. Motivos de escolha do curso de Serviço Social. *Temas Sociais*, Rio de Janeiro, *217*, 1990.

CASTILHO, Lúcia. Supervisão em Serviço Social. *Temas Sociais*, Rio de Janeiro, *5* (46), 1972.

CASTRO, Iná Elias de. A dinâmica social e os partidos políticos. *Debates Sociais*, Rio de Janeiro, *20* (38), out. 1984.

_____. Conflitos coletivos e a acomodação democrática. *Debates Sociais*, Rio de Janeiro, *22* (42), out. 1986.

CATTUZZO, Maria Amália et al. A questão da criança e do adolescente no município de Rio Claro e seus desafios. In: CONGRESSO BRASILEIRO DE ASSISTENTES SOCIAIS, 7., São Paulo, maio 1992.

CAVAKONE, Ana Maria; LABATE, Alberto. Política social: tendência na Itália. *Temas Sociais*, Rio de Janeiro, *13* (169), 1982.

CENTRO BRASILEIRO DE COOPERAÇÃO E INTERCÂMBIO EM SERVIÇO SOCIAL (CBCISS). Ação comunitária na SUDENE. *Debates Sociais*, Rio de Janeiro, 2 (2), maio 1966a.

_____. Diretrizes da política do bem-estar do menor. *Debates Sociais*, Rio de Janeiro, 2 (2), maio 1966b.

CENTRO BRASILEIRO DE COOPERAÇÃO E INTERCÂMBIO EM SERVIÇO SOCIAL (CBCISS). Encontro SUDENE e Escolas de Serviço Social do Nordeste. *Debates Sociais*, Rio de Janeiro, 2 (2), maio 1966c.

_____. Modificação da estrutura socioeconômica do Brasil e seus reflexos na vida familiar. *Debates Sociais*, Rio de Janeiro, 2 (2), maio 1966d.

______. *Documento de Araxá*: Seminário de Teorização do Serviço Social. *Debates Sociais*, Rio de Janeiro, *3* (4), maio 1967.

______. VI Congresso Pan-americano de Serviços Sociais. *Debates Sociais*, Rio de Janeiro, *7* (7), out. 1968.

______. Síntese dos sete encontros regionais: análise do documento de Araxá. *Debates Sociais*, Rio de Janeiro, *5*, ago. 1969a. [Suplemento.]

______. 14ª Conferência Internacional: bem-estar social e direitos humanos. *Temas Sociais*, Rio de Janeiro, 2 (17), 1969b.

______. Teoria do Serviço Social. *Debates Sociais*, Rio de Janeiro, *5* (2), maio 1969c.

______. Diretrizes da política de ação no setor de promoção social. *Debates Sociais*, Rio de Janeiro, *5* (9), out. 1969d.

______. Desenvolvimento de comunidade. *Debates Sociais*, Rio de Janeiro, *5* (9), out. 1969e.

______. Grupo de trabalho pré-conferência, 13. Desenvolvimento urbano, suas implicações para o bem-estar social. *Temas Sociais*, Rio de Janeiro, 2 (16), 1969f.

______. Focalizando as instituições membros do CBCISS. *Debates Sociais*, Rio de Janeiro, *5* (9), out. 1969g.

______. Documento de Teresópolis: Seminário de Teorização do Serviço Social. *Debates Sociais*, Rio de Janeiro, *6*, nov. 1970. [Suplemento.]

______. Relatório de atividades, 1971. *Temas Sociais*, Rio de Janeiro, 1971a.

______. Sugestões para uma pesquisa sobre o Serviço Social no Brasil. *Debates Sociais*, Rio de Janeiro, *7* (12), maio 1971b.

______. Relatório de atividades, 1972. *Temas Sociais*, Rio de Janeiro, 1972.

______. Alternativas da política assistencial brasileira. *Temas Sociais*, Rio de Janeiro, *7* (90), 1974.

CENTRO BRASILEIRO DE COOPERAÇÃO E INTERCÂMBIO EM SERVIÇO SOCIAL (CBCISS). Desenvolvimento e participação no Brasil. *Temas Sociais*, Rio de Janeiro, *7* (80), 1974a.

______. Relatório de atividades, 1974. *Temas Sociais*, Rio de Janeiro, 1974b.

______. Relatório de atividades, 1975. *Temas Sociais*, Rio de Janeiro, 1975a.

_____. Estratégias para amanhã. *Debates Sociais*, Rio de Janeiro, *11* (21), out. 1975b.

_____. Síntese da contribuição dos participantes do curso/seminário, 1975. *Temas Sociais*, Rio de Janeiro, *8* (104), 1975c.

_____. Congresso de Vancouver: Habitat. *Debates Sociais*, Rio de Janeiro, *7* (23), out. 1976a.

_____. Relatório de atividades, 1976. *Temas Sociais*, Rio de Janeiro, 1976b.

_____. Alguns aspectos dos Serviços Sociais no Brasil. *Temas Sociais*, Rio de Janeiro, *11* (132), 1978.

_____. Serviço Social do trabalho: do isolamento à integração. *Temas Sociais*, Rio de Janeiro, *12* (148), 1979.

_____. Documento de Sumaré: Seminário de Teorização do Serviço Social. *Debates Sociais*, Rio de Janeiro, *16* (8), ago. 1980.

_____. Curso de aperfeiçoamento para docentes do Serviço Social, 1. *Debates Sociais*, Rio de Janeiro, *2* (2), maio 1986.

_____. Documento do Alto da Boa Vista. In: Seminário de Teorização do Serviço Social. Rio de Janeiro, nov. 1988.

CENTRO LATINO-AMERICANO DE TRABALHO SOCIAL (CELATS). *Serviço Social crítico*: problemas e perspectivas. São Paulo: Cortez, 1985.

CHAMUSEAN, Jocelyne L. Metodologia do Serviço Social: diagnóstico e intervenção a nível de administração em Serviço Social. *Temas Sociais*, Rio de Janeiro, *2* (22), 1969.

CHAVES, Maria do Socorro Rodrigues. Perspectiva de análise dos novos movimentos sociais. In: CONGRESSO BRASILEIRO DE ASSISTENTES SOCIAIS, 7., São Paulo, maio 1992.

CHAVES, Margarida Passos et al. Alternativas de política social na área de assistência ao menor. In: CONGRESSO BRASILEIRO DE ASSISTENTES SOCIAIS, 5., São Paulo, dez. 1985.

CHENIAUX, Sonia. Metodologia da pesquisa. *Temas Sociais*, Rio de Janeiro, *18* (196), 1986a.

CHENIAUX, Sonia. *Trapaceados e trapaceiros*. São Paulo: Cortez, 1986b.

COHEN, Nathan F. Uma abordagem do Serviço Social. *Temas Sociais*, Rio de Janeiro, *11* (133), 1978.

COLETÂNEA de textos sobre indicadores sociais e planejamento social: a análise e a avaliação das necessidades, base do planejamento de ação social. *Temas Sociais*, Rio de Janeiro, *8* (98), 1975.

COMUNE, Maria José Accorsi et al. Reflexões sobre a coerência do discurso e prática na formação do profissional de Serviço Social. *Serviço Social & Sociedade*, São Paulo, n. 8, p. 99-109, mar. 1982.

CONFERÊNCIA INTERNACIONAL DE SERVIÇO SOCIAL (CISS). Bem-estar social e os direitos humanos: relatório das comissões. *Temas Sociais*, Rio de Janeiro, *2* (18), 1969a.

______. Relatório do grupo da pré-conferência. *Temas Sociais*, Rio de Janeiro, *2* (16), 1969b.

______. Novas estratégias para o desenvolvimento social: papel dos Serviços Sociais. *Temas Sociais*, Rio de Janeiro, *3* (31), 1970.

______. Relatório do Brasil. O progresso social através do planejamento social: o papel do Serviço Social. *Temas Sociais*, Rio de Janeiro, *4* (38), 1971.

______. Elaboração e implantação de uma política social em condições de rápidas mudanças. *Temas Sociais*, Rio de Janeiro, *6* (58), 1973.

______. Visão regional e universal do desenvolvimento e da participação. *Temas Sociais*, Rio de Janeiro, *8* (103), 1975a.

______. As várias correntes do desenvolvimento e da participação. *Temas Sociais*, Rio de Janeiro, *8* (99), 1975b.

______. Esforços para obtenção de igualdade de oportunidades. *Temas Sociais*, Rio de Janeiro, *9* (17), 1976a.

______. Documento produzido pelo grupo de trabalho da pré-conferência — visão internacional — esforços para atingir a igualdade de oportunidades. *Temas Sociais*, Rio de Janeiro, *9* (116), 1976b.

CONGRESSO BRASILEIRO DE ASSISTENTES SOCIAIS (CBAS), 1977. Divisão de Serviço Social do RS: atuação da LBA através de seus núcleos de voluntariado. *Temas Sociais*, Rio de Janeiro, *11* (141), 1978.

CONGRESSO PAN-AMERICANO DE SERVIÇO SOCIAL, 5. Conclusões e recomendações: educar para o Serviço Social nos países em desenvolvimento. *Debates Sociais*, Rio de Janeiro, 2 (2), maio 1966.

CONSELHO FEDERAL DE ASSISTENTES SOCIAIS. *Código de ética profissional do assistente social*. Brasília, 1986.

_____. *Código de ética do assistente social*. Brasília, 1993.

CORNELLY, Seno A. Novas perspectivas do desenvolvimento. *Debates Sociais*, Rio de Janeiro, *4* (7), out. 1968.

_____. Dinâmica do desenvolvimento frente aos problemas contemporâneos — o Serviço Social e a dinâmica do desenvolvimento: a funcionalidade do Serviço Social em relação aos recursos e exigências atuais. *Temas Sociais*, Rio de Janeiro, *5* (53), 1972.

_____. Considerações sobre conselhos comunitários. *Debates Sociais*, Rio de Janeiro, *12* (22), maio 1976.

_____. Posicionamento do assistente social frente à política social. In: CONGRESSO BRASILEIRO DE ASSISTENTES SOCIAIS, 3., *Anais*..., São Paulo, Conselho Federal de Assistentes Sociais, 1980.

_____. Perspectiva regional de las crises. *Debates Sociais*, Rio de Janeiro, *21* (39-40), maio 1985a.

_____. Planejamento tecnológico ou participativo: diferença de estilo ou de substância. *Debates Sociais*, Rio de Janeiro, *21* (41), out. 1985b.

_____. Fortificando a família como base para uma sociedade justa e pacífica. *Debates Sociais*, Rio de Janeiro, *23* (44/45), maio 1987.

_____. Participação e cidadania. *Debates Sociais*, Rio de Janeiro, *24* (46), out. 1988.

_____ et al. Planejamento regional, hierarquia urbana e pólos de desenvolvimento. *Debates Sociais*, Rio de Janeiro, *10* (19) out. 1974.

CORREA, Maria Terezinha; RAMALHO, Marilena Pinto. Os movimentos ecológicos e a interdisciplinaridade. In: CONGRESSO BRASILEIRO DE ASSISTENTES SOCIAIS, 6., Natal, abr. 1989.

CORTEZ, José Pinheiro. Política participativa. *Temas Sociais*, Rio de Janeiro, *16* (175) 1984.

_____ et al. Valorização e relacionamento em Serviço Social. *Debates Sociais*, Rio de Janeiro, *6* (11), out. 1970.

COSTA, Alfredo Brito. Imerção dos aspectos sociais nas decisões de planejamento. *Debates Sociais*, Rio de Janeiro, *8* (14), maio 1972.

COSTA, Amariles M. M. Riani. A legislação trabalhista no âmbito das políticas sociais. In: CONGRESSO BRASILEIRO DE ASSISTENTES SOCIAIS, 6., Natal, abr. 1989.

COSTA, Antonia E. Santos. Relato de uma prática no bairro da Vila Embratel. *Serviço Social & Sociedade*, São Paulo, n. 28, p. 95-106, dez. 1988.

COSTA, João Benard da. Educação permanente e educação cinematográfica. *Debates Sociais*, Rio de Janeiro, *9* (17), out. 1973.

COSTA, Maria das Dores. Serviço social: vinte e cinco anos. *Debates Sociais*, Rio de Janeiro, *7* (12), maio 1971.

COSTA, Rubem Vaz de. A dívida social. *Debates Sociais*, Rio de Janeiro, *17* (36), maio 1981.

COSTA, Suely Gomes da. Integração do processo de Serviço Social. *Temas Sociais*, Rio de Janeiro, 2 (14), 1969.

______. Introdução à metodologia: teoria do diagnóstico e da intervenção do Serviço Social. *Debates Sociais*, Rio de Janeiro, *6* (4), nov. 1970. [Suplemento.]

______. Contribuições para o conhecimento do discurso crítico e da prática profissional do Serviço Social. *Temas Sociais*, Rio de Janeiro, *17* (195), 1985.

______; SIMÃO, Nilsa. Revisão curricular dos cursos de graduação em Serviço Social: uma proposta para o debate. *Temas Sociais*, Rio de Janeiro, 22 (227), 1990.

COTIDIANIDADE DAS ORGANIZAÇÕES PRIVADAS DE DESENVOLVIMENTO RURAL. A experiência latino-americana. *Debates Sociais*, Rio de Janeiro, *24* (47), 1988.

COUTINHO, Carlos Nelson. *Dualidade de poderes*. São Paulo: Brasiliense, 1987.

COUTINHO, Carlos Nelson. Pluralismo: dimensões teóricas e políticas. *Cadernos ABESS*, São Paulo, n. 4, p. 5-17, 1991.

______; NOGUEIRA, Marco Aurélio (orgs.). *Gramsci e a América Latina*. São Paulo: Paz e Terra, 1988.

CRAPUCHET, Simone. As profissões sociais: novas perspectivas. *Debates Sociais*, Rio de Janeiro, *8* (14), maio 1972.

______. Mensuração dos dados sociais. *Debates Sociais*, Rio de Janeiro, *12* (25), maio 1977.

______. Mensuração de dados sociais. *Temas Sociais*, Rio de Janeiro, *11* (131), 1978.

CYBUESKA, Henrique Veillard. Trabalho social voluntário: recrutamento, formação e organização. *Debates Sociais*, Rio de Janeiro, *7* (12), maio 1971.

CUEVA, Agustin. *La teoria marxista*. Mexico: Planeta, 1987.

CUNHA, Angela Câmara et al. Política social do menor. In: CONGRESSO BRASILEIRO DE ASSISTENTES SOCIAIS, 5., São Paulo, dez. 1985.

DANTAS, José Lucena. A reforma do ensino e da profissão de Serviço Social. *Debates Sociais*, Rio de Janeiro, *4* (6), maio 1968.

______. Metodologia do planejamento social: aspectos teóricos e práticos. *Debates Sociais*, Rio de Janeiro, *6* (10), maio 1970.

______. A política de promoção social do menor e da família no Distrito Federal. *Debates Sociais*, Rio de Janeiro, *9* (16), maio 1973.

______. Desenvolvimento e marginalidade social: notas para a revisão dos fundamentos da política brasileira de assistência social. *Temas Sociais*, Rio de Janeiro, *7* (91), 1974.

______. A teoria metodológica do Serviço Social: uma abordagem sistemática. *Temas Sociais*, Rio de Janeiro, *17* (180), 1985.

______. O direito de participação na Constituição Federal de 1988. *Temas Sociais*, Rio de Janeiro, *23* (234), 1991.

DASCUPTA, Sugata. Padrões de bem-estar social como indicadores de mudança social. *Debates Sociais*, Rio de Janeiro, *11* (21), out. 1975.

DASCUPTA, Sugata. Reformulando a ação social: em busca de uma nova era. *Temas Sociais*, Rio de Janeiro, *12* (143), 1979.

DELGADO, Maria Berenice. A organização política dos assistentes sociais. *Serviço Social & Sociedade*, São Paulo, *5*, mar. 1981.

DELIOURT, Jacques. O futuro do Serviço Social. *Temas Sociais*, Rio de Janeiro, *7* (7), 1974.

DELVILLE, Brigitt. Política social: um conjunto de técnicas das ciências sociais e humanas nas empresas. *Temas Sociais*, Rio de Janeiro, *10* (122), 1977.

DEMISSÃO em massa: fim de um trabalho social comprometido. *Serviço Social & Sociedade*, São Paulo, n. 2, p. 156-166, mar. 1980.

DERRUBANDO o muro do autoritarismo: os menores trabalhadores iniciam um movimento social. *Temas Sociais*, Rio de Janeiro, *21* (211), 1989.

DIAS, José Fernandes (Org.). *Serviço Social*: intervenção na realidade. Petrópolis, Vozes/CELATS, 1980.

DIAS, Maria Esther B. *A dialética do cotidiano*. São Paulo: Cortez, 1982.

DIAS, Roberto Soares. CBCISS: um espaço conquistado construindo o Serviço Social no Brasil. *Temas Sociais*, Rio de Janeiro, *23* (233), 1991.

DINIZ, Marília Duarte. O dilema do Serviço Social na contradição entre o capital e trabalho. In: CONGRESSO BRASILEIRO DE ASSISTENTES SOCIAIS, 6., Natal, abr. 1989.

DIOMEDE, Marilena Canevine; RUFFINENGO, Américo O. Abordagem do grupo e das técnicas de tratamento no Serviço Social de grupo e na psicoterapia de grupo. *Temas Sociais*, Rio de Janeiro, *5* (48), 1972.

DIREÇÃO ÚNICA DOS ASSISTENTES SOCIAIS DE MS-SAS/MS E CRAS 21ª Região. Direção única dos assistentes sociais em MS: uma nova forma de organização. In: ASSEMBLEIA NACIONAL DOS ASSISTENTES SOCIAIS, 5., São Paulo, out. 1991.

DOCUMENTO DO GRUPO DE ESTUDOS DE SERVIÇO SOCIAL DO TRABALHO, 1971. *Temas Sociais*, Rio de Janeiro, *6* (59), 1973.

DOCUMENTO ELABORADO PELO GRUPO META-SP: uma contribuição ao estudo do Serviço Social do trabalho em empresa. *Temas Sociais*, Rio de Janeiro, *9* (107), 1976.

DOIS ANOS DE COLLOR. *Folha de S.Paulo*, p. 2, c. 1 e 2a, 15 mar. 1992. Caderno 1.

DOIS ANOS: neoliberalismo é marca política. *Folha de S.Paulo*, p. 4, c. 1 e 2b, 15 mar. 1992. Caderno 1.

DOURADO, Humbelina Gurgel. Grupo de situação: uma abordagem específica de Serviço Social. *Temas Sociais*. Rio de Janeiro, *16* (177), 1984.

DRAIBE, Sônia Mirian. *Welfare State* no Brasil: características e perspectivas. *Cadernos de Pesquisa*, Campinas, *8*, 1988.

______. Políticas sociais brasileiras: diagnóstico e perspectivas. In: IPEA/IPLAN. *Para a década de 90, prioridades e políticas públicas*. Brasília, 1990. (Políticas sociais e organização do trabalho, v. 4.)

DREWE, Paul. Esquemas de análise para a elaboração e avaliação de programas de desenvolvimento participado na base. *Temas Sociais*, Rio de Janeiro, *9* (106), 1976.

DRUMOND, Vera. Bem-estar social e planejamento familiar. *Debates Sociais*, Rio de Janeiro, *5* (8), maio 1969a.

______. Integração do Serviço Social médico na equipe interprofissional. *Temas Sociais*, Rio de Janeiro, *2* (19), 1969b.

______. Serviço Social médico. *Temas Sociais*, Rio de Janeiro, *3* (29), 1970.

DUMPSON, James. O desenvolvimento social em épocas de incerteza econômica. *Temas Sociais*, Rio de Janeiro, *12* (164), 1981.

DURANT, Robert. Dinâmica do centro social. *Temas Sociais*, Rio de Janeiro, *10* (119), 1977.

EGBERT, Sundart. A realidade do espaço voluntário: uma perspectiva de mundo em desenvolvimento. *Debates Sociais*, Rio de Janeiro, *18* (35), out. 1982.

ELLERY, Celina Magalhães. Willian Schuartz: aspectos teóricos e técnicos do modelo de mediação. *Debates Sociais*, Rio de Janeiro, *13* (25), out. 1977.

ENTIDADES DE ASSISTENTES SOCIAIS. *Jornal Nacional*, *0*, set./out. 1991.

ESCOLA DE SERVIÇO SOCIAL DA UNIVERSIDADE CATÓLICA DE MINAS GERAIS. O Serviço Social num projeto da habitação. *Debates Sociais*, Rio de Janeiro, *1* (1), out. 1965.

ESCRITÓRIO EUROPEU DAS NAÇÕES UNIDAS. Conclusões do seminário europeu sobre problemas e métodos do planejamento social. *Debates Sociais*, Rio de Janeiro, *1* (1), out. 1965.

ESTEVÃO, Ana Maria Ramos. *O que é Serviço Social*. São Paulo: Brasiliense, 1984.

EZGURRA, Marta. Conceituação do Serviço Social. *Debates Sociais*, Rio de Janeiro, *10* (187), maio 1974.

FALCÃO, Maria do Carmo. A prática direta no Serviço Social. *Cadernos PUC*, São Paulo, n. 10, 1981.

______. Um movimento popular. *Cadernos Práxis*, São Paulo, *1*, 1983.

FALEIROS, Vicente de Paula. Metodologia científica do Serviço Social. *Debates Sociais*, Rio de Janeiro, *6* (10), maio 1970.

______. Espaço institucional e espaço profissional. *Serviço Social & Sociedade*, São Paulo, n. 1, set. 1979.

______. *Metodologia e ideologia do trabalho social*. São Paulo: Cortez, 1981. [8. ed. 1993.]

______. *Saber profissional e poder institucional*. São Paulo: Cortez, 1985. [3. ed. 1991.]

______. Confrontos teóricos do movimento de reconceituação do Serviço Social na América Latina. *Serviço Social & Sociedade*, São Paulo, n. 24, ago. 1987.

______. A crise do Estado providência. *Debates Sociais*, Rio de Janeiro, *24* (46), maio 1988a.

______. Política social em tempo de crise. *Temas Sociais*, Rio de Janeiro, *16* (175), maio 1988b.

______. *Alternativo, alternativo, onde vamos no Serviço Social?* Brasília, 1989a. (Mimeo.)

______. A questão da metodologia em Serviço Social: reproduzir-se e representar-se. *Cadernos ABESS*, São Paulo, n. 3, p. 117-130, 1989b.

______. *Unidade e diversidade de entidades profissionais de assistente social*. (Mimeo.)

______; LIMA, Edna Gomes de Barros. Trabalho social com hansenianos. *Serviço Social & Sociedade*. São Paulo, n. 17, p. 121-131, abr. 1985

FERES, Acilea de Paula. A institucionalização da assistência no estado do Rio de Janeiro — a Fundação Leão XIII: um esboço de análise institucional. *Temas Sociais*, Rio de Janeiro, 22 (223), 1990.

FERIAN, Catarina Silva. Repensando o passado: Serviço Social e instituição. *Serviço Social & Sociedade*, São Paulo, n. 13, p. 71-82, dez. 1983.

FERNANDES, Antonio Manuel Palma. Pólos de desenvolvimento e equipamentos sociais. *Debates Sociais*, Rio de Janeiro, *4* (7), out. 1968.

FERNANDES, Flávia da Silva. Envelhecimento reflete os problemas de viver. *Debates Sociais*, Rio de Janeiro, *18* (35), out. 1982.

FERNANDES, Florestan. *Capitalismo dependente e classes sociais na América Latina*. Rio de Janeiro: Zahar, 1981.

______. *Nova República? Brasil, os anos de autoritarismo*. 3. ed. Rio de Janeiro: Zahar, 1986a.

______. *Que tipo de República?* 2. ed. São Paulo: Brasiliense, 1986b.

FERREIRA, Alcides. Economia do Brasil cai para o 11º lugar. *Folha de S. Paulo*, p. 14, c. 1, 1 jun. 1991. Caderno 1.

FERREIRA, Francisco de Paula. Urbanização e planejamento social. *Debates Sociais*, Rio de Janeiro, n. 1, 1965.

_____. Metodologia do Serviço Social: diagnóstico e intervenção a nível de administração em Serviço Social. *Temas Sociais*, Rio de Janeiro, *2* (22), 1969.

_____. Da filosofia do bem-estar social: política social. *Temas Sociais*, Rio de Janeiro, *7* (77), 1974a.

_____. O segredo profissional. *Debates Sociais*, Rio de Janeiro, *10*, 1974b.

_____; VIEIRA, Balbina Ottoni. Quem é quem no Serviço Social. *Debates Sociais*, Rio de Janeiro, *21* (39/40), maio 1985.

_____. Avaliação de programas sociais e convênios. *Temas Sociais*, Rio de Janeiro, *17* (181), 1986.

FERREIRA, Maria da Glória Nin. Migrações internas. *Debates Sociais*, Rio de Janeiro, *2* (3), out. 1966.

_____. Conscientização. *Debates Sociais*, Rio de Janeiro, *6* (10), maio 1970.

FERREIRA, Maria da Glória Nin. A utilização da abordagem sistêmica no ensino do Serviço Social. *Temas Sociais*, Rio de Janeiro, *8* (93), 1975.

_____. Desenvolvimento: crise e alternativas. *Temas Sociais*, Rio de Janeiro, *9* (112), 1976.

FERREIRA, Maria de Fátima de Azevedo Campos et al. Entidade única, única solução? In: ASSEMBLEIA ESTADUAL DE ASSISTENTES SOCIAIS, Curitiba, 1989.

FERRIGNO, José Carlos. Trabalho, aposentadoria e alienação social. *Temas Sociais*, Rio de Janeiro, *23* (230), 1991.

FIGUEIREDO, Helena Bandeira. O ano internacional das pessoas deficientes. *Debates Sociais*, Rio de Janeiro, *17* (33), out. 1981.

FIGUEIREDO, Margarida Andrade de. Desenvolvimento de comunidade: uma abordagem global do processo. *Debates Sociais*, Rio de Janeiro, *9* (16), maio 1973.

FONSECA, Ana Augusta C. Couto et al. Considerações sobre as origens das favelas. *Debates Sociais*, Rio de Janeiro, *2* (3), out. 1966.

FONSECA, Cleomar Campos da. A questão política do Serviço Social. In: CONGRESSO BRASILEIRO DE ASSISTENTES SOCIAIS, 6., Natal, abr. 1989.

FORTALECIMENTO DA FAMÍLIA E DA COMUNIDADE, O. *Debates Sociais*, Rio de Janeiro, *22* (42), maio 1986.

FORTON, Rosendo Escalante. Indicadores do bem-estar social: seu conteúdo e sua atualização. *Debates Sociais*, Rio de Janeiro, *10* (18), maio 1974.

FRANCO FILHO, Ariovaldo. Política de integração de uma população marginalizada. *Debates Sociais*, Rio de Janeiro, *5* (8), maio 1969.

FREIRE, Lúcia. *Serviço Social organizacional*. São Paulo: Cortez, 1987.

FRIES, Claudete Marlene et al. As contradições no acadêmico de Serviço Social. *Serviço Social & Sociedade*, São Paulo, n. 4, p. 69-73, dez. 1980.

FROTA, Maria Zeila; SASSAKI, Yashiko. Formação profissional e mercado de trabalho: condições socioeducacionais dos alunos no Curso de Serviço Social de Manaus. In: CONGRESSO BRASILEIRO DE ASSISTENTES SOCIAIS, 7., São Paulo, maio 1992.

FUHRMANN, Marilia S.; FUHRMANN, Sérgio. Serviço Social do trabalho em empresa: tipos de abordagens utilizadas. *Debates Sociais*, Rio de Janeiro, *13* (25), out. 1977.

FUHRMANN, Sérgio. Teoria e prática: uma experiência profissional. *Debates Sociais*, Rio de Janeiro, *9* (17), out. 1973.

FURTADO, Anna Stela de Andrade. Fundamentos teóricos da prática do Serviço Social. *Debates Sociais*, Rio de Janeiro, *12* (22), maio 1976.

GALPER, Jeffry. Introdução à teoria e prática radical do Serviço Social: política social. *Debates Sociais*, Rio de Janeiro, *19* (43), maio 1983.

GARCIA, Angelina Leite Ribeiro. Treinamento mental: um método de educação de adultos. *Debates Sociais*, Rio de Janeiro, *2* (2), maio 1966.

GARCIA, Célio. Intervenção psico-sociológica: aspectos sociopolíticos. *Debates Sociais*, Rio de Janeiro, *4* (6), maio 1968.

GARCIA, Nívea Coelho. As Santas Casas de Misericórdia: uma forma de assistência social no Brasil. *Debates Sociais*, Rio de Janeiro, *17* (33), out. 1981.

GARIGUE, Philip. Problemas teóricos do Serviço Social. *Temas Sociais*, Rio de Janeiro, *5* (43), 1972.

______. O Serviço Social na sociedade e na universidade. *Temas Sociais*, Rio de Janeiro, *6* (63), 1973.

GEORGES, Simone C.; SALOMAN, Michel. Perspectiva das profissões sociais. *Debates Sociais*, Rio de Janeiro, *10* (18), maio 1974.

GERIMA, Johannes Walde. O papel atual e a responsabilidade da profissão dos assistentes sociais. *Debates Sociais*, Rio de Janeiro, *10* (18), maio 1974.

GIACOMINI, Mara Rita et al. *Trabalho social em favela*. São Paulo: Cortez, 1987.

GILBERT, Maurice C. Ação social e o desenvolvimento sociológico entre homens e mulheres na maioria das sociedades. *Temas Sociais*, Rio de Janeiro, *12* (144), 1979.

GILES, Bárbara et al. Movimentos sociais rurais e a prática do assistente social. In: CONGRESSO BRASILEIRO DE ASSISTENTES SOCIAIS, 5., São Paulo, dez. 1985.

GITTERMANE, Alex; GERMAIN, Carol B. Prática do Serviço Social: um modelo de vida. *Temas Sociais*, Rio de Janeiro, *12* (161), 1980.

GODINHO, Marta Terezinha et al. Diagnóstico e intervenção a nível de planejamento: incluindo situações globais e problemas específicos. *Temas Sociais*, Rio de Janeiro, *2* (21), 1969.

GOIÁS. A prática institucional do Serviço Social na área de saúde no estado de Goiás. In: CONGRESSO BRASILEIRO DE ASSISTENTES SOCIAIS, 5., São Paulo, dez. 1985.

GONÇALVES, Hebe. Processo alcançado pelos programas de desenvolvimento de comunidade no Brasil. *Temas Sociais*, Rio de Janeiro, *2* (15), 1969.

GONÇALVES, Jisselda de Oliveira. *O significado histórico do CBCISS na construção do Serviço Social no Brasil*: as décadas de 60 e 70. São Luís, Curso de Serviço Social da UFMA, 1991. (Monografia.)

GONÇALVES, Marcos Augusto. Neoliberalismo & neoconformismo. *Folha de S.Paulo*, p. 4, c. 1-4, 15 mar. 1992. Caderno 5.

GONELLI, Valéria M. de Massarani. Análise das entidades da categoria: Conselho Federal de Assistentes Sociais. In: CRAS-SP. *Seminário*: a organização profissional dos assistentes sociais na atual conjuntura. São Paulo, CRAS-SP, fev. 1991.

GOUVEIA, Maria das Graças. Uma concepção metodológica para o Serviço Social. In: CONGRESSO BRASILEIRO DE ASSISTENTES SOCIAIS, 6., Natal, abr. 1989.

GRAMSCI, Antônio. *Maquiavel, a política e o Estado moderno*. 3. ed. Rio de Janeiro: Civilização Brasileira, 1978a.

______. *Cartas do cárcere*. 2. ed. Rio de Janeiro: Civilização Brasileira, 1978b.

______. *Concepção dialética da história*. 8. ed. Rio de Janeiro: Civilização Brasileira, 1986.

GRUPPI, Luciano. *O conceito de hegemonia em Gramsci*. Rio de Janeiro, Graal, 1980.

GUANZOLLI, Carlos Henrique. Notas e reflexões sobre a questão agrária brasileira. *Debates Sociais*, Rio de Janeiro, *12* (43), out. 1986.

GUAZZELLI, Célia Figueiredo. Serviço Social e hospital de ensino. *Debates Sociais*, Rio de Janeiro, *3* (13), out. 1971.

GUENTHR, Lilian de Bruns et al. O assistente social como profissional liberal. In: CONGRESSO BRASILEIRO DE ASSISTENTES SOCIAIS, 5., São Paulo, dez. 1985.

GUIEIROS, Djanira Passos. Serviço Social no campo da saúde: a problemática do geriátrico e do crônico na assistência hospitalar. *Temas Sociais*, Rio de Janeiro, *3* (27), 1970.

GUIMARÃES, Edeltrudes; BRAGA, Arlete. Serviço Social de grupo. *Temas Sociais*, Rio de Janeiro, 2 (13), 1969.

GUIMARÃES, Gleny Terezinha Duro. O ato educativo no Serviço Social: uma análise do movimento de reconceituação dos anos 60. nov. 1990, s.n.t.

GUIMARÃES, Maria Aparecida. A análise de relatórios de reuniões de grupos orientados pelo Serviço Social. *Temas Sociais*, Rio de Janeiro, *5* (45), 1972.

GUKHALE, S. D. A família desaparecerá. *Debates Sociais*, Rio de Janeiro, *12* (30), maio 1980.

GURVITCH, Georges. *As classes sociais*. Lisboa: Iniciativas Editoriais, 1966.

GUSDORE, George. Ciências humanas e valores. *Temas Sociais*, Rio de Janeiro, *11* (130), 1978.

HAHM, G. Trabalho social e trabalho em equipe. *Debates Sociais*, Rio de Janeiro, *14* (26), maio 1978.

HAHN, Alfred. J. Serviços Sociais: como serviços de utilidade pública. *Temas Sociais*, Rio de Janeiro, *9* (110), 1976.

HALBERISMA, J. Ajuda organizada na vizinhança: estudo piloto sobre as novas formas de voluntariado. *Temas Sociais*, Rio de Janeiro, *6* (61), 1973.

HARMAN, Zena. Desenvolvimento e participação. *Debates Sociais*, Rio de Janeiro, *12* (22), maio 1976.

HENDRIKS, G. Planejamento do bem-estar social na Holanda. *Temas Sociais*, Rio de Janeiro, *7* (86), 1974.

HENNEY, Dinéa da Purificação. Seguimento de alta: limitações dos recursos hospitalares e da comunidade. *Temas Sociais*, Rio de Janeiro, *7* (19), 1974.

HENNEY, Dinéa da Purificação. Serviço Social no campo médico. *Debates Sociais*, Rio de Janeiro, *13* (25), out. 1977.

HERKENHOOF, Maria Beatriz L. Serviço Social na empresa, uma experiência profissional. *Serviço Social & Sociedade*, São Paulo, n. 23, p. 121-137, abr. 1987.

HERWORTH, Philip. Bem-estar social em mundo de crise. *Temas Sociais*, Rio de Janeiro, *17* (185), 1985.

HILL, Ellen B. O trabalho social como mecanismo de aceleração da mudança social. *Debates Sociais*, Rio de Janeiro, *7* (13), out.

HIRTSCH, Cristina David; BUGALHO, Sergio Vieira. Sociedade e comunicação de massa. *Temas Sociais*, Rio de Janeiro, *15* (37), 1983.

HOLLIS, Florence. Diagnóstico. *Temas Sociais*, Rio de Janeiro, *7* (76), 1974a.

______. Personalidade, ajustamento e Serviço Social de casos. *Temas Sociais*, Rio de Janeiro, *5* (72), 1974b.

HOOMB, Emerson. Uma análise do trabalho de supervisão. *Temas Sociais*, Rio de Janeiro, *5* (52), 1972.

HORLICH, George F. Alguns custos sociais do progresso tecnológico e do desenvolvimento econômico. *Debates Sociais*, Rio de Janeiro, *13* (33), out. 1988.

HUMACHAR, Maria Izilda C. O Serviço Social reconceituado e sua aplicabilidade no campo do trabalho. *Debates Sociais*, Rio de Janeiro, *18* (42), 1986.

HUNZIKER, Iur Anton. O Serviço Social na sociedade dinâmica. *Temas Sociais*, Rio de Janeiro, *7* (89), 1974.

IAMAMOTO, Marilda Villela. O Serviço Social nas relações sociais: a questão da assistência. In: ANAS. *O Serviço Social nas relações sociais*: movimentos populares e alternativas de políticas sociais. São Paulo, 1987. p. 35-47.

______. Serviço Social na contradição capital/trabalho: concepção da dimensão política na prática profissional. In: ANAS. *Serviço Social*: as respostas da categoria aos desafios conjunturais. São Paulo, 1991. p. 57-70.

______. *Renovação e conservadorismo no Serviço Social*. 2. ed. São Paulo: Cortez, 1992.

IAMAMOTO, Marilda Villela. Análise da profissão do Serviço Social. *Serviço Social & Sociedade*, São Paulo, n. 14, 1994.

______; CARVALHO, Raul de. *Relações sociais e Serviço Social no Brasil*: esboço de uma interpretação histórica e metodológica (1930-1960). São Paulo: Cortez/CELATS, 1982.

______; NETTO, José Paulo. *Serviço Social alternativo*: elementos para problematização. Rio de Janeiro, UFRJ, 1989. (Mimeo.)

IANNI, Octávio. *O colapso do populismo no Brasil*. Rio de Janeiro: Civilização Brasileira, 1978.

______. O Estado burguês, 1984. (Mimeo.)

INSTITUTO DE ORIENTAÇÃO ÀS COOPERATIVAS HABITACIONAIS. SÃO PAULO. Plano de desenvolvimento comunitário do estado de São Paulo. *Debates Sociais*, Rio de Janeiro, *10* (18), maio 1974.

IOUGH, Ian F. de. Uma visão retrospectiva da formação para o Serviço Social. *Debates Sociais*, Rio de Janeiro, *13* (24), maio 1977.

JUNQUEIRA, Helena Iracy. A política do Serviço Social no município de São Paulo. *Debates Sociais*, Rio de Janeiro, *4* (6), maio 1968.

______. Supervisão: subsídio para o II Seminário de Teresópolis. *Temas Sociais*, Rio de Janeiro, *2* (24), 1969a.

______. Teoria do diagnóstico e da intervenção em Serviço Social. *Temas Sociais*, Rio de Janeiro, *2* (20), 1969b.

______. Respostas do bem-estar social às exigências do desenvolvimento. *Debates Sociais*, Rio de Janeiro, *6* (11), out. 1970.

______. A política social nos documentos de dezesseis conferências de bem-estar social. *Debates Sociais*, Rio de Janeiro, *9* (17), out. 1973.

______. O Serviço Social como profissão. *Temas Sociais*, Rio de Janeiro, 7 (87), 1974.

______. Quase duas décadas de reconceituação do Serviço Social: uma abordagem crítica. *Serviço Social & Sociedade*, São Paulo, 2 (4), dez. 1980.

______. Postura ética do assistente social face ao contexto político social. *Debates Sociais*, Rio de Janeiro, 21 (41), out. 1985.

JUNQUEIRA, Helena Iracy et al. A política de bem-estar social do Brasil no contexto do desenvolvimento, na década de 70. *Serviço Social & Sociedade*, São Paulo, 3 (7), dez. 1981.

JUNQUEIRA, Sônia Botelho. Conceituação e definições do Serviço Social. *Temas Sociais*, Rio de Janeiro, 18 (186), p. 85, 1985.

______. A pesquisa histórica. *Debates Sociais*, Rio de Janeiro, 21 (29/40), maio 1989.

KAHN, Alfredo I. A emergência de um sexto sistema de Serviço Social. *Debates Sociais*, Rio de Janeiro, 19 (37), maio 1983.

KAMEYAMA, Nobuco. A prática profissional do Serviço Social. *Serviço Social & Sociedade*, São Paulo, n. 6, p. 146-154, set. 1981.

______. Articulações da política social com o desenvolvimento econômico e o Serviço Social. *Debates Sociais*, Rio de Janeiro, 22 (43), out. 1986.

______. Concepção de teoria e metodologia. *Cadernos ABESS*, São Paulo, n. 3, p. 99-104, 1989.

KARAN, Heliete Maria Castilhos. O teatro como recurso educativo na empresa. *Debates Sociais*, Rio de Janeiro, 17 (41), out. 1985.

KARSCH, Ursula M. Simon. *O Serviço Social na era dos serviços*. São Paulo: Cortez, 1987.

KFOURI, Nadir Gouvea. Métodos e técnicas do Serviço Social e do bem-estar social e a salvaguarda dos direitos do homem. *Temas Sociais*, Rio de Janeiro, 1 (1), 1968.

______. Determinação do objeto do Serviço Social e os problemas que colocam pontos de relevância. *Debates Sociais*, Rio de Janeiro, 8 (14), 1972.

______; KISNERMAN, Natalio. Primeira abordagem da metodologia do Serviço Social reconceituado. *Debates Sociais*, Rio de Janeiro, 8 (15), out. 1972.

______. Para onde vamos, assistente social? *Debates Sociais*, Rio de Janeiro, *23* (44/45), maio 1987.

KLEINSCHMIDT, Karin; SILVA, Jorgina Maria da. *Movimento popular e Serviço Social*. Petrópolis: Vozes, 1984.

KLUENSTLER, Peter. O homem e a sociedade moderna: problemas e perspectivas dos centros sociais. *Debates Sociais*, Rio de Janeiro, *11* (21), out. 1975.

KONDER, Leandro. A derrota da dialética. *Debates Sociais*, Rio de Janeiro, *23* (44/45), maio 1987.

KONOPKA, Gisela. Diferenças culturais e a filosofia do Serviço Social. *Debates Sociais*, Rio de Janeiro, *8* (14), maio 1972a.

______. Resistência e hospitalidade em membros do grupo. *Temas Sociais*, Rio de Janeiro, *5* (50), 1972b.

______. Semelhanças e diferenças entre Serviço Social de grupos e terapia de grupo. *Temas Sociais*, Rio de Janeiro, *5* (50), 1972c.

______. A evolução cultural impõe evolução das instituições. *Temas Sociais*, Rio de Janeiro, v. 6, n. 66, 1973a.

______. A família de hoje. *Temas Sociais*, Rio de Janeiro, *6* (66), 1973b.

______. Serviço Social como profissão. *Debates Sociais*, Rio de Janeiro, *9* (16), maio 1973c.

______. Teoria de Serviço Social de grupo. *Temas Sociais*, Rio de Janeiro, *6* (67), 1973d.

______. Método genérico de Serviço Social. *Temas Sociais*, Rio de Janeiro, *7* (75), 1974a.

______. Trabalhando com grupos de adolescentes. *Temas Sociais*, Rio de Janeiro, *7* (81), 1974b.

______. Requisitos para o desenvolvimento sadio do adolescente. *Temas Sociais*, Rio de Janeiro, *8* (92), 1975.

______. A importância do Serviço Social de grupo fundamentado em valores éticos. *Temas Sociais*, Rio de Janeiro, *12* (146), 1979a.

______. Metas e valores do Serviço Social numa perspectiva histórica. *Temas Sociais*, Rio de Janeiro, *12* (145), 1979b.

KRUSE, Herman. Para a práxis libertadora do Serviço Social no ano 2000. *Serviço Social & Sociedade*, São Paulo, n. 20, p. 94-103, abr. 1986.

_____. Algumas reflexões sobre a natureza do Serviço Social. *Temas Sociais*, Rio de Janeiro, *21* (213), 1989.

KUITENBROWER, Joost. Conceito de desenvolvimento e subdesenvolvimento. *Debates Sociais*, Rio de Janeiro, *9* (17), out. 1973.

KURG, Jorge Gilberto. Seminário de desenvolvimento de comunidade. *Debates Sociais*, Rio de Janeiro, *2* (3), out. 1966.

_____. Seminário de desenvolvimento de comunidade: 10 anos depois. *Temas Sociais*, Rio de Janeiro, *11* (127), 1978.

_____. Prática político-administrativa de gestão dos assistentes sociais. *Temas Sociais*, Rio de Janeiro, *21* (209), 1989.

LALLY, Dorothy. Sistemas nacionais de Serviço Social: estudo analítico e comparativo de alguns países. *Temas Sociais*, Rio de Janeiro, *7* (88), 1974.

LANDER, Luiz et al. Possibilidades de desenvolvimento de uma metodologia para planejamento em Serviço Social. *Temas Sociais*, Rio de Janeiro, *4* (37), 1971.

LANDIN, Valéria. Movimento feminino: grupo de produção. *Temas Sociais*, Rio de Janeiro, *17* (199), 1985.

LANG, Kurt; LANG, Cladys. Dinâmicas coletivas: a emergência dos objetivos sociais. *Temas Sociais*, Rio de Janeiro, *11* (137), 1978.

LATHROPE, Donald E. A ciência social na prática do Serviço Social: sistemas sociais. *Temas Sociais*, Rio de Janeiro, *7* (84), 1974.

LEAPER, Robert A. B. Bem-estar humano: desafio para a década de 1960: ação social, econômica e política. *Temas Sociais*, Rio de Janeiro, *12* (153), 1979.

LEHFELD, Neide A. S. O assistente social sabe identificar um novo projeto de formação profissional. In: CONGRESSO BRASILEIRO DE ASSISTENTES SOCIAIS, 6., Natal, abr. 1989.

LEITE, Celso Barroso. Aposentadoria. *Debates Sociais*, Rio de Janeiro, *7* (12), maio 1971.

_____. Previdência social. *Debates Sociais*, Rio de Janeiro, *8* (14), maio 1972.

_____. Soluções sociais para problemas econômicos. *Debates Sociais*, Rio de Janeiro, *24* (47), maio 1988.

______. Teoria e prática da seguridade social. *Temas Sociais*, Rio de Janeiro, *23* (229), 1991.

LEITE, Maria Amélia. Revisão da teoria e prática do Serviço Social de casos. *Temas Sociais*, Rio de Janeiro, *1* (1), 1968.

LEITE, Maria Carmésia Targino Maranhão. *A intervenção em Serviço Social*: visão praxiológica. São Paulo: Cortez, 1984.

LEMOS, Jorge Leite. O assistente social administrador de recursos humanos e sociais. *Temas Sociais*, Rio de Janeiro, *19* (197), 1987.

LEWIS, Harold. Crise da sociedade: estratégias para a educação do Serviço Social. *Temas Sociais*, Rio de Janeiro, *2* (12), 1969a.

______. Metodologia científica do Serviço Social. *Debates Sociais*, Rio de Janeiro, *5* (9), out. 1969b.

LIEMPT, Pe. Leopoldo Van. Variações de um tema. *Debates Sociais*, Rio de Janeiro, *7* (12), maio 1971.

LIMA, Leila; RODRIGUES, Roberto. Metodologismo, produto de uma época. In: DIAS, José Fernandes (Org.). *Serviço Social*: intervenção na realidade. Petrópolis: Vozes, 1980.

LIMA, Maria Helena de Almeida. *Serviço Social e sociedade brasileira*. São Paulo: Cortez, 1982. [3. ed. 1987.]

______. O potencial político das associações de moradores do Rio de Janeiro. *Temas Sociais*, Rio de Janeiro, *17* (193), 1985.

LIMA, Marília Araújo. Paulo Freire e a educação libertadora. *Debates Sociais*, Rio de Janeiro, *26* (48/49), out. 1990.

LIMA, Sandra Amêndola Barbosa. *Participação social no cotidiano*. São Paulo: Cortez & Moraes, 1979.

______. Considerações sobre a participação social e a prática profissional. *Serviço Social & Sociedade*, São Paulo, v. 3, n. 10, p. 41-53, 1982a.

______ et al. Movimentos sociais urbanos e Serviço Social. *Serviço Social & Sociedade*, São Paulo, v. 3, n. 8, p. 117-136, mar. 1982b.

LIMA, Sulamita B. et al. Fonte para a história do Serviço Social — CBCISS: surgimento e trajetória. *Temas Sociais*, Rio de Janeiro, *22* (231), 1990.

LITHG, Maria Cecília Coelho. Formulações conceituais de políticas sociais e seus principais enfoques do Serviço Social divulgadas no Brasil a partir de 1964. *Temas Sociais*, Rio de Janeiro, *18* (190), 1986.

LOJKINE, Jean. *O Estado capitalista e a questão urbana*. São Paulo: Martins Fontes, 1981.

LOKSCHIN, Beatriz Xavier. A atuação jurídica da mulher no Brasil. *Temas Sociais*, Rio de Janeiro, 22 (216), 1990.

LONGFORD, Michael D. Tecnocracias políticas e organizacionais. *Debates Sociais*, Rio de Janeiro, *21* (39/40), maio 1985.

LOPES, Josefa Batista. *Objeto e especificidade do Serviço Social*. São Paulo: Cortez & Moraes, 1979.

LOPES, Paulo Roberto Curvelo; LOUREIRO, Maria Helena B. *Debates Sociais*, Rio de Janeiro, *19* (37), maio 1983.

LOSK, Mark W. Mudanças filosóficas no Serviço Social latino-americano. *Debates Sociais*, Rio de Janeiro, *20* (38), out. 1984.

LUCENA, Eleonora de. Dois anos: rejeição a Collor chega a 48%. *Folha de S.Paulo*, p. 1, c. 1, 15, mar. 1992. Caderno 2.

LUDOLF, Sylvia Correia. O Serviço Social de casos não está morto nem morrerá. *Debates Sociais*, Rio de Janeiro, *5* (9), out. 1969.

LUZ, Madel Terezinha. Política governamental e a saúde. In: CONGRESSO BRASILEIRO DE ASSISTENTES SOCIAIS, 3., *Anais*..., São Paulo, CFAS, 1980.

MACCIOCCHI, Maria Antonieta. *A força de Gramsci*. 2. ed. Rio de Janeiro: Paz e Terra, 1980.

MACHADO, Maria Silva. O psicodrama analítico na criança. *Debates Sociais*, Rio de Janeiro, 2 (3), out. 1966.

______. A criança e seus pais. *Debates Sociais*, Rio de Janeiro, *13* (24), maio 1977.

MACIEL, Marina; CARDOSO, Franci Gomes. Metodologia do Serviço Social: a práxis como base conceitual. *Cadernos ABESS*, São Paulo, n. 3, p. 162-181, 1989.

MAGALHÃES, Maria Cristina Soares. Educação popular e Serviço Social. *Serviço Social & Sociedade*, São Paulo, n. 6, p. 45-56, set. 1981.

MAGUIÑA, Alejandrino. O assistente social na atual conjuntura latino-americana: avançando no debate e na organização ao nível continental. In: ANAS. *Serviço Social*: as respostas da categoria aos desafios conjunturais. São Paulo, 1991. p. 130-137.

______ et al. *La busqueda del trabajo social alternativo como fenómeno histórico.* Lima, CELATS, 1988. (Mimeo.)

MALHEIROS, Pedro et al. Por novas relações éticas. In: CONGRESSO BRASILEIRO DE ASSISTENTES SOCIAIS, 5., São Paulo, dez. 1985.

MANCINI, Luís Carlos. Planejamento social: desafios e esboço de respostas. *Debates Sociais*, Rio de Janeiro, *5* (9), out. 1969.

______. Estado — instituição — burocracia. *Debates Sociais*, Rio de Janeiro, *20* (38), out. 1984.

MANSILLA, Marilia Bini Pereira de. Intervenção do Serviço Social numa empresa industrial. *Debates Sociais*, Rio de Janeiro, *8*, dez. 1972. [Suplemento.]

MARQUES, Maria Aparecida Barbosa. Quem é quem em Serviço Social. *Debates Sociais*, Rio de Janeiro, *24* (47), maio 1988.

MARTELLI, Amália. Uma experiência comunitária: Ijuí-RS. *Temas Sociais*, Rio de Janeiro, *2* (10), 1969.

MARTINELLI, Maria Lúcia. *Modelos de ensino de Serviço Social.* São Paulo: Cortez & Moraes, 1978a.

______. Noções de campos: campos e especializações. *Temas Sociais*, Rio de Janeiro, *11* (134), 1978b.

______. O assistente social e a ação política. *Serviço Social & Sociedade*, São Paulo, n. 1, p. 17-31, set. 1979.

______. Alianças e consenso no Serviço Social: algumas reflexões à luz da perspectiva gramsciana. *Serviço Social & Sociedade*, São Paulo, n. 22, p. 49-64, dez. 1986.

______. A fenomenologia: uma tentativa de compreensão. *Temas Sociais*, Rio de Janeiro, *21* (201), 1989a.

______. *Serviço Social*: identidade e alienação. São Paulo: Cortez, 1989b. [3. ed. 1993.]

MARTINS, Luciana de Amorim Parga. *O movimento estudantil do Serviço Social no Brasil*: trajetória e contribuições para formulação de um projeto de prática profissional a partir das demandas populares. São Luís: Curso de Serviço Social da UFMA, 1992. (Monografia.)

MARTINS, Rui Nogueira. Política de bem-estar social. *Debates Sociais*, Rio de Janeiro, *11* (21), out. 1975.

MARX, Karl. *O capital*: o processo de produção do capital. 6. ed. Rio de Janeiro: Civilização Brasileira, 1980. v. 1.

MASI, Edna Gerinert de. Uma nova proposta de atuação do Serviço Social em empresa. *Temas Sociais*, Rio de Janeiro, *22* (322), 1990.

MATOS, Maria Lucimar de Paula Trigo. A participação do assistente social na associação de moradores. *Temas Sociais*, Rio de Janeiro, *16* (177), 1984.

MAX-NEEF, Manfred A. A dinâmica do desenvolvimento ante a resistência de nossa alienação. *Debates Sociais*, Rio de Janeiro, *8* (15), out. 1972.

MAYER, Vilma Seabra. Aspectos da orientação profissional na reabilitação do deficiente mental. *Debates Sociais*, Rio de Janeiro, *1* (1), out. 1965.

MBOW, M. A. Mahtar. A fome no mundo. *Debates Sociais*, Rio de Janeiro, *12* (22), maio 1976.

MEDEIROS, Antonia Agripina Alves de; SILVA, Justina Iva de Araújo. A assistência social pública no atual contexto da sociedade brasileira. In: CONGRESSO BRASILEIRO DE ASSISTENTES SOCIAIS, 7., São Paulo, maio 1992.

MEHL, Lucien. Aspectos sociais do desenvolvimento planificado. *Temas Sociais*, Rio de Janeiro, *2* (9), 1969.

______. Aspectos atuais da participação na vida social. *Temas Sociais*, Rio de Janeiro, *3* (2), 1970.

______. Evolução do conceito de instituição. *Temas Sociais*, Rio de Janeiro, *12* (149), 1979.

MELLAFE, Lúcia Maturama. Diagnóstico social. *Debates Sociais*, Rio de Janeiro, *6* (11), out. 1970.

MELLO, Fernando Collor. Discurso na reunião ministerial. *Folha de S.Paulo*, p. 6, c. 1 a 6, 14 mar. 1992. Caderno 1.

MELO, Maria do Amparo Monteiro de. *Contribuições do CBCISS na construção de alternativas de prática profissional do Serviço Social no Brasil*. São Luís, UFMA, 1991. (Monografia.)

MELO, Osvaldo Pereira de. A SUDESUL e o planejamento de recursos humanos. *Debates Sociais*, Rio de Janeiro, *5* (8), maio 1969.

MENEGASSO, Maria Ester. *A prática do assistente social no Serviço Social de extensão de pesca em Santa Catarina*. Dissertação (Mestrado), 1989.

______ et al. Encontro estadual de assistentes sociais. In: CONGRESSO BRASILEIRO DE ASSISTENTES SOCIAIS, 5., São Paulo, dez. 1985.

MESA Redonda do Conselho. *Serviço Social & Sociedade*, São Paulo, n. 30, abr. 1989.

MEYER, Carol H. Prática e política: uma ótica familiar. *Temas Sociais*, Rio de Janeiro, *12* (151), 1979.

______. Rumos da prática do Serviço Social. *Temas Sociais*, Rio de Janeiro, *12* (162), 1980.

______. Uma releitura de Mary Richmond: objetivos e limites do Serviço Social de cinquenta anos depois. *Debates Sociais*, Rio de Janeiro, *21* (41), out. 1985.

MIGUEL, Walderez Loureiro. *O Serviço Social e a promoção do homem*. São Paulo: Cortez & Moraes, 1979.

MILLER, Luís. A juventude e as drogas. *Debates Sociais*, Rio de Janeiro, *11* (21), out. 1975.

MINAS GERAIS. A assistência como estratégia de sobrevivência popular. In: CONGRESSO BRASILEIRO DE ASSISTENTES SOCIAIS, 5., São Paulo, dez. 1985.

MIRANDA, Zeny. A equipe psico-social na reabilitação. *Debates Sociais*, Rio de Janeiro, *7* (13), out. 1971.

MOISÉS, José Álvaro. Movimentos populares, alternativas de políticas e a organização da categoria. In: ANAS. *O Serviço Social nas relações sociais*: movimentos populares e alternativas de política social. São Paulo, 1987. p. 61-73.

MONK, Abrahan; RESNICK, Rosa Perla. Considerações metodológicas para o desenvolvimento de modelos de prática social. *Temas Sociais*, Rio de Janeiro, *12* (160), 1980.

MONTEIRO, Maria Clotilde de Araújo; PRAIA, Terezinha Rebouças. Marx: três categorias fundamentais. *Temas Sociais*, Rio de Janeiro, 22 (208), 1990.

MONTEIRO, Olga Nascimento et al. Integração em Serviço Social. *Temas Sociais*, Rio de Janeiro, *3* (25), 1970.

MONTEIRO, Olga Nascimento et al. Metodologia de ação: Serviço Social e a criação de novos processos. *Temas Sociais*, Rio de Janeiro, *4* (32), 1971.

MONTORO, André Franco. A declaração universal dos direitos do homem e o direito de participar no desenvolvimento. *Debates Sociais*, Rio de Janeiro, *8* (15), out. 1972.

______. Estado e sociedade civil. *Debates Sociais*, Rio de Janeiro, *22* (46), out. 1986a.

______. Liberdade, participação, comunidade. *Debates Sociais*, Rio de Janeiro, *22* (44/45), maio 1986b.

MORAES, Ana Maria de; VERTULLO, Antonieta Luzia. O plano de desenvolvimento local integrado e o Serviço Social. *Temas Sociais*, Rio de Janeiro, *6* (65), 1973.

MORAES, Elivânia da Silva. *A categoria da participação e sua movimentação no pensamento do Serviço Social*: um estudo preliminar das décadas de 60 a 90. Curso de Serviço Social — UECE, 1993.

MOTA, Ana Elizabete da. *O feitiço da ajuda*. 2. ed. São Paulo: Cortez, 1987a. [3. ed. 1991.]

______. Uma nova legitimidade para o Serviço Social de empresa. *Serviço Social & Sociedade*, São Paulo, n. 25, p. 139-147, dez. 1987b.

______. Assistência social pública e privada do país e política social do Estado e do patronato: as alternativas propostas pelo movimento popular. In: ANAS. *Serviço Social*: a resposta da categoria aos desafios conjunturais. São Paulo: Cortez, 1991. p. 84-90.

MOTTA, Edith. Diagnóstico e intervenção a nível de prestação de serviços diretos a grupos. *Temas Sociais*, Rio de Janeiro, *4* (33), 1971.

______. Algumas reflexões sobre centros sociais. *Temas Sociais*, Rio de Janeiro, *5* (47), 1972a.

______. O ensino da dinâmica de grupo a assistentes sociais. *Debates Sociais*, Rio de Janeiro, n. 8, maio 1972b. [Suplemento.]

______. Serviço Social de grupo: seleção de material para estudo. *Temas Sociais*, Rio de Janeiro, *7* (73), 1974.

MOTTA, Fernando de Oliveira. A experiência de planejamento regional da SUDENE. *Debates Sociais*, Rio de Janeiro, *2* (3), out. 1966.

MOVIMENTOS sociais e desenvolvimento de comunidade. *Temas Sociais*, Rio de Janeiro, *15* (172), 1983.

MUCHALL, Salma Tannus. O movimento circular do pensamento heideggeriano. *Debates Sociais*, Rio de Janeiro, *24* (47), maio 1988.

MULLER, Irving. Característica específica de supervisão em Serviço Social de grupo. *Temas Sociais*, Rio de Janeiro, *6* (68), 1973.

MUNHOZ, Divanir Eulália Naréssi. *Desencontros entre a realidade da prática do assistente social e sua formação profissional*: o caso de Ponta Grossa-PR. Dissertação (Mestrado), 1985.

MYDAL, Gunnar. Valores sociais e sua universalidade. *Debates Sociais*, Rio de Janeiro, *5* (8), maio 1969.

______. Bem-estar social: o vício secreto. *Temas Sociais*, Rio de Janeiro, *11* (129), 1978.

NEREFORD, Nettle Rex. Evolução e implantação da igualdade de oportunidade. *Temas Sociais*, Rio de Janeiro, *9* (114), 1976.

NETTO, José Paulo. A crítica conservadora à reconceitualização. *Serviço Social & Sociedade*, São Paulo, n. 5, p. 56-76, mar. 1981.

______. A propósito da disciplina de metodologia. *Serviço Social & Sociedade*, São Paulo, n. 14, p. 5-15, abr. 1984.

______. Notas para a discussão da sistematização da prática e teoria em Serviço Social. *Cadernos ABESS*, São Paulo, n. 3, p. 141-161, mar. 1989a.

______. O Serviço Social e a tradição marxista. *Serviço Social & Sociedade*, São Paulo, n. 30, p. 89-102, maio/ago. 1989b.

______. *Ditadura e Serviço Social*: uma análise do Serviço Social no Brasil pós-64. São Paulo: Cortez, 1991a. [2. ed. 1994.]

______. Notas sobre marxismo e Serviço Social, suas relações no Brasil e a questão do seu ensino. *Cadernos ABESS*, São Paulo, n. 4, p. 76-95, maio 1991b.

______; FALEIROS, Vicente de Paula. Teoria, método e história na formação profissional. *Cadernos ABESS*, São Paulo, n. 1, p. 43-87, 1986.

NICOLAU, Maria Célia Correia. *O Serviço Social na política de expansão do capital e de integração social*: uma análise da prática de assistente social no centro social urbano. S/l: s/e, 1984.

NOGUEIRA, Oracy. Modalidades do processo de interação social. *Debates Sociais*, Rio de Janeiro, *8* (15), out. 1972.

NORTHEN, Helena. Funções inter-relacionadas do assistente social de grupo. *Temas Sociais*, Rio de Janeiro, *5* (48), 1972.

NUNES, Ana Lúcia. *Trajetória do CBCISS na década de 80*: sua influência na construção do Serviço Social no Brasil. São Luís: Curso de Serviço Social da UFMA, 1991. (Monografia.)

NUNES, Ana Maria. A família dentro da instituição: relato de uma experiência. *Debates Sociais*, Rio de Janeiro, 20 (38), out. 1984.

OLIVA, Maria Herlinda Borges. Política de Estado e prática social. *Serviço Social & Sociedade*, São Paulo, n. 26, p. 145-155, abr. 1988.

______. A formação profissional: questões metodológicas e experiências de estágio. *Serviço Social & Sociedade*, São Paulo, n. 29, p. 149-160, abr. 1989.

OLIVEIRA, Francisco de. *O elo perdido*. São Paulo: Brasiliense, 1987.

______. O Estado no capitalismo monopolista. In: ANAS. *O Serviço Social nas relações sociais*: movimentos populares e alternativas de políticas sociais. São Paulo, 1987.

OLIVEIRA, Heloísa Maria José de. Assistência social: do discurso do Estado à prática do Serviço Social. S/l, 1988.

______. Assistência social: desafios e perspectivas. In: CONGRESSO BRASILEIRO DE ASSISTENTES SOCIAIS, 7., São Paulo, maio 1992.

OLIVEIRA, Lea Doroty C. de. Integração dos objetivos do Serviço Social do modelo brasileiro de hospitais filantrópicos. *Temas Sociais*, Rio de Janeiro, *13* (165), 1981.

OLIVEIRA, Maria José Cavalcante Gueiros de. *O direito aos Serviços Sociais*: prática de Serviço Social e constituição da cidadania, 1987.

OLIVEIRA, Moacy Velloso Cardoso de. Planejamento familiar. *Debates Sociais*, Rio de Janeiro, *4* (7), out. 1968.

OLIVEIRA, Moacy Velloso Cardoso de. Reabilitação profissional. *Debates Sociais*, Rio de Janeiro, *6* (11), out. 1970.

______. Tendências da Previdência Social no Brasil. *Debates Sociais*, Rio de Janeiro, *10* (19), out. 1974.

______. O Serviço Social penitenciário no estado do Rio de Janeiro. *Debates Sociais*, Rio de Janeiro, *13* (25), out. 1977.

______. A Previdência Social brasileira. *Temas Sociais*, Rio de Janeiro, *12* (165), 1981a.

______. Política social e seguridade social. *Debates Sociais*, Rio de Janeiro, *17*, maio 1981b.

______. O seguro desemprego. *Debates Sociais*, Rio de Janeiro, *19* (37), maio 1983.

______. O ensino da Previdência Social no Brasil. *Debates Sociais*, Rio de Janeiro, *14* (26), maio 1988.

OLIVEIRA, Raimunda N. Cruz. A mediação na prática profissional do assistente social. *Serviço Social & Sociedade*, São Paulo, n. 26, p. 79-93, abr. 1988.

ONO, Urana Harada. Operacionalização do conceito entrevista em Serviço Social. *Debates Sociais*, Rio de Janeiro, *12* (23), out. 1976.

______. A prática profissional no âmbito da Previdência Social. *Debates Sociais*, Rio de Janeiro, *17* (35), maio 1983a.

______. A prática profissional no âmbito da Previdência Social. *Debates Sociais*, Rio de Janeiro, *18* (35), out. 1983b.

O PAPEL DAS ORGANIZAÇÕES DE DESENVOLVIMENTO RURAL. A experiência latino-americana. *Debates Sociais*, Rio de Janeiro, *14* (35), out. 1982.

O PENSAMENTO DE FLORENCE HOLLIS. Um modelo psico-social. *Temas Sociais*, Rio de Janeiro, *17* (184), 1985.

ORGANIZAÇÃO DAS NAÇÕES UNIDAS (ONU). Coleção de documentos relativos à Conferência de Ministros de Bem-Estar Social. *Temas Sociais*, Rio de Janeiro, *1* (16), 1968.

______. Relatório do Secretário Geral. Conselho Econômico e Social: formação de pessoal para o bem-estar social. *Temas Sociais*, Rio de Janeiro, *4* (41), 1971.

ORGANIZAÇÃO DAS NAÇÕES UNIDAS (ONU). Relatório da Conferência dos Membros do Bem-Estar Social, 1969: a formação do pessoal do Serviço Social para sua participação na planificação do desenvolvimento. *Temas Sociais*, Rio de Janeiro, *6* (57), 1973.

______. Departamento de Assuntos Econômicos: problemas básicos do desenvolvimento de comunidade. *Temas Sociais*, Rio de Janeiro, *11* (140), 1983.

ORGANIZAÇÃO DAS NAÇÕES UNIDAS PARA A EDUCAÇÃO, CIÊNCIA E CULTURA (UNESCO). Contribuição das ciências sociais à formação para o Serviço Social. *Temas Sociais*, Rio de Janeiro, *1* (2), 1968.

PAIXÃO, Márcia Calhes et al. A prisão, o Serviço Social e as relações sociais. In: CONGRESSO BRASILEIRO DE ASSISTENTES SOCIAIS, 5., São Paulo, dez. 1985.

______. Análise das entidades da categoria: conjuntura, Serviço Social e CRAS, 9ª Região. In: CRAS. Seminário: a organização dos assistentes sociais na atual conjuntura. São Paulo, CRAS-SP, 1991.

PALMA, Diego. *A prática política dos profissionais*. São Paulo: Cortez, 1986. [2. ed. 1993.]

______. *La informalidad, lo popular y el cambio social*. Lima: DESCO, 1987.

PARAÍBA. Movimentos sociais rurais e a prática do assistente social. In: CONGRESSO BRASILEIRO DE ASSISTENTES SOCIAIS, 5., São Paulo, dez. 1985.

PARAÍSO, Virgínia A. Serviço Social na América Latina: funções e relacionamento com o desenvolvimento. *Temas Sociais*, Rio de Janeiro, *4* (40), 1971.

PARANOUTSOS, Evanghelos. Valores humanos na formação do assistente social. *Debates Sociais*, Rio de Janeiro, 2 (2), maio 1966.

PAVÃO, Ana Maria Braz. *O princípio de autodeterminação em Serviço Social*: visão fenomenológica. São Paulo: Cortez, 1981.

PEETERS, Teo. O autismo: a colaboração dos pais. *Temas Sociais*, Rio de Janeiro, *20* (203), 1988.

PEREIRA, Ana Alves. Serviços Sociais na Previdência Social. *Debates Sociais*, Rio de Janeiro, *5* (8), maio 1969.

PEREIRA, Hebe G.; AZEVEDO, Neide Mota de. Participação do Serviço Social em programas pluri-setoriais. *Temas Sociais*, Rio de Janeiro, *7* (82), 1974.

PEREIRA, Iranildes Viana. A dimensão educativa do movimento social na invasão Vale das Muriçocas. In: CONGRESSO BRASILEIRO DE ASSISTENTES SOCIAIS, 6., Natal, abr. 1989.

PEREIRA, Luiz Carlos Bresser. O governo Collor e a modernidade em tempos incertos. *Novos Estudos CEBRAP*, São Paulo, n. 29, mar. 1991.

PEREIRA, Pablo. País vive explosão de epidemias. *Folha de S.Paulo*, p. 6, c. 1 e 2, 15 mar. 1992. Caderno 2.

PEREIRA, Potyara. Aspectos de pobreza urbana no Distrito Federal: o caso do Paraná. *Debates Sociais*, Rio de Janeiro, *21* (39/40), maio 1985.

______. Transição democrática e política social no Brasil. In: CONGRESSO BRASILEIRO DE ASSISTENTES SOCIAIS, 6., Natal, abr. 1989.

______; PERALVA, Maria Silvia C. Serviço Social e política de desenvolvimento. *Debates Sociais*, Rio de Janeiro, *11* (21), out. 1975.

______; TEIXEIRA, Joaquina Barata. Serviço Social no campo da saúde: técnicas de grupo contribuindo para maior rendimento quantitativo e qualitativo do Serviço Social em sanatório de tuberculose. *Temas Sociais*, Rio de Janeiro, *3* (30), 1970.

PEREIRA, Raimunda Barbosa Costa Silva. Proposta curricular do Curso de Serviço Social da UFMA. *Serviço Social & Sociedade*, São Paulo, n. 14, p. 16-28, abr. 1984.

PEREZ, Waldo R. Considerações gerais sobre ética. *Debates Sociais*, Rio de Janeiro, *21* (39/40), maio 1985.

PERIMAN, Helen H. O método de Serviço Social: revisão da última década. *Temas Sociais*, Rio de Janeiro, *7* (84), 1974.

PERLE, Jacqueline. Administração de centro social. *Temas Sociais*, Rio de Janeiro, *10* (119), 1977.

PERNAMBUCO. Alternativa de política habitacional. In: CONGRESSO BRASILEIRO DE ASSISTENTES SOCIAIS, 5., São Paulo, dez. 1985a.

______. O Estado e as políticas sociais. In: CONGRESSO BRASILEIRO DE ASSISTENTES SOCIAIS, 5., São Paulo, dez. 1985b.

O PERSONALISMO de Emanuel Mournier e o Serviço Social. *Temas Sociais*, Rio de Janeiro, *22* (222), 1990.

PETIZ, Maria Lúcia. Alguns aspectos teóricos do movimentos social e movimento urbano. *Temas Sociais*, Rio de Janeiro, *17* (193), 1985.

______. O Serviço Social e a Constituinte. *Debates Sociais*, Rio de Janeiro, *22* (42), maio 1986.

______ et al. Estudos preliminares sobre a prostituição na Guanabara. *Debates Sociais*, Rio de Janeiro, 2 (3), out. 1966.

PETTES, Dorothy E. Supervisão em Serviço Social: um método de treinamento de estudantes e desenvolvimento de profissional. *Temas Sociais*, Rio de Janeiro, *6* (68), 1973.

PHIL, Nédard Boeglin. Contexto social, econômico e político e trabalho social. *Temas Sociais*, Rio de Janeiro, *12* (155), 1979.

PIAGET, Jean. Fundamentos científicos para a educação de amanhã. *Temas Sociais*, Rio de Janeiro, *6* (71), 1973.

PIERRE, Deborah et al. O trabalho social de organização popular em instituições públicas. *Serviço Social & Sociedade*, São Paulo, n. 6, p. 68-99, set. 1981.

PINTO, João Bosco G. A pesquisa-ação como prática social. *Temas Sociais*, Rio de Janeiro, *18* (196), 1986.

PINTO, Rosa Maria F. *Política educacional e Serviço Social*. São Paulo: Cortez, 1986.

PIRES, Julieta. Uma experiência de Serviço Social de empresa. *Temas Sociais*, Rio de Janeiro, *4* (39), 1971.

PONTE, Victor Manuel Durand. Estrutura e sujeitos na América Latina. In: LARANJEIRA, Sônia (Org.). *Classes sociais na América Latina*. São Paulo: Hucitec, 1990.

PORZECANSKI, Teresa. Novos enfoques sobre: objetivos e filosofia do Serviço Social. *Temas Sociais*, Rio de Janeiro, *9* (11), 1976.

POULANTZAS, Nicos. *Poder político e classes sociais*. 2. ed. São Paulo: Martins Fontes, 1986.

______. O Estado, o poder, o socialismo. 3. ed. Rio de Janeiro: Graal, 1990.

PRAAG, Philip H. Van. Conceitos básicos de Serviço Social. *Temas Sociais*, Rio de Janeiro, *6* (63), 1973.

PROENÇA, Maria Luiza de C. Sobre o ensino da sociologia. *Debates Sociais*, Rio de Janeiro, *19* (36), maio 1983.

PROJETO de governo: discurso do presidente Collor. *Folha de S.Paulo*, p. 9-11, c. 1 a 6, 15 mar. 1991. Caderno 1.

QUEDA do PIB. *Folha de S.Paulo*, p. 2, c. 1 e 2, 27 maio 1991. Caderno 1.

QUEIROZ, Carlos Alfredo. O papel da legislação e as necessidades humanas. *Debates Sociais*, Rio de Janeiro, *24* (46), out. 1988.

QUEIROZ, José Ramos de. Assistência aos idosos: perspectivas atuais. *Debates Sociais*, Rio de Janeiro, *12* (25), out. 1977.

QUEIROZ, Maria Ângela Figueiredo et al. Mulher mãe na instituição creche. In: CONGRESSO BRASILEIRO DE ASSISTENTES SOCIAIS, 7., São Paulo, maio 1992.

QUEIROZ, Tereza; OZÓRIO, Rodolfo. Estratégias para o fazer profissional. *Temas Sociais*, Rio de Janeiro, *21* (205), 1989.

QUIROGA, Consuelo. *Invasão positivista no marxismo*. São Paulo: Cortez, 1991.

RAICHELIS, Raquel. Considerações a respeito da prática do Serviço Social em movimentos sociais: fragmentos de uma experiência. *Serviço Social & Sociedade*, São Paulo, n. 8, p. 69-84, mar. 1982.

______. *Legitimidade popular e poder público*. São Paulo: Cortez, 1988.

______. Análise da inserção do assistente social nos espaços da ação profissional. In: ANAS. *Serviço Social*: as respostas da categoria aos desafios conjunturais. VI CBAS, São Paulo: Cortez, 1991. p. 98-106.

______; ROSA, Cleisa M. Maffei. O Serviço Social e os movimentos sociais: análise de uma prática. *Serviço Social & Sociedade*, São Paulo, n. 19, p. 74-97, dez. 1985.

RAMOS, Maria Helena R. Atuação do Serviço Social na remoção de aglomerado de sub-habitação. *Debates Sociais*, Rio de Janeiro, *13* (25), out. 1977.

REINOLD, K. M. O indivíduo e os centros sociais na sociedade de massa. *Temas Sociais*, Rio de Janeiro, *8* (96), 1975.

REIS, M. G. O Serviço Social e as estruturas sociais. *Debates Sociais*, Rio de Janeiro, *4* (6), maio 1968.

RESNICK, Rosa Perla. Passado, presente e futuro da educação em Serviço Social. *Debates Sociais*, Rio de Janeiro, *19* (27), maio 1989.

RICHMOND, Mary F. O que é Serviço Social de caso? *Temas Sociais*, Rio de Janeiro, *7* (85), 1974.

RICO, Elizabeth de Melo. O Serviço Social como instrumento da política social: uma redefinição dos objetivos profissionais. *Serviço Social & Sociedade*, São Paulo, n. 1, p. 53-64, set. 1979.

______. Alternativas da prática social para o atendimento das principais necessidades dos empregados. *Serviço Social & Sociedade*, São Paulo, n. 18, p. 51-60, ago. 1985.

______. *Teoria do Serviço Social de empresa*: objeto e objetivos. São Paulo: Cortez, 1987.

RIOS, José Arthur. Remover ou urbanizar favelas? *Debates Sociais*, Rio de Janeiro, *4* (7), out. 1968.

RISIC, Eugen. O Serviço Social no mundo: desenvolvimento histórico e perspectivas. *Debates Sociais*, Rio de Janeiro, *4* (6), maio 1968.

______. O papel do Serviço Social no desenvolvimento internacional. *Debates Sociais*, Rio de Janeiro, *6* (11), out. 1970.

______. Atitudes em face do bem-estar social e esboço de um modelo de um sistema de bem-estar social. *Temas Sociais*, Rio de Janeiro, *5* (56), 1972.

______. Diferenciação dos serviços sociais de uma rápida mudança social. *Debates Sociais*, Rio de Janeiro, *10* (19), out. 1974.

ROBRLICH, George F. O papel da responsabilidade comunitária. *Debates Sociais*, Rio de Janeiro, *18* (35), out. 1982.

ROCHA, Klenita Alves. Contribuição do Serviço Social no projeto agrícola do assentamento de Sumaré. In: CONGRESSO BRASILEIRO DE ASSISTENTES SOCIAIS, 5., São Paulo, dez. 1985.

ROCHA, Lourdes de Maria Leitão Nunes. Movimentos sociais populares e Serviço Social: demandas e respostas. In: CONGRESSO BRASILEIRO DE ASSISTENTES SOCIAIS, 6., Natal, abr. 1989.

RODRIGO, Maria Bernadete Martins Pinto. A eficiência profissional x inserção política do aluno de Serviço Social. In: CONGRESSO BRASILEIRO DE ASSISTENTES SOCIAIS, 7., São Paulo, maio 1992.

RODRIGUES, Fernando. Inflação alta resiste à recessão. *Folha de S.Paulo*, p. 7, c. 1 e 2, 15 mar. 1992. Caderno 2.

RODRIGUES, Ligia Vasquez. Desenvolvimento de um modelo de Serviço Social: Serviço Social polivalente. *Debates Sociais*, Rio de Janeiro, *12* (22), maio 1976.

RODRIGUES, Luiz E. A formação do assistente social em função do planejamento. *Debates Sociais*, Rio de Janeiro, *7* (13), out. 1971.

RODRIGUES, Maria Lúcia. Metodologia de ação: o estar em questão do Serviço Social. *Serviço Social & Sociedade*, São Paulo, n. 21, p. 107-114, ago. 1986.

RODRIGUES, Mary Ângela da Silva et al. Um desafio profissional: política social, saúde e movimentos populares. In: CONGRESSO BRASILEIRO DE ASSISTENTES SOCIAIS, 6., Natal, abr. 1989.

RODRIGUES, Nara da Costa. Serviços comunitários básicos: recursos mínimos necessários ao atendimento social do idoso. *Temas Sociais*, Rio de Janeiro, *22* (221), 1990.

RODRIGUES, Verônica. A morte em uma instituição de saúde: o Serviço Social junto aos pacientes portadores de câncer. *Temas Sociais*, Rio de Janeiro, *18* (199), 1986.

ROGER, E. W. Política social e Serviço Social. *Temas Sociais*, Rio de Janeiro, *12* (152), 1979.

ROTH, Érica. Realidade, opções e lutas em Serviço Social. *Temas Sociais*, Rio de Janeiro, *4* (6), maio 1968.

ROTHMAN, Jack. Três modelos da prática de organização de comunidade. *Temas Sociais*, Rio de Janeiro, *21* (187), 1985.

ROUX, François. Ação social e profissões sociais. *Temas Sociais*, Rio de Janeiro, *6* (70), 1973.

RUIZ, Martha Beatriz Rodrigues. *Influencia y vigencia del pensamiento de Paulo Freire en trabajo social*. Dissertação (Mestrado) — PUC-RS, Porto Alegre, maio 1988.

RUSTEN, Broner Joost. Conceito de desenvolvimento e subdesenvolvimento. *Debates Sociais*, Rio de Janeiro, *9* (17), out. 1973.

SÁ, Maria Elvira Rocha de. A questão do potencial político da luta pelo direito de morar em Belém. In: CONGRESSO BRASILEIRO DE ASSISTENTES SOCIAIS, 5., São Paulo, dez. 1985.

SABOIA, Maria N. de. Formação e treinamento da equipe psiquiátrica: papel do assistente social. *Debates Sociais*, Rio de Janeiro, *12* (22), maio 1986.

SADER, Eder. O Estado no capitalismo monopolista. In: ANAS. *O Serviço Social nas relações sociais*: movimentos populares e alternativas de políticas sociais. São Paulo: Cortez, 1987.

______. *Quando novos personagens entram em cena*. São Paulo: Paz e Terra, 1988.

______; PAOLI, Célia. Sobre "classes populares" no pensamento sociológico brasileiro. In: CARDOSO, Ruth (Org.). *A aventura antropológica*. 2. ed. São Paulo: Paz e Terra, 1980.

SADER, Emir. Estado e movimentos sociais na América Latina. *Cadernos ABESS*, São Paulo, *2* (5-19), 1988.

SAIVEN, Alain. Desenvolvimento comunitário e centros sociais. *Temas Sociais*, Rio de Janeiro, *5* (47), 1972.

SALES, Ivandro da C. O processo de avaliação em Serviço Social. *Debates Sociais*, Rio de Janeiro, *19* (36), mar. 1983.

SALGADO, Marcelo Antonio. Gerontologia social. *Temas Sociais*, Rio de Janeiro, 12 (150), 1979.

______. A aposentadoria e ética social. *Temas Sociais*, Rio de Janeiro, *23* (230), 1991a.

______. Teoria do envelhecimento. *Temas Sociais*, Rio de Janeiro, *23* (230), 1991b.

SANTANA, Raimunda Nonata do Nascimento. *Serviço Social e educação popular*: a questão das suas relações na sociedade brasileira. Dissertação (Mestrado) — PUC-RS, Porto Alegre, 1985.

SANTOS, Ana Cristina Vieira dos. A coerência entre conhecimentos, objetivos e métodos na prática do assistente social. Dissertação (Mestrado) — Universidade Federal de Pernambuco, Recife, 1993.

SANTOS, Elisabeth Luciana dos; ANDRADE, Maria Nolasco de. Trabalho com menor: uma nova abordagem política do menor e política social. In: CONGRESSO BRASILEIRO DE ASSISTENTES SOCIAIS, 5., São Paulo, dez. 1985.

SANTOS, Leila Lima. O profissional na política social. In: CONGRESSO BRASILEIRO DE ASSISTENTES SOCIAIS, 3., *Anais*..., São Paulo: CFAS, 1980.

______. Notas sobre a investigação-ação. In: ______. Textos de Serviço Social. São Paulo: Cortez, 1982. [5. ed. 1993.]

______; RODRIGUEZ, Roberto. Metodologismo, produto de uma época. In: ______. *Serviço Social, intervenção na realidade*. Petrópolis: Vozes, 1980.

SANTOS, Maria Cilene M. Sales dos. Em defesa da metodologia sem "metodologismos". In: CONGRESSO BRASILEIRO DE ASSISTENTES SOCIAIS, 6., Natal, abr. 1989.

SANTOS, Neide Lobato Soares. Alta hospitalar: atuação do Serviço Social. *Temas Sociais*, Rio de Janeiro, *2* (19), 1969.

______. Serviço Social médico. *Temas Sociais*, Rio de Janeiro, 3 (26), 1970.

SANTOS, Patrícia Sciarra dos. Descrição do processo de aprendizagem de uma nova proposta metodológica do Serviço Social. *Temas Sociais*, Rio de Janeiro, *18* (173), 1982.

SARALEGUI, Francisco Eduardo. Aspectos básicos do Serviço Social criminológico. *Temas Sociais*, Rio de Janeiro, *10* (125), 1977.

SARTIM, Maria Madalena do Nascimento. A assistência e a identidade profissional. *Serviço Social & Sociedade*, São Paulo, n. 19, p. 98-107, dez. 1985.

______. O Serviço Social e a questão da modernidade em tempos de crise. In: CONGRESSO BRASILEIRO DE ASSISTENTES SOCIAIS, 7., São Paulo, maio 1992.

SAVILE FILHO, Carmine Antonio. Direito social. *Debates Sociais*, Rio de Janeiro, *24* (46), out. 1988.

SAY, Nicolas. A situação dos idosos na sociedade pós-industrial. *Debates Sociais*, Rio de Janeiro, 18 (32), maio 1981.

SCANDIAN, Maria Noélia de O. O conceito de participação social na perspectiva de integração e de transformação social. *Serviço Social & Sociedade*, São Paulo, n. 9, p. 5-16, ago. 1982.

SCHALCHER, Maria da Graça Ferreira. Método fenomenológico em Serviço Social. *Debates Sociais*, Rio de Janeiro, *24* (47), maio 1988.

SCHMIDT, Maria Junqueira. Animação de grupos: novo método educativo. *Debates Sociais*, Rio de Janeiro, *4* (7), out. 1968.

SCHUARTZ, Meyer et al. Desenvolvimento de comunidade. *Debates Sociais*. Rio de Janeiro, *1*, out. 1968. [Suplemento.]

SCHUHLY, Gunther Franz; VETTER, David Michael. Atitudes políticas numa universidade brasileira. *Debates Sociais*, Rio de Janeiro, *14* (32), maio 1981.

SCOTT, David. A visão de conjunto da conferência de Jerusalém. *Temas Sociais*, Rio de Janeiro, *12* (153), 1979.

______. Ação social para o progresso: responsabilidade das organizações e voluntários. *Temas Sociais*, Rio de Janeiro, *14* (171), 1982.

SEÇÃO DE DESENVOLVIMENTO COMUNITÁRIO E DE DESENVOLVIMENTO SOCIAL. Avaliação sistemática de projetos sociais. *Temas Sociais*, Rio de Janeiro, *8* (98), 1975.

SECRETARIA MUNICIPAL DO BEM-ESTAR SOCIAL DA PREFEITURA DE SÃO PAULO. Produção associada de bens e serviços: uma alternativa no campo da assistência social no município de São Paulo. In: CONGRESSO BRASILEIRO DE ASSISTENTES SOCIAIS, 7., São Paulo, maio 1992.

SECRETARIA DE PLANEJAMENTO (SEPLAN) — Brasil. I Plano Nacional de Desenvolvimento (1972-1974).

______. II Plano Nacional de Desenvolvimento (1975-1979).

______. III Plano Nacional de Desenvolvimento (1980-1985).

______. I Plano Nacional de Desenvolvimento da Nova República (1986-1989).

SEMANA de Estudos Maria Amália Leite (II): a dignidade da criança e a sociedade brasileira. *Temas Sociais*, Rio de Janeiro, *17* (191), 1985.

SEMANA DE ESTUDO DE TEMAS SOCIAIS (II): desenvolvimento urbano acelerado e bem-estar social. *Temas Sociais*, Rio de Janeiro, *11* (101), 1975.

SEMANA MARIA AUGUSTA LUNA ALBANO (VI): direito da terra: justiça social e direitos humanos. *Temas Sociais*, Rio de Janeiro, *21* (206), 1989.

SEMANA MARIA AUGUSTA LUNA ALBANO (V): o alcoolismo e suas implicações no trabalho. *Temas Sociais*, Rio de Janeiro, *21* (202), 1989.

SEMENZATO, Geraldo. O adolescente e a dinâmica sociocultural e econômica: o conflito de gerações. *Temas Sociais*, Rio de Janeiro, *11* (138), 1978.

SENA, Marisa Alves de Oliveira; SOUSA, Eloysia Godinho de. O modelo de crise no Serviço Social. *Debates Sociais*, Rio de Janeiro, *14* (26), maio 1978.

SERRA, Rose Mary Sousa. A prática institucionalizada do Serviço Social. São Paulo: Cortez, 1987a.

______. Movimentos populares, alternativas de políticas sociais e a organização da categoria. In: ANAS. *O Serviço Social nas relações sociais*: movimentos populares e alternativas de políticas sociais. São Paulo: Cortez, 1987b. p. 73-78.

______. A prática do Serviço Social e os movimentos sociais. In: UNIVERSIDADE FEDERAL DO ESPÍRITO SANTO. Departamento de Serviço Social. *A prática do Serviço Social em questão*. Vitória, s.d.

SERRAN, João Ricardo. A responsabilidade do arquiteto. *Debates Sociais*, Rio de Janeiro, *10* (19), out. 1974.

SERVIÇO SOCIAL DO COMÉRCIO. *Debates Sociais*, Rio de Janeiro, *23* (44/45), maio 1987.

SERVIÇO SOCIAL DA INDÚSTRIA. Entidade particular na defesa do trabalho da indústria. *Debates Sociais*, Rio de Janeiro, *23* (44/45), maio 1987.

SERVIÇO SOCIAL DE HABITAÇÃO E URBANISMO (SERFAU). Recursos humanos para o planejamento integrado. *Debates Sociais*, Rio de Janeiro, *5* (8), maio 1969.

SEVERINO, Antonio Joaquim. Política governamental e educação. In: CONGRESSO BRASILEIRO DE ASSISTENTES SOCIAIS, 3., *Anais...*, São Paulo, CFAS, 1980.

SILVA, Ademir Alves da et al. A questão dos estágios e o mercado de trabalho. *Serviço Social & Sociedade*, São Paulo, n. 24, p. 124-138, ago. 1987.

SILVA, Benedita da. Mulher e Constituinte. *Debates Sociais*, Rio de Janeiro, *22* (42), maio 1986a.

SILVA, Benedita da. O papel da mulher na ação comunitária nos segmentos carentes da população. *Temas Sociais*, Rio de Janeiro, *18* (198), 1986b.

SILVA, Carlos Evaristo da. Alcance social da nova ação de alimentos. *Debates Sociais*, Rio de Janeiro, *7* (11), out. 1970.

SILVA, Ilda Lopes R. Serviço Social e saúde: um espaço a ser conquistado. *Debates Sociais*, Rio de Janeiro, *17* (32), maio 1981.

______. Ao encontro de meninos de rua. *Debates Sociais*, Rio de Janeiro, *26* (48/49), out. 1990a.

______. Direitos e condição social: desafio da família na sociedade. *Temas Sociais*, Rio de Janeiro, *22* (216), 1990b.

SILVA, Leda Regina de Barros et al. Miséria e mistérios na agro-indústria suco-alcooleira: da política de favores à questão da cidadania. In: CONGRESSO BRASILEIRO DE ASSISTENTES SOCIAIS, 6., Natal, abr. 1989.

SILVA, Maria de Guadalupe de Oliveira e. *Ideologias e Serviço Social*. São Paulo: Cortez, 1982.

SILVA, Maria dos Aflitos Sousa e. A prática profissional no contexto das relações sociais. *Debates Sociais*, Rio de Janeiro, *26* (48/49), maio 1990.

SILVA, Maria Lídia M. R. *Serviço Social e família*. São Paulo: Cortez, 1982. [3. ed. 1987.]

SILVA, Maria Lúcia Carvalho da. Desenvolvimento de comunidade (DC) e planejamento local integrado. *Debates Sociais*, Rio de Janeiro, *7* (13), out. 1971a.

______. Marginalização social. *Debates Sociais*, Rio de Janeiro, *7* (12), maio 1971b.

______. Participação da comunidade nos programas integrados de educação e a assistência alimentar ao escolar. *Temas Sociais*, Rio de Janeiro, *5* (53), 1972.

______. Principais marcos e atuais tendências do Serviço Social. *Temas Sociais*, Rio de Janeiro, *6* (70), 1973.

______. Coletânea de textos sobre desenvolvimento de comunidade. *Temas Sociais*, Rio de Janeiro, *8* (97), 1975.

______. Objetivo do Serviço Social: nova proposição. *Temas Sociais*, Rio de Janeiro, *10* (126), 1977.

SILVA, Maria Lúcia Lopes. *Pensando/repensando a organização dos assistentes sociais*: uma nova estrutura será a alternativa? São Luís: CRAS, 1989. (Mimeo.)

SILVA, Maria Lúcia S. Ferreira da. A prática do Serviço Social. *Cadernos Práxis*, São Paulo, n. 3, 1985.

SILVA, Maria Luisa Lameira da. *Serviço Social de comunidade*: visão de práxis. São Paulo: Cortez, 1986.

SILVA, Matsuel Martins da. Considerações a respeito de ideologia e espaço institucional. *Serviço Social & Sociedade*, São Paulo, n. 13, p. 63-70, dez. 1983.

SILVA E SILVA, Maria Ozanira da. Formação profissional do assistente social. São Paulo: Cortez, 1984.

______. Os intelectuais e o processo de transformação social. *Serviço Social & Sociedade*, São Paulo, n. 20, p. 27-43, abr. 1986.

______. A questão e a política habitacional como espaço profissional do Serviço Social. In: CONGRESSO BRASILEIRO DE ASSISTENTES SOCIAIS, 6., Natal, abr. 1989a.

______. *Política habitacional brasileira*: verso e reverso. São Paulo: Cortez, 1989b.

______. *Refletindo a pesquisa participante*. 2 ed. São Paulo: Cortez, 1991.

______. A crise dos projetos de transformação social e a prática profissional do Serviço Social. *Serviço Social & Sociedade*, São Paulo, n. 40, 1992a.

______. A crise dos projetos de transformação social e a prática profissional do Serviço Social. In: CONGRESSO BRASILEIRO DE ASSISTENTES SOCIAIS, 7., São Paulo, maio 1992b.

______. Um esforço de investigação sobre a prática do Serviço Social no Brasil. *Cadernos ABESS*, São Paulo, n. 6, 1993.

______. O Serviço Social na conjuntura brasileira: demandas e respostas. *Serviço Social & Sociedade*, São Paulo, n. 44, 1994a.

______ et al. Configuração de um projeto profissional para o Serviço Social: estudo de 10 anos da revista *Serviço Social & Sociedade* (1979-1989). *Cadernos CEDEPSS*, São Paulo, n. 2, 1994b.

______. Configuração de um projeto profissional: as contribuições do CBCISS para o Serviço Social. *Temas Sociais*, Rio de Janeiro, *241*, 1994c.

SILVA e SILVA, Maria Ozanira da et al. *Classes sociais, o popular e o projeto popular na realidade brasileira*. São Luís: UFMA, 1995. (Mimeo.)

______; LOPES, Josefa Batista. Uma aproximação histórica ao desenvolvimento do Serviço Social no Brasil. São Luís, 1989. (Mimeo.)

______; SOUZA, Salviana de Maria P. Santos. Prática de investigação-ação. *Cadernos Práxis*, São Paulo, n. 2, 1984.

SILVA, Núbia Élbia Cutrim da; SILVA E SILVA, Maria Ozanira da. Configuração de um projeto profissional para o Serviço Social: o pensamento das entidades nacionais. *Cadernos CEDEPSS*, São Paulo, n. 1, 1994.

SINDICATO DE ASSISTENTES SOCIAIS DE MINAS GERAIS. Regimento Interno da III Assembleia Nacional de Assistentes Sociais: nova estrutura sindical × organização dos profissionais liberais, 1987.

SINDICATO DE ASSISTENTES SOCIAIS DE PERNAMBUCO. Contribuição à discussão sobre a nova organização da categoria na conjuntura atual. In: ASSEMBLEIA NACIONAL DE ASSISTENTES SOCIAIS, 5., São Paulo, out. 1991.

SINDICATO DE ASSISTENTES SOCIAIS DE SÃO PAULO. Regimento Interno da III Assembleia Nacional de Assistentes Sociais: análise da conjuntura econômica e política e as tarefas da classe trabalhadora, 1987.

______. Tese da diretoria do Sindicato dos Assistentes Sociais de São Paulo à V ANAS. In: ASSEMBLEIA NACIONAL DE ASSISTENTES SOCIAIS, 5., São Paulo, out. 1991.

SINDICATO DE ASSISTENTES SOCIAIS DO MARANHÃO. A estrutura organizativa dos assistentes sociais e a criação de uma entidade única. In: ASSEMBLEIA NACIONAL DE ASSISTENTES SOCIAIS, 6., Campinas, ago. 1989.

SINDICATO DE ASSISTENTES SOCIAIS DO RIO DE JANEIRO. Caderno de Resolução da IV Assembleia Nacional de Assistentes Sociais: formação e organização política na perspectiva da nova estrutura sindical, 1989.

SINDICATO DE ASSISTENTES SOCIAIS DO RIO GRANDE DO SUL. Regimento Interno da III Assembleia Nacional de Assistentes Sociais: movimento sindical e a organização nacional dos assistentes sociais, 1987.

SINGER, Paul. *A crise do "milagre"*: interpretação crítica da economia brasileira. 5 ed. Rio de Janeiro: Paz e Terra, 1980.

SINGER, Paul. *O que é socialismo hoje*. 6. ed. Petrópolis: Vozes, 1985.

______. Opinião econômica: direita e esquerda perante a crise. *Folha de S.Paulo*, p. 2, c. 1, 2 e 3, 2 jun. 1991, Caderno 3.

______; BRANT, Vinícius Caldeira (Orgs.). *São Paulo*: o povo em movimento. Petrópolis: Vozes, 1980.

SÍNTESE DOS TRABALHADORES DO SEMINÁRIO EM MOSCOSO/ ITÁLIA. Por um modelo alternativo do Serviço Social. *Debates Sociais*, Rio de Janeiro, *9* (17), out. 1973.

SIQUEIRA, Fátima C. Alves et al. As contradições e o espaço profissional na prática do assistente social. *Serviço Social & Sociedade*, São Paulo, n. 8, p. 45-68, mar. 1982.

SMALLEY, Ruth et al. Serviço Social de casos: três modelos metodológicos. *Temas Sociais*, Rio de Janeiro, *9* (109), 1976.

SMITH, Joan M. O significado dos conceitos socioculturais para a prática do Serviço Social. *Debates Sociais*, Rio de Janeiro, *5* (9), out. 1969.

SOEIRO, Tecla Machado. Bases de uma reformulação do Serviço Social. *Debates Sociais*, Rio de Janeiro, n. 6, nov. 1970. [Suplemento.]

______. Bases para a reformulação da metodologia do Serviço Social: objeto do Serviço Social. *Temas Sociais*, Rio de Janeiro, *17* (188), 1985.

SOLA, Lourdes (Org.). *Estado, mercado e democracia.* Rio de Janeiro: Paz e Terra, 1993.

SOUSA, Anna Maria Nunes. Aspectos da entrevista. *Debates Sociais*, Rio de Janeiro, *2* (2), maio 1966.

SOUSA, Herbert de. Movimentos populares no Brasil. *Temas Sociais*, Rio de Janeiro, *17* (193), 1985.

SOUSA, Luiza Erundina de. Valores em Serviço Social. *Temas Sociais*, Rio de Janeiro, *10* (139), 1978.

______. Posicionamento do assistente social frente à política social. In: CONGRESSO BRASILEIRO DE ASSISTENTES SOCIAIS, 3., *Anais...*, São Paulo, CFAS, 1980.

______. Estratégia de sobrevivência e participação popular. *Serviço Social & Sociedade*, São Paulo, n. 17, p. 132-138, abr. 1985.

______. *Exercício da paixão política.* São Paulo: Cortez, 1991.

SOUSA, Yolanda H. de. Continua o desafio. *Debates Sociais*, Rio de Janeiro, *26* (48/49), out. 1990.

SOUZA, Aldicéia de et al. Política social de saúde na atual conjuntura: perspectivas e propostas dos movimentos sociais e do Serviço Social. In: CONGRESSO BRASILEIRO DE ASSISTENTES SOCIAIS, 5., São Paulo, dez. 1985.

SOUZA, João Francisco de. A produção do conhecimento na educação popular. *Cadernos ABESS*, São Paulo, n. 2, p. 68-80, 1988.

SOUZA, Maria Luiza de. *Questões teórico-práticas do Serviço Social.* São Paulo: Cortez, 1979.

______. Ideologia do poder como condicionamento das relações sociais: ideologia e instituição. *Serviço Social & Sociedade*, São Paulo, n. 6, p. 107-114, set. 1981.

______. Reflexões sobre o agir do assistente social. *Serviço Social & Sociedade*, São Paulo, n. 8, p. 85-98, mar. 1982.

______. Serviço Social e instituição. *Debates Sociais*, Rio de Janeiro, *20* (38), maio 1984.

______. *Serviço Social e instituição*: a questão da participação. São Paulo: Cortez, 1985.

_____. *Desenvolvimento de comunidade e participação.* São Paulo: Cortez, 1989. [4. ed. 1993.]

SOUZA, Petrolina Almeida. Tratamento de caso em grupo. *Temas Sociais,* Rio de Janeiro, *6* (64), 1973.

SOUZA, Stella Piazza. Estudo comparativo sobre a concepção de diagnóstico na metodologia básica de Serviço Social em Harriet Batlett, Ricardo Hill, Maria Tereza Scaron. *Temas Sociais,* Rio de Janeiro, *22* (220), 1990.

SPOSATI, Aldaiza. Movimentos populares nas áreas de habitação e saúde de São Paulo. *Temas Sociais,* Rio de Janeiro, *17* (193), 1985.

_____. *Vida urbana e gestão da pobreza.* São Paulo: Cortez, 1988.

_____. *Carta-tema*: a assistência social no Brasil, 1983-1990. São Paulo: Cortez, 1991.

SPOSATI, Aldaiza et al. *A assistência na trajetória das políticas sociais brasileiras.* São Paulo: Cortez, 1985a. [5. ed. 1992.]

_____. A dupla face das estratégias de sobrevivência. In: CONGRESSO BRASILEIRO DE ASSISTENTES SOCIAIS, 5., São Paulo, dez. 1985b.

_____. *Os direitos (dos desassistidos) sociais.* São Paulo: Cortez, 1989. [2. ed. 1991.]

_____; FALCÃO, Maria do Carmo B. de Carvalho. A prática da assistência social: elementos para uma caracterização. *Serviço Social & Sociedade,* São Paulo, n. 19, p. 57-73, dez. 1985.

STEIN, Herman. Contribuições das ciências sociais na formulação para o Serviço Social. *Debates Sociais,* Rio de Janeiro, *2* (2), maio 1966.

STEPHANECK, R. Estevão P. Estudo psicométrico de adaptação de um questionário canadense sobre a relação educativa entre monitores e menores institucionalizados. *Debates Sociais,* Rio de Janeiro, 13 (25), out. 1977.

STUDT, Elliot. Organização de recursos para uma prática mais efetiva. *Temas Sociais,* Rio de Janeiro, *7* (83), 1974.

SULIK, Tibor. Desemprego, busca de alternativas e responsabilidade. *Debates Sociais,* Rio de Janeiro, *21* (39/40), maio 1985.

SUNKEL, Osvaldo. Conceito de desenvolvimento. *Debates Sociais,* Rio de Janeiro, *5* (9), out. 1969.

TAVARES, Ricardo. Estado, teoria e práxis política. *Debates Sociais,* Rio de Janeiro, *26* (48-49), 1990.

TEIXEIRA, Joaquina Barata. O profissional na prática social. *Serviço Social & Sociedade*, São Paulo, n. 2, p. 22-28, mar. 1980.

______. Concepção da dimensão política da prática profissional. In: ANAS. *Serviço Social*: as respostas da categoria aos desafios conjunturais. São Paulo, 1991. p. 44-56.

TEREZA, Alba et al. A questão agrária e as alternativas da prática profissional do assistente social no Ceará. In: CONGRESSO BRASILEIRO DE ASSISTENTES SOCIAIS, 5., São Paulo, dez. 1985.

TESSITORE, Arlete et al. Uma reflexão sobre o trabalho social nas áreas central e periférica da cidade de São Paulo. *Serviço Social & Sociedade*, São Paulo, n. 3, p. 115-146, out. 1980.

TEXTOS DE SUPERVISÃO. Coletânea de textos selecionados e traduzidos de revistas norte-americanas. *Temas Sociais*, Rio de Janeiro, *17* (183), 1985.

THORSON, Inga. O desafio da segunda década do desenvolvimento. *Debates Sociais*, Rio de Janeiro, *5* (9), out. 1965.

TOFIK, Denise Sawaia et al. O Serviço Social e os movimentos sociais: uma experiência de trabalho em loteamentos clandestinos. *Serviço Social & Sociedade*, São Paulo, n. 5, p. 131-146, mar. 1981.

TOSCANO, Moema Eulália. Situação social da mulher brasileira. *Debates Sociais*, Rio de Janeiro, *18* (34), maio 1982.

TOSTES, Rosa Maria de Oliveira et al. Proposta de prática profissional na construção de uma nova política habitacional. In: CONGRESSO BRASILEIRO DE ASSISTENTES SOCIAIS, 5., São Paulo, dez. 1985.

TROPP, Emanuel et al. O Serviço Social de grupo: três modelos metodológicos. *Temas Sociais*, Rio de Janeiro, *9* (105), 1976.

TUACEK, Luiza Marlene et al. A Previdência Social no Brasil e o Serviço Social: reflexão e propostas de mudança. In: CONGRESSO BRASILEIRO DE ASSISTENTES SOCIAIS, 5., São Paulo, dez. 1985.

TUMMS, Noel. Serviço Social de casos. *Temas Sociais*, Rio de Janeiro, *7* (78), 1974.

UMA CONTRIBUIÇÃO AO PROCESSO DE DISCUSSÃO COM AGENTES SOCIAIS. Unidades didáticas. *Temas Sociais*, Rio de Janeiro, *17* (192), 1985.

UNIÃO CATÓLICA INTERNACIONAL DE SERVIÇO SOCIAL (UCISS). Simpósio Internacional de Serviço Social de Empresa. *Temas Sociais*, Rio de Janeiro, *1* (3), 1968a.

______. Congresso Mundial — Promoção social e Serviço Social: responsabilidade dos cristãos. *Temas Sociais*, Rio de Janeiro, *1* (8), 1968b.

UNIVERSIDADE FEDERAL DO ESPIRÍTO SANTO. Departamento de Serviço Social. *A prática do Serviço Social em questão*: coletânea de conferências da VIII Semana de Serviço Social do Espírito Santo, Espírito Santo, s.d.

URIATE, Maria Atilano. Os direitos da mulher no movimento popular no México. *Temas Sociais*, Rio de Janeiro, *22* (216), 1990.

UTRIA, Rubém D. O planejamento como técnica do desenvolvimento da América Latina. *Temas Sociais*, Rio de Janeiro, *4* (34), 1971.

______. Alguns aspectos sociais do desenvolvimento regional na América Latina. *Temas Sociais*, Rio de Janeiro, *8* (100), 1975.

VALENTE, Antonio. O trabalho e a questão do outro. *Debates Sociais*, Rio de Janeiro, *26* (48/49), out. 1990.

VARGAS, Lady M. Fonseca. Totalidade social, hegemonia e organização popular. *Temas Sociais*, Rio de Janeiro, *21* (212), 1989.

VASCONCELOS, Ana Maria et al. Elementos para a crítica da ação profissional sob o pressuposto da participação social. *Serviço Social & Sociedade*, São Paulo, n. 1, p. 102-136, set. 1979.

______. *Intenção-ação no trabalho social*. São Paulo: Cortez, 1985.

VASCONCELOS, Andrea Lopes de. *A temática política social e sua movimentação no pensamento do Serviço Social*: um estudo preliminar das décadas de 60 a 90. Curso de Serviço Social — UECE, Fortaleza, 1993.

VENTELAU, Denise. Movimentos populares e democracia. *Debates Sociais*, Rio de Janeiro, *22* (42), maio 1986.

VERGARA, J. Ximena; JARA, Cecília. Diagnóstico social da empresa. *Temas Sociais*, Rio de Janeiro, *10* (123), 1977.

VERSIANI, Marçal. O mundo e a explosão demográfica. *Debates Sociais*, Rio de Janeiro, *10* (19), out. 1974.

VIANA, Luiz Werneck. Constituição e constituintes brasileiras. *Debates Sociais*, Rio de Janeiro, *22* (43), out. 1986.

VIEIRA, Ana Cristina et al. O Serviço Social e o desenvolvimento de 1961 a 1968. *Serviço Social & Sociedade*, São Paulo, *8* (24): 101-123, ago. 1987.

______. A construção do conhecimento do Serviço Social no Brasil: Serviço Social, soluções cristãs para o mundo em crise. *Temas Sociais*, Rio de Janeiro, *22* (226), 1990.

VIEIRA, Anita Gomes. Família × idoso × instituição: um desafio à sociedade contemporânea. *Temas Sociais*, Rio de Janeiro, *22* (224), 1990.

VIEIRA, Balbina Ottoni. Uma experiência de supervisão de assistentes sociais em Serviço Social de grupo. *Debates Sociais*, Rio de Janeiro, *1* (1), out. 1965.

______. Reflexões sobre a formação de supervisores em Serviço Social. *Temas Sociais*, Rio de Janeiro, *5* (42), 1972.

______. Formação de supervisores em Serviço Social. *Debates Sociais*. Rio de Janeiro, 13 (25), out. 1977.

______. Esquemas para analisar os campos de Serviço Social. *Temas Sociais*, Rio de Janeiro, *11* (134), 1978.

______. Conceituar e definir. *Debates Sociais*, Rio de Janeiro, *19* (36), maio 1983a.

______. Quem é quem no Serviço Social. *Debates Sociais*, Rio de Janeiro, *19* (37), 1983b.

______. A história do Serviço Social: nova disciplina do novo currículo mínimo do curso de graduação em Serviço Social. *Debates Sociais*, Rio de Janeiro, *20* (38), out. 1984.

______. Necessidades humanas fundamentais e Serviço Social. *Debates Sociais*, Rio de Janeiro, *22* (42), maio 1986.

______. O que é o Conselho Nacional de Serviço Social. *Temas Sociais*, Rio de Janeiro, *22* (217), 1990.

VIEIRA, R. A. Amaral. Antes dos indicadores, os padrões. *Debates Sociais*, Rio de Janeiro, *11* (21), out. 1975.

VILAS, Carlos. Libertação nacional e revolução social. In: ANDERSON, Perry. *As antinomias de Antonio Gramsci*: estratégia revolucionária na atualidade. São Paulo: Joruês, 1986.

VILLAÇA, Clark. Serviço Social no campo da saúde: seleção de textos sobre o Serviço Social no campo da saúde. *Temas Sociais*, Rio de Janeiro, *3* (27), 1970.

VILLELA, Eurico L. O valor da política de bem-estar na empresa. *Debates Sociais*, Rio de Janeiro, *4* (7), out. 1963.

VILLELA, Heloisa Sousa Lima. O aluno de Serviço Social. *Debates Sociais*, Rio de Janeiro, *18* (34), maio 1982.

______. Menores de rua. *Temas Sociais*, Rio de Janeiro, *16* (176), 1984a.

VILLELA, Heloisa Sousa Lima. Quem é quem no Serviço Social de grupo. *Temas Sociais*, Rio de Janeiro, *16* (174), 1984b.

VITAL, José. O Serviço Social do INPS. *Debates Sociais*, Rio de Janeiro, *7* (12), maio 1971.

______. Os serviços sociais previdenciários. *Debates Sociais*, Rio de Janeiro, *26* (39/40), out. 1990.

VITALE, Maria Amália F. As profissões que integram os serviços de bem-estar social. *Debates Sociais*, Rio de Janeiro, *6* (11), out. 1990.

WANDERLEY, Luíz Eduardo. A prática social e suas perspectivas. In: UNIVERSIDADE FEDERAL DO ESPÍRITO SANTO. Departamento do Serviço Social. *A prática do Serviço Social em questão*. Vitória, s.d.

______. Conjuntura, a universidade e o profissional. *Cadernos ABESS*, São Paulo, n. 1, p. 5-16, 1986.

WARE, Caroline F. O papel do assistente social no desenvolvimento de comunidade. *Debates Sociais*, Rio de Janeiro, *5* (8), maio 1969.

WEFFORT, Francisco Corrêa. *Por que democracia?* São Paulo: Brasiliense, 1984.

WEISSHAUPT, Jean Robert (Org.). *As funções socioinstitucionais do Serviço Social*. São Paulo: Cortez, 1985. [2. ed. 1988.]

WIJINBERG, Marion H.; SCHWARTZ, Mary C. Modelos de supervisão do aluno: o de aprendizagem e de crescimento e dos sistemas de papéis. *Temas Sociais*, Rio de Janeiro, *12* (156), 1979.

YANOOV, Benjamin. Consultoria de comunidade: intervenção em nível de comunidade em situações de crise. *Debates Sociais*, Rio de Janeiro, *14* (26), maio 1978.

YAZBEK, Maria Carmelita. Trabalho social realizado em unidade de emergência municipal: Prontos-Socorros 21 de junho da Freguesia do Ó e Jaçanã. In: V Congresso Brasileiro de Assistentes Sociais, São Paulo, dez. 1985.

______. Assistência social pública e privada do país e política social do Estado e do patronato: as alternativas propostas pelo movimento popular. In: ANAS. *Serviço Social*: as respostas da categoria aos desafios conjunturais. São Paulo, 1991. p. 78-83.

______. *Classes subalternas e assistência social*. São Paulo: Cortez, 1993.

______ et al. Projeto de revisão curricular da Faculdade de Serviço Social PUC-SP. *Serviço Social & Sociedade*, São Paulo, n. 14, abr. 1984.

YOUNCHUSBAND, Danne Eillen. Igualdade de oportunidade: conseguiremos? *Temas Sociais*, Rio de Janeiro, *9* (114), 1976.

ZILLIOTO, Maria Cecília et al. Diagnóstico e intervenção a nível de prestação de serviços diretos a indivíduos, a grupos, a comunidade e população. *Temas Sociais*, Rio de Janeiro, 2 (23), 1969.

ZINSON, Emile D. O lazer é um problema nos países em desenvolvimento? *Temas Sociais*, Rio de Janeiro, *8* (96), 1975.

LEIA TAMBÉM

A POLÍTICA SOCIAL BRASILEIRA NO SÉCULO XXI

A PREVALÊNCIA DOS PROGRAMAS DE TRANSFERÊNCIA DE RENDA

Maria Ozanira da Silva e Silva
Maria Carmelita Yazbek
Geraldo di Giovanni

5ª edição (2011)

240 páginas

ISBN 978-85-249-1715-8

Neste livro, os autores analisam as contradições que permeiam o sistema de proteção social brasileiro, apesar dos avanços conseguidos na Constituição Federal de 1988, no que se refere à seguridade social. Têm como objeto de estudo os programas de transferência de renda no contexto histórico, social e político na conjuntura nacional.

LEIA TAMBÉM

AVALIANDO O BOLSA FAMÍLIA

UNIFICAÇÃO, FOCALIZAÇÃO E IMPACTOS

Maria Ozanira da Silva e Silva (Coord.)

Valéria Ferreira Santos de Almada Lima

1ª edição (2010)

136 páginas

ISBN 978-85-249-1665-6

O programa Bolsa Família não pode ser desconsiderado pelos profissionais da área social, pelos pesquisadores da Política Social brasileira, pelos políticos e pela sociedade brasileira, pois estamos diante do maior programa social já implementado no Brasil, a despeito de seus limites estruturais para resolver ou mesmo reduzir a pobreza e a desigualdade social num país capitalista que vivencia uma transição da periferia para o centro do capitalismo mundial. A pesquisa que originou este livro foi desenvolvida no âmbito de uma proposta de cooperação acadêmica aprovada e financiada pela Capes e pelo CNPq.

LEIA TAMBÉM

POLÍTICAS PÚBLICAS DE TRABALHO E RENDA NO BRASIL CONTEMPORÂNEO

COEDIÇÃO FAPEMA

Maria Ozanira da Silva e Silva
Maria Carmelita Yazbek (Orgs.)

2ª edição (2008)

208 páginas

ISBN 978-85-249-1261-0

O viés liberal que tem marcado os Programas de Transferência de Renda no Brasil só será superado para dar lugar a uma perspectiva distributivista quando essa grande quantidade de programas de iniciativa municipal, estadual e federal derem lugar a uma Política Nacional articuladora desses programas e recursos. Os Programas de Transferência de Renda precisam ser articulados a uma política econômica superadora do modelo de concentração de renda e desvinculada de um esforço de geração de emprego e renda adotada ao longo da história brasileira. Para tanto, faz-se necessária uma Renda de Cidadania para inclusão de todos em condições de dignidade.